中等职业教育国家规划教材
全国中等职业教育教材审定委员会审定

Qiche Dipan Gouzao yu Weixiu
汽车底盘构造与维修

王家青　孟华霞　陆志琴 主 编
　　　　　沈　沉 主 审

人民交通出版社股份有限公司
北　京

内 容 提 要

本书是中等职业教育国家规划教材。本书介绍了汽车底盘各组成部分的功用、结构、工作原理及常见维护与检修项目,主要内容包括绪论、离合器、手动变速器、自动变速器、万向传动装置、驱动桥、车桥与车轮定位、车轮与轮胎、车架与悬架、转向系统和制动系统。

本书可作为中等职业学校汽车运用与维修专业的教学用书。

图书在版编目(CIP)数据

汽车底盘构造与维修/王家青,孟华霞,陆志琴主编.—4版.—北京:人民交通出版社股份有限公司,2021.8(2025.5重印)

ISBN 978-7-114-17261-8

Ⅰ.①汽⋯ Ⅱ.①王⋯②孟⋯③陆⋯ Ⅲ.①汽车—底盘—结构—职业教育—教材②汽车—底盘—车辆修理—职业教育—教材 Ⅳ.①U472.41

中国版本图书馆 CIP 数据核字(2021)第 079822 号

书　　名:	汽车底盘构造与维修(第4版)
著 作 者:	王家青　孟华霞　陆志琴
责任编辑:	时　旭
责任校对:	孙国靖　魏佳宁
责任印制:	张　凯
出版发行:	人民交通出版社股份有限公司
地　　址:	(100011)北京市朝阳区安定门外外馆斜街3号
网　　址:	http://www.ccpcl.com.cn
销售电话:	(010)85285911
总 经 销:	人民交通出版社股份有限公司发行部
经　　销:	各地新华书店
印　　刷:	北京市密东印刷有限公司
开　　本:	787×1092　1/16
印　　张:	21
字　　数:	377 千
版　　次:	2002年7月　第1版 2011年3月　第2版 2016年4月　第3版 2021年8月　第4版
印　　次:	2025年5月　第4版　第5次印刷　总第44次印刷
书　　号:	ISBN 978-7-114-17261-8
定　　价:	52.00元

(有印刷、装订质量问题的图书由本公司负责调换)

第4版前言

本套中等职业教育国家规划教材,自2002年首次出版以来,获得师生的一致好评,被国内多所中等职业院校选为教学用书;人民交通出版社股份有限公司分别于2011年和2016年对教材进行了修订,使之在结构和内容上与教学内容更加吻合,更注重对学生实践能力的培养。

为了更好地体现"以行业需求为导向、以能力为本位"的职业教育理念,促进"教、学、做"更好结合,突出对学生技能的培养,使之成为技能型人才,故人民交通出版社股份有限公司组织相关老师再次对本套教材进行了修订。本次教材的修订,吸收了教材使用院校教师的意见和建议,经过与编者的认真研究和讨论,确定了修订方案。

《汽车底盘构造与维修》的修订工作,是以本书第3版为基础,在修订方案的指导下完成的。修订内容主要体现在以下几个方面:

(1) 更正了第3版中的错误内容和部分效果不佳的图片。

(2) 完善双离合自动变速器和ESP结构及工作原理等内容。

(3) 删去部分货车相关内容。

(4) 增加了电子驻车制动等内容。

(5) 部分知识点配有二维码链接动画资源,有助于学生更形象地理解相关内容。

本书由王家青、孟华霞、陆志琴主编,王远明、谢望新、张胜龙担任副主编。参加本书编写工作的还有沈沉、张立新、付凯、惠有利、龚鹏、吴兴敏、杨艳芬、张丽丽、李培军、郭大民、项仁峰、李春芳、黄宜坤、张义、黄艳玲、孙涛等。全书由辽宁省交通高等专科学校沈沉教授担任主审。

限于编者水平,书中难免有疏漏和错误之处,恳请广大读者提出宝贵建议,以便进一步修改和完善。

编 者
2021年2月

目 录

绪论 ··· 1
第一节　汽车底盘的总体构造 ····································· 1
第二节　汽车传动系统的布置形式 ································· 4
小结 ··· 6
复习思考题 ··· 6

第一章　离合器 ··· 8
第一节　离合器的功用、种类及要求 ······························· 8
第二节　离合器的基本结构和工作原理 ····························· 9
第三节　膜片弹簧式离合器 ······································ 11
第四节　周布弹簧式离合器 ······································ 13
第五节　离合器的操纵机构 ······································ 14
第六节　离合器的维修 ·· 17
小结 ·· 28
复习思考题 ·· 29

第二章　手动变速器 ·· 30
第一节　变速器的种类和功用 ···································· 30
第二节　手动变速器的变速传动机构 ······························ 31
第三节　同步器 ··· 37
第四节　变速器的操纵机构 ······································ 39
第五节　手动变速器的维修 ······································ 41
小结 ·· 45
复习思考题 ·· 46

第三章 自动变速器 …… 48

第一节 自动变速器的种类和使用 …… 48
第二节 自动变速器的基本组成及工作原理 …… 49
第三节 自动变速器各部件的结构及工作原理 …… 50
第四节 典型自动变速器 …… 61
第五节 无级变速器 …… 70
第六节 双离合器自动变速器 …… 73
第七节 自动变速器的维修 …… 78
小结 …… 90
复习思考题 …… 91

第四章 万向传动装置 …… 94

第一节 万向传动装置的功用、组成和应用 …… 94
第二节 万向节 …… 97
第三节 传动轴与中间支承 …… 101
第四节 万向传动装置的维修 …… 102
小结 …… 117
复习思考题 …… 118

第五章 驱动桥 …… 119

第一节 驱动桥的组成、功用和分类 …… 119
第二节 主减速器 …… 120
第三节 差速器 …… 123
第四节 半轴与驱动桥壳 …… 125
第五节 防滑差速器 …… 127
第六节 驱动桥的维修 …… 130
小结 …… 135
复习思考题 …… 136

第六章 车桥与车轮定位 …… 138

第一节 车桥 …… 138
第二节 车轮定位 …… 141

第三节　车轮定位的检查与调整 ································· 145
　　小结 ·· 160
　　复习思考题 ·· 161

第七章　车轮与轮胎 ·· 163
　　第一节　车轮 ·· 164
　　第二节　轮胎 ·· 166
　　第三节　车轮和轮胎的维修 ···································· 172
　　小结 ·· 179
　　复习思考题 ·· 180

第八章　车架与悬架 ·· 182
　　第一节　车架 ·· 182
　　第二节　悬架 ·· 184
　　第三节　电子控制悬架系统 ···································· 196
　　第四节　悬架装置的维修 ······································ 204
　　小结 ·· 230
　　复习思考题 ·· 230

第九章　转向系统 ··· 232
　　第一节　转向系统的功用、分类和组成 ·························· 232
　　第二节　转向系统的参数和转向理论 ···························· 233
　　第三节　机械转向系统 ·· 235
　　第四节　液压动力转向系统 ···································· 238
　　第五节　电控动力转向系统 ···································· 243
　　第六节　转向系统的维修 ······································ 249
　　小结 ·· 254
　　复习思考题 ·· 255

第十章　制动系统 ··· 258
　　第一节　制动系统的功用、分类、基本组成及工作原理 ············ 258
　　第二节　常规制动系统 ·· 260
　　第三节　防抱死制动系统 ······································ 271

第四节　驱动防滑控制系统 …………………………………………………… 277
第五节　电子稳定程序控制系统 …………………………………………… 278
第六节　制动系统的维修 …………………………………………………… 281
第七节　电子驻车制动系统（EPB）………………………………………… 318
小结 ……………………………………………………………………………… 321
复习思考题 ……………………………………………………………………… 323

参考文献 ……………………………………………………………………… 325

绪论

> **学习目标**
> 1. 了解汽车底盘的总体结构;
> 2. 了解汽车底盘各组成部分的功用;
> 3. 了解汽车传动系统布置形式及特点。

第一节 汽车底盘的总体构造

汽车底盘由传动系统、行驶系统、转向系统和制动系统四大系统组成,其功用为接收发动机的动力,使汽车运动并保证汽车能够按照驾驶人的操纵而正常行驶。图0-1所示为汽车的底盘结构。

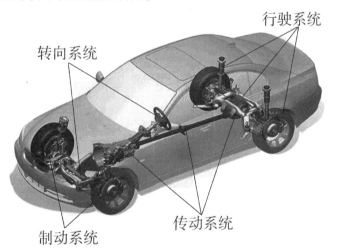

图 0-1 汽车底盘结构

底盘组成

一、传动系统

传动系统的基本功用是将发动机的转矩传递给驱动轮,同时还必须适应行驶条件的需要,改变转矩的大小。

以普通的机械式传动系统为例,发动机发出的动力依次经过离合器、变速器和由万向节与传动轴组成的万向传动装置以及安装在驱动桥中的主减速器、差速器和半轴,最后传到驱动轮,如图0-2所示。现在越来越多的汽车中采用自动变速器,其底盘包括自动变速器、万向传动装置、驱动桥等,即自动变速器取代了离合器和手动变速器。

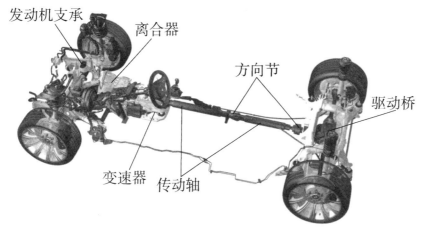

传动系统组成

图0-2　机械式传动系统构造

二、行驶系统

汽车行驶系统的主要作用是:将传动系统传来的转矩转化为汽车行驶的驱动力;支撑汽车的总质量;承受并传递路面作用于车轮上的力和力矩;减少振动,缓和冲击,保证汽车的平稳行驶。

汽车行驶系统一般由车架(或车身)、悬架、车桥和车轮等组成,如图0-3所示。

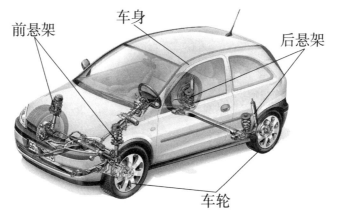

行驶系统组成

图0-3　汽车行驶系统的组成

三、转向系统

汽车转向一般是由驾驶人通过转向系统机件改变转向轮的偏转角来实现的。其功用是保证汽车能够按照驾驶人选定的方向行驶,并保持汽车稳定的直线行驶。

汽车转向系统主要由转向操纵机构、转向器、转向传动机构组成,如图0-4所示。现在的汽车普遍采用动力转向装置。

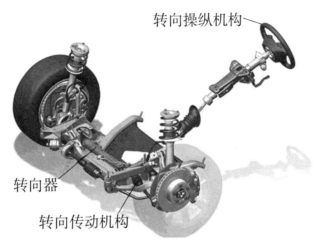

图0-4 转向系统的组成

转向系统组成

四、制动系统

制动系统的功用是使汽车减速、停车并能保证可靠地驻停。汽车制动系统一般包括行车制动系统和驻车制动系统两套相互独立的制动系统,每套制动系统都包括制动器和制动传动机构,如图0-5所示。大部分小型汽车都采用液压式制动系统,而载货汽车和大客车则常采用气压式制动系统。

制动系统组成

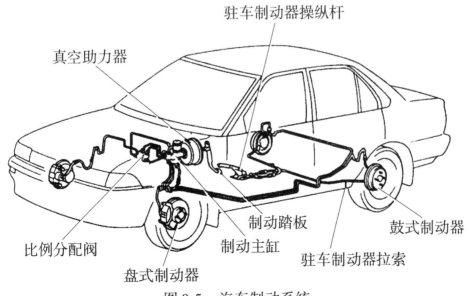

图0-5 汽车制动系统

现在汽车的行车制动系统一般都装配有防抱死制动系统(ABS)及驱动防滑控制系统(ASR)。前者在任何情况下制动时,即使在滑溜路面上,也能保持车轮不抱死,以保持车轮的最大制动力,维持车辆的方向稳定性;后者在起步加速时,控制驱动轮不打滑,以保持最大的驱动力及方向稳定性。

第二节 汽车传动系统的布置形式

汽车传动系统的布置形式主要与发动机的安置及汽车驱动形式有关。

汽车的驱动形式通常用汽车车轮总数×驱动轮数(车轮数系指轮毂数)来表示。普通汽车一般装 4 个车轮,其中有两个为驱动轮,则其驱动形式为 4×2。越野汽车的全部车轮都可以作为驱动轮,根据车轮总数不同,常见的驱动形式有 4×4、6×6。

一、发动机前置后轮驱动

发动机前置后轮驱动简称前置后驱动,英文简称 FR。如图 0-6 所示,发动机布置在汽车前部,动力经过离合器、变速器、万向传动装置和后驱动桥,最后传到后驱动轮,使汽车行驶。

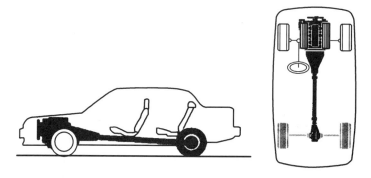

图 0-6　发动机前置后轮驱动

这是一种传统的布置形式,应用广泛,适用于除越野汽车之外的各种汽车。

二、发动机前置前轮驱动

发动机前置前轮驱动简称前置前驱动,英文简称 FF。如图 0-7 所示,发动机布置在汽车前部,动力经过离合器、变速器和前驱动桥,最后传到前驱动轮,这种布置形式在变速器与驱动桥之间省去了万向传动装置,使结构简单紧凑,整车质量小,高速时操纵稳定性好。

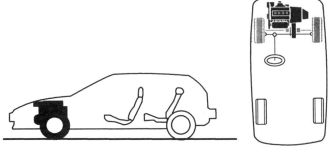

图 0-7　发动机前置前轮驱动

三、发动机后置后轮驱动

发动机后置后轮驱动简称后置后驱动,英文简称 RR。如图 0-8 所示,发动机布置在汽车后部,动力经过离合器、变速器、角传动装置、万向传动装置和后驱动桥,最后传到后驱动轮,使汽车行驶。这种布置形式便于车身内部的布置,减小室内发动机的噪声,一般用于大型客车。

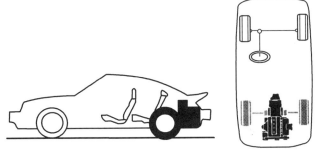

图 0-8　发动机后置后轮驱动

传动系统的
布置形式

四、发动机中置后轮驱动

发动机中置后轮驱动简称中置驱动,英文简称 MR。如图 0-9 所示,这种布置形式将发动机布置于驾驶室后面的汽车中部,后轮驱动,有利于实现前后轴较为理想的轴荷分配,是赛车和部分大中型客车采用的方案。客车采用这种方案布置时,能使车厢的有效面积得到最大利用。

五、四轮驱动

四轮驱动英文简称 4WD。如图 0-10 所示,发动机布置在汽车前部,动力经过离合器、变速器、分动器、万向传动装置分别到达前后驱动桥,最后传到前后驱动轮,使汽车行驶。由于所有的车轮都是驱动轮,提高了汽车的越野通过性能,这是越野汽车采取的布置形式。

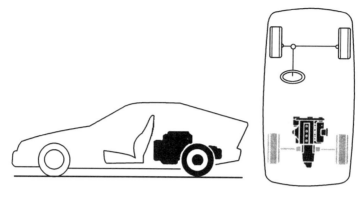

图 0-9 发动机中置后轮驱动

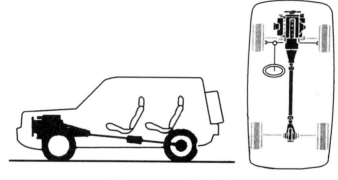

图 0-10 四轮驱动

小结

1. 汽车底盘由传动系统、行驶系统、转向系统和制动系统四大系统组成，其功用为接收发动机的动力，使汽车运动并保证汽车能够按照驾驶人的操纵而正常行驶。

2. 汽车的驱动形式通常用汽车车轮总数×驱动轮数（车轮数是指轮毂数）来表示。

3. 汽车传动系统的布置形式主要与发动机的安置及汽车驱动形式有关。其布置形式有发动机前置后轮驱动、发动机前置前轮驱动、发动机后置后轮驱动、发动机中置后轮驱动及四轮驱动。

复习思考题

一、简答题

1. 汽车底盘由哪几部分组成？各组成部分的功用是什么？

2.汽车传动系统的常见布置形式有哪些?各有什么特点?

二、选择题

1.(　　)不属于汽车行驶系统的功用。
　　A.支撑汽车的总质量
　　B.承受并传递路面作用于车轮上的力和力矩
　　C.缓和冲击,保证汽车的平稳行驶
　　D.变速变矩

2.对于发动机后置后轮驱动的汽车而言,发动机位于其(　　)。
　　A.后轴的前面　　　　　　　B.后轴的后面
　　C.前轴的前面　　　　　　　D.以上都不对

3.汽车转向系统主要由(　　)三大部分组成。
　　A.转向操纵机构、转向器、车轮
　　B.转向盘、转向器、转向传动机构
　　C.转向操纵机构、转向器、转向传动机构
　　D.转向操纵机构、转向盘、转向器

三、判断题

1.对于发动机前置后驱的汽车,在变速器与驱动桥之间省去了万向传动装置,使结构简单紧凑,整车质量小。　　　　　　　　　　　　　　(　　)

2.发动机中置后轮驱动的布置形式有利于实现汽车前后轴较为理想的轴荷分配。　　　　　　　　　　　　　　　　　　　　　　　　　　(　　)

3.发动机前置后轮驱动的英文简称RF。　　　　　　　　　　　　(　　)

第一章 离合器

> **学习目标**
>
> 1. 掌握离合器的基本结构及工作原理；
> 2. 掌握膜片弹簧式离合器的结构及工作原理；
> 3. 掌握离合器操纵机构的结构及工作原理；
> 4. 掌握离合器踏板的检查与调整方法；
> 5. 掌握离合器液压油的添加与放气方法；
> 6. 掌握离合器分离轴承、压盘和从动盘的检查与更换方法；
> 7. 掌握离合器踏板开关的检查方法。

第一节 离合器的功用、种类及要求

一、离合器的功用

离合器是汽车传动系统的重要组成部分,安装在发动机与变速器之间,其功用如下：

（1）使发动机与传动系统逐渐接合,保证汽车平稳起步。

（2）暂时切断发动机的动力传输,保证变速器换挡平顺。

（3）限制所传递发动机输出的转矩,防止传动系统过载。

手动变速器利用摩擦式离合器传输动力；自动变速器则利用液体运动能的液力变矩器传输动力。

二、离合器的种类

汽车上应用的离合器主要有以下 3 种形式：

（1）摩擦离合器。摩擦离合器是指利用主、从动部分的摩擦作用来传递转矩的离合器。目前在汽车上广泛采用。

（2）液力耦合器。液力耦合器是指利用液体作为传动介质的离合器。原来多用于自动变速器,目前在汽车上几乎不采用。

(3) 电磁离合器。电磁离合器是指利用磁力传动的离合器,如空调应用的就是这种离合器。

摩擦离合器可以从不同的角度来分类,具体分类如下:

(1) 按从动盘的数目。按从动盘的数目,摩擦离合器可以分为单片离合器和双片离合器。轻型汽车多采用单片离合器,双片离合器多用于重型车辆上。

(2) 按压紧弹簧的形式。按压紧弹簧的形式,摩擦离合器可以分为周布弹簧离合器、中央弹簧离合器和膜片弹簧离合器。周布弹簧离合器和中央弹簧离合器采用螺旋弹簧,分别沿压盘的圆周和中央布置;膜片弹簧离合器采用膜片弹簧,目前应用最广泛。

三、对离合器的要求

根据离合器的功用,应满足下列要求:

(1) 具有合适的储备能力,既能保证可靠地传递发动机输出的最大转矩,又能防止传动系统过载。

(2) 接合时应平顺柔和,以保证汽车平稳起步,减少冲击。

(3) 分离时应迅速彻底,以保证变速器换挡平顺和发动机顺利起动。

(4) 具有良好的通风散热能力,防止离合器温度过高。

(5) 旋转部分的平衡性好,且从动部分的转动惯量小。

(6) 操纵轻便,以减轻驾驶人的疲劳。

第二节　离合器的基本结构和工作原理

一、离合器的基本结构

离合器的基本结构如图 1-1 所示。根据各元件的动力传递和作用不同,离合器可分为主动部分、从动部分、压紧装置和操纵机构。压紧装置(膜片弹簧)将从动盘压紧在飞轮端面上,发动机转矩靠飞轮与从动盘接触面之间的摩擦将转矩传递到从动盘上,再经过从动轴等传给驱动轮。

二、离合器的工作原理

离合器的工作原理如图 1-2 所示。从动盘通过花键和变速器主动轴相连,可以前后运动。在压紧弹簧的作用下,离合器处于接合状态。

当驾驶人踩下离合器踏板,分离套筒和分离轴承在分离叉的推动下,推动从动盘克服压紧弹簧的压力而后移,使离合器处于分离状态,中断动力传输。

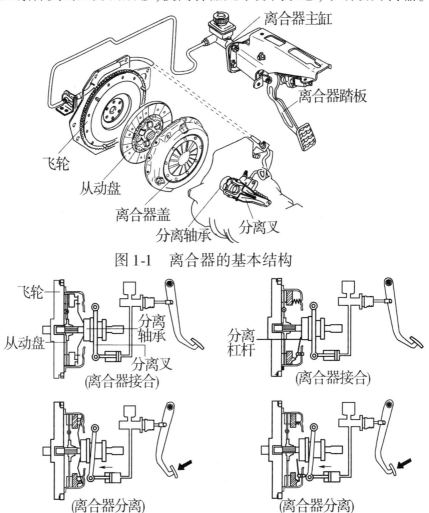

图 1-1 离合器的基本结构

a)膜片弹簧式　　b)周布弹簧式

图 1-2 离合器工作原理

逐渐抬起离合器踏板,压盘在压紧弹簧的作用下前移逐渐压紧从动盘,此时从动盘与压盘、飞轮的接触面之间产生摩擦力矩并逐渐增大,动力由飞轮、压盘传给从动盘,经输出轴输出。在这一过程中,从动盘及输出轴转速逐渐提高,直至与主动部分相同,主、从动部分完全接合,接合过程结束,离合器处于接合状态。

膜片弹簧式离合器的工作原理

在离合器的接合过程中,飞轮、压盘和从动盘之间接合还不紧密时,所能传递的摩擦力矩较小,其主、从动部分未达到同步,处于相对打滑的状态称为半联动状态。这种状态在汽车起动时是必要的。

三、离合器踏板的自由行程

由离合器的工作原理可知,当从动盘摩擦片磨损变薄后,为了保证离合器处于接合状态,传递发动机转矩,则压盘必须向前移动。此时膜片弹簧(或分离杠杆)外端和压盘一起向前移,其内端向后移。如果膜片弹簧(或分离杠杆)与分离轴承之间没有间隙,由于机械式操纵机构的干涉作用,压盘最终无法前移,即导致离合器不能接合,出现打滑现象。为此,在离合器膜片弹簧(或分离杠杆)内端与分离轴承之间预留一定的间隙,一般为几毫米,这个间隙称为离合器的自由间隙,如图1-3所示。

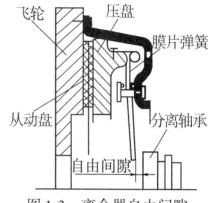

图1-3 离合器自由间隙

离合器分离过程中,为消除离合器自由间隙和分离机构、操纵机构零件的弹性变形所需要踩下的踏板行程称为离合器踏板自由行程。

第三节 膜片弹簧式离合器

一、结构

膜片弹簧式离合器的结构如图1-4和图1-5所示。膜片弹簧式离合器以膜片弹簧取代螺旋弹簧及分离杠杆,构造简单,并可免除调整分离杠杆高度的麻烦,且膜片弹簧弹性极佳,操作省力,故为目前使用最广的离合器。

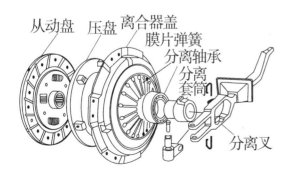

图1-4 膜片弹簧式离合器构造(一)

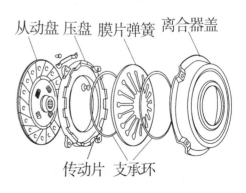

图1-5 膜片弹簧式离合器构造(二)

离合器盖通过螺栓固定在飞轮上,为了保持正确的安装位置,离合器盖通过定位销进行定位。压盘与离合器盖之间通过周向均布的三组或四组传动片来传递转矩。传动片用弹簧钢片制成,每组两片,一端用铆钉铆在离合器盖上,另一端用螺钉连接在压盘上。

从动盘主要由从动盘本体、摩擦片和从动盘毂等组成,如图1-6和图1-7所示。为消除传动系统的扭转振动,从动盘一般都带有扭转减振器。

从动盘钢片外圆周铆接有波浪形弹簧钢片,摩擦片分别铆接在弹簧钢片上,从动盘钢片与减振器盘铆接在一起,之间夹有摩擦垫圈和从动盘毂。从动盘毂、从动盘钢片和减振器盘上都有圆周均布的窗孔,减振弹簧装在窗孔中。

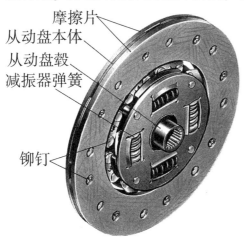

图1-6 从动盘的结构

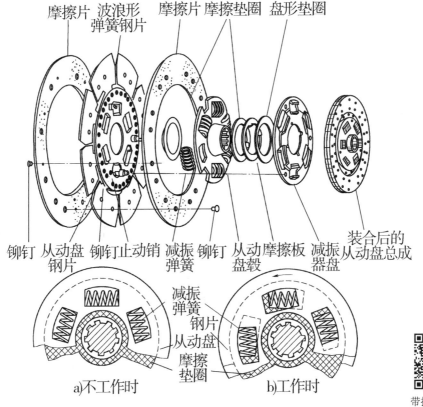

图1-7 带扭转减振器的从动盘

带扭转减振器的从动盘结构

当从动盘受到转矩时,转矩从摩擦片传到从动盘钢片,再经减振弹簧传给从动盘毂,此时弹簧将被压缩,吸收发动机传来的扭转振动。

膜片弹簧的径向开有若干切槽,形成弹性杠杆。切槽末端有圆孔,固定铆钉穿过圆孔,并固定在离合器盖上。膜片弹簧两侧装有钢丝支承环,这两个钢丝支承环是膜片弹簧工作时的支点。膜片弹簧的外缘通过分离钩与压盘联系起来。

二、工作原理

膜片弹簧离合器的工作原理如图1-8所示。当离合器盖未安装到飞轮上时,膜片弹簧不受力而处于自由状态,此时离合器盖与飞轮之间有一距离l,如图1-8a)所示。当离合器盖通过螺栓固定在飞轮上时,离合器盖靠向飞轮,消除距离l,后钢丝支承环压紧膜片,使之发生弹性变形(锥角变小),此时膜片弹簧外端对压盘产生压紧力,使离合器处于接合状态,如图1-8b)所示。当踩下离合器踏板时,分离轴承左移推动膜片弹簧,使膜片弹簧被压在前支承环上,其径向截面以支承环为支点转动(膜片膜簧呈反锥形),外圆周向后翘起,通过分离钩拉动压盘后移,使离合器分离,如图1-8c)所示。

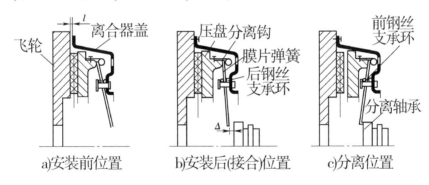

a) 安装前位置　　b) 安装后(接合)位置　　c) 分离位置

图1-8　膜片弹簧式离合器的工作原理

第四节　周布弹簧式离合器

周布弹簧式离合器的构造如图1-9所示。

(1) 主动部分。主动部分由飞轮、离合器盖和压盘等组成。离合器盖通过螺栓固定在飞轮上,为了保证正确的安装位置,离合器盖通过定位销进行定位。压盘与离合器盖之间通过周向均布的3~4组支承柱(或传动块)来传递转矩。支承柱一端连接在压盘上,另一端用球面调整螺母锁紧在离合器盖上。

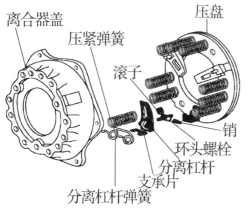

图 1-9　周布弹簧式离合器的构造

（2）从动部分。从动部分包括从动盘和从动轴，从动盘一般带有扭转减振器。

（3）压紧机构。压紧机构由若干螺旋弹簧组成，螺旋弹簧沿压盘周向对称布置，装在压盘和离合器盖之间。为减少压盘对弹簧传热，弹簧座做成凸起的十字形条或加隔热垫。

（4）分离操纵机构。分离叉与其转轴制成一体，轴的两端靠衬套支承在离合器壳上。分离杠杆用薄钢板冲制而成。

第五节　离合器的操纵机构

离合器的操纵机构起始于离合器踏板，终止于分离杠杆，可分为机械式和液压式。

一、机械式操纵机构

机械式操纵机构分为杠杆传动和钢索传动。

杠杆传动操纵机构如图 1-10 所示。杠杆传动操纵机构结构简单，工作可靠，广泛应用于各型汽车上。但杠杆传动中杆件间铰接多，摩擦损失大，车架或车身变形以及发动机位移时都会影响其正常工作。

钢索传动操纵机构如图 1-11 所示。由于钢索是挠性件，因此，对其他装置的布置没有大的影响，安装方便，成本低，维护容易，使用较多。

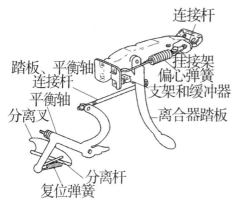
图 1-10　杠杆传动操纵机构

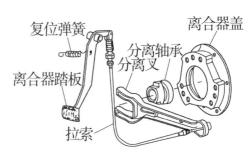
图 1-11　钢索式操控机构

二、液压式操纵机构

液压式操纵机构如图1-12所示,由离合器踏板、离合器主缸、离合器工作缸、分离叉等组成。

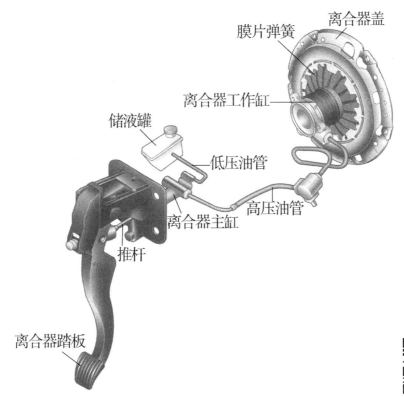

图1-12 离合器液压操纵机构

(1)离合器主缸。

离合器主缸结构如图1-13所示。主缸壳体上的回油孔、补偿孔通过进油软管与储液罐相通。主缸内装有活塞,活塞两端装有皮碗,左端中部装有止回阀,经小孔与活塞右方主缸内腔的油室相通。当离合器踏板处于完全放松位置时,活塞左端皮碗位于回油孔与补偿孔之间,两孔均与储液罐相通。

(2)离合器工作缸。

离合器工作缸结构如图1-14所示。工作缸内装有活塞、皮碗、推杆等,壳体上还设有放气螺塞。当管路内有空气存在而导致离合器不能分离时,需要拧出放气螺塞进行放气。工作缸活塞直径略大于主缸活塞直径,故液压系统具有增力作用,以使操纵轻便。

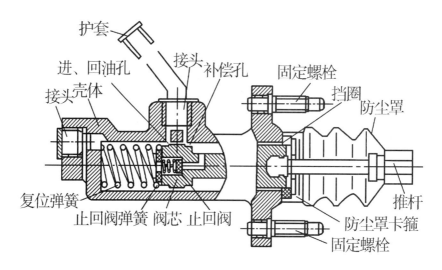

图 1-13 离合器主缸结构

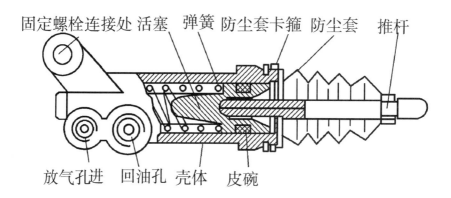

图 1-14 离合器工作缸结构

(3) 工作情况。

① 分离过程。当离合器踏板踩下时,离合器主缸推杆推动主缸活塞左移(图 1-13),离合器主缸产生油压,压力油经油管使工作缸的活塞向右推出(图 1-14),经推杆推动分离叉,推移分离轴承等使离合器分离。

② 接合过程。离合器踏板放松时,踏板复位弹簧将踏板拉回,离合器主缸油压消失,各机件复原,离合器接合。

③ 补偿过程。当管路系统渗入空气时,可利用补偿孔来排除渗入的空气。补偿过程如下:当踩下离合器踏板难以使离合器分离时,可迅速放松踏板,在踏板复位弹簧的作用下,主缸活塞快速右移(图 1-13)。储液罐中的油液从补偿孔经主缸活塞上的止回阀流入活塞左面。驾驶人再迅速踩下离合器踏板,工作缸活塞左移,以弥补因从动盘磨损或系统渗入少量空气后引起的在相同踏板位置

工作缸活塞向左移动量的不足，从而保证离合器正常工作。

第六节 离合器的维修

一、离合器踏板的检查与调整

丰田卡罗拉汽车离合器踏板总成如图1-15所示。

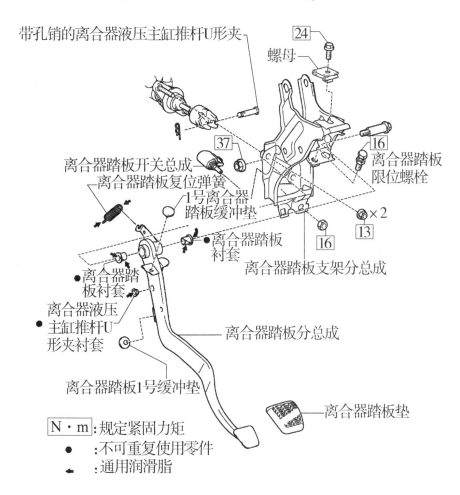

图1-15 离合器踏板总成

1 实训器材

(1)车辆：丰田卡罗拉汽车。

(2)普通工具：组合工具、扭力扳手、车轮止动楔。

(3)检测工具：直尺。

2 准备工作

（1）汽车进入工位前，将工位清理干净，准备好相关的器材。
（2）将汽车停驻在举升机中央位置。
（3）拉紧驻车制动器操纵杆，并将变速杆置于空挡位置，如图1-16所示。
（4）套上转向盘护套、变速杆手柄套和座椅套，铺设脚垫。
（5）在车内拉动发动机舱盖开启手柄，在车外打开并支撑发动机舱盖，如图1-17所示。
（6）粘贴翼子板和前脸磁力护裙。

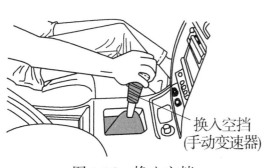

图1-16 换入空挡

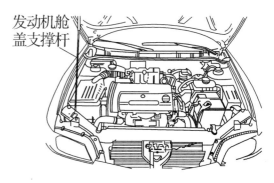

图1-17 支撑发动机舱盖

3 操作步骤

1）检查并调整离合器踏板高度

（1）翻起地毯。

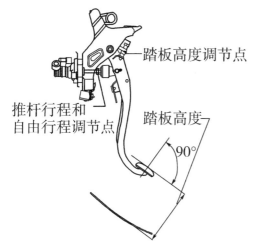

图1-18 离合器踏板高度检查

（2）检查并确认离合器踏板高度是否正确，如图1-18所示。离合器踏板高度（踏板距离地板的高度）为143.6～153.6mm。

（3）松开锁紧螺母并转动限位螺栓，直至获得正确高度。

（4）拧紧锁紧螺母。力矩为16N·m。

2）检查离合器踏板自由行程和推杆行程

（1）检查并确认离合器踏板自由行程和推杆行程，如图1-19所示。

①踩下离合器踏板，直至开始感觉到踩下离合器踏板有阻力。离合器踏板

自由行程为 5.0~15.0mm。

②轻轻踩下离合器踏板,直至阻力开始增大。踏板顶端处的推杆行程为 1.0~5.0mm。

(2) 如有必要,调整离合器踏板自由行程和推杆行程。

①松开锁紧螺母并转动推杆,直至获得正确的自由行程和推杆行程。

②拧紧锁紧螺母。力矩为 12N·m。

③调整好离合器踏板自由行程后,检查离合器踏板高度。

3) 检查离合器分离点

(1) 拉紧驻车制动操纵杆并安装车轮止动楔。

(2) 起动发动机并使其怠速运转。

(3) 踩下离合器踏板时,缓慢移动变速杆至倒挡,直至齿轮接触。

(4) 逐渐踩下离合器踏板,并测量从齿轮噪声停止点(分离点)到踏板行程终点位置的行程距离,如图 1-20 所示。

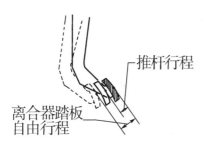
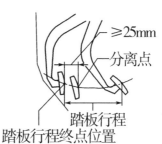

图 1-19 离合器踏板自由行程检查　　图 1-20 离合器分离点检查

标准距离大于或等于 25mm(从踏板行程终点位置到分离点)。如果该距离不符合规定,则执行以下程序:

①检查离合器踏板高度。

②检查推杆行程和离合器踏板自由行程。

③对离合器管路进行放气。

④检查离合器盖和离合器盘。

检查离合器踏板
自由行程

二、离合器液压油的添加与放气

1 实训器材

(1) 车辆:丰田卡罗拉汽车。

(2) 普通工具:组合工具。

(3) 其他:塑料管、玻璃容器、丰田卡罗拉汽车离合器液压油(SAE J1703 或

FMVSSNo.116 DOT 3）。

2 准备工作

（1）汽车进入工位前,将工位清理干净,准备好相关的器材。

（2）将汽车停驻在举升机中央位置。

（3）拉紧驻车制动器操纵杆,并将变速杆置于空挡位置,如图1-16所示。

（4）套上转向盘护套、变速杆手柄套和座椅套,铺设脚垫。

（5）在车内拉动发动机舱盖开启手柄,在车外打开并支撑发动机舱盖,如图1-17所示。

（6）粘贴翼子板和前脸磁力护裙。

3 操作步骤

如果离合器液压油接触到任何车身涂漆表面,请立即进行清洗,以免腐蚀涂装层。如果要对离合器系统进行操作或怀疑离合器管路内有空气进入,则对离合器液压系统进行放气。

（1）对液压油的储液罐进行加注。

（2）对离合器管路进行放气。

①拆下放气螺塞盖。

②将塑料管连接至放气螺塞,如图1-21所示。

③踩下离合器踏板数次,并在踩下踏板时松开放气螺塞,如图1-22所示。

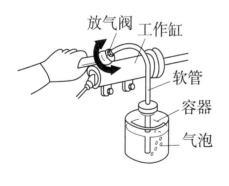
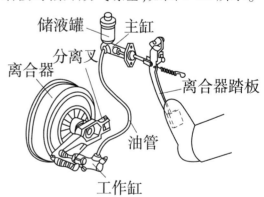

图1-21　连接塑料软管　　　　图1-22　踩住离合器踏板

④离合器液压油不再外流时,拧紧放气螺塞,然后松开离合器踏板。

⑤重复前两步操作,直至离合器液压油中的空气全部放出。

⑥拧紧放气螺塞。力矩为8.3N·m。

⑦安装放气螺塞盖。

⑧检查并确认离合器管路中的空气已全部放出。

(3) 检查储液罐中的液压油液位高度是否达标。

三、离合器分离轴承、压盘和从动盘的更换

丰田卡罗拉汽车离合器的结构如图1-23所示。

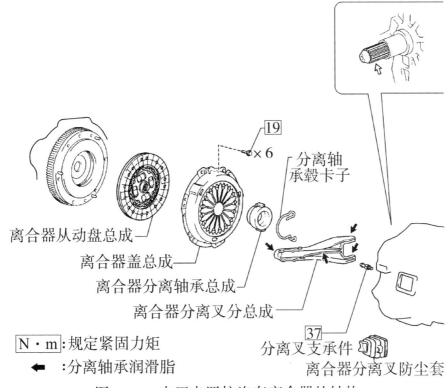

图1-23　丰田卡罗拉汽车离合器的结构

1　实训器材

(1) 车辆：丰田卡罗拉汽车。

(2) 普通工具：组合工具、扭力扳手。

(3) 专用工具：SST 09301-00110 离合器导向工具、SST09333-00013 万向节轴承拆卸工具和拆装工具。

(4) 检测工具：游标卡尺、百分表。

(5) 其他：丰田原厂分离轴承润滑脂或同等产品、丰田原厂离合器花键润滑脂或同等产品。

2　准备工作

(1) 汽车进入工位前，将工位清理干净，准备好相关的器材。

(2)将汽车停驻在举升机中央位置。

(3)拉紧驻车制动器操纵杆,并将变速杆置于空挡位置,如图1-16所示。

(4)套上转向盘护套、变速杆手柄套和座位套,铺设脚垫。

(5)在车内拉动发动机舱盖开启手柄,在车外打开并支撑发动机舱盖,如图1-17所示。

(6)粘贴翼子板和前脸磁力护裙。

3 操作步骤

1)拆卸

(1)拆下手动变速器总成。

(2)拆卸离合器分离叉总成。从手动变速器上拆下带离合器分离轴承的离合器分离叉,如图1-24所示。

(3)拆卸离合器分离叉防尘套。从手动变速器上拆下离合器分离叉防尘套,如图1-25所示。

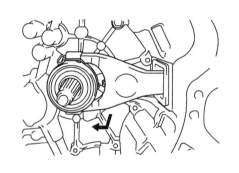
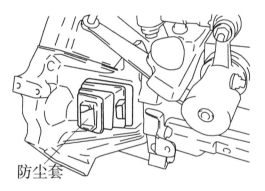

图1-24 拆卸分离叉总成　　图1-25 拆卸(或安装)分离叉防尘套

(4)拆卸离合器分离轴承总成。从离合器分离叉上拆下分离轴承和卡子,如图1-26所示。

(5)拆卸分离叉支承件。从手动变速器上拆下分离叉支承件,如图1-27所示。

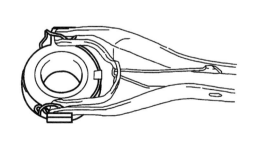

图1-26 拆卸分离轴承总成　　图1-27 拆卸(或安装)分离叉支承件

(6)拆卸离合器盖总成。

①在离合器盖总成和飞轮总成上做好装配标记,如图1-28所示。

②每次将各固定螺栓拧松一圈,直至弹簧张力被完全释放。

③拆下固定螺栓并拉下离合器盖。

注意:不要跌落离合器盘。

(7)拆下离合器从动盘总成。

注意:使离合器从动盘总成衬片部分、压盘和飞轮总成表面远离油污和异物。

2)检查

(1)检查离合器从动盘总成。

①用游标卡尺测量铆钉深度,如图1-29所示。最小铆钉深度为0.3mm。如有必要,更换离合器从动盘总成。

②将离合器从动盘总成安装至变速器总成。

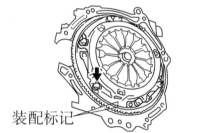

图1-28 装配标记　　图1-29 测量铆钉深度

注意:按正确方向插入离合器从动盘总成。

③用百分表测量离合器从动盘总成的径向跳动,如图1-30所示。最大径向跳动量为0.8mm。如有必要,更换离合器从动盘总成。

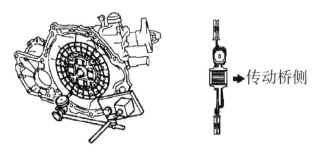

图1-30 测量离合器从动盘总成的径向跳动

(2)检查离合器盖总成。用游标卡尺测量膜片弹簧磨损的深度和宽度,如图1-31所示。最大磨损深度(A)为0.5mm;最大磨损宽度(B)为6.0mm。如有必要,更换离合器盖总成。

(3)检查飞轮分总成。用百分表测量飞轮分总成的径向跳动,如图1-32所示。最大径向跳动量为0.1mm。如有必要,更换飞轮分总成。

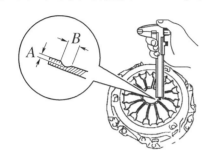

图1-31 测量膜片弹簧磨损的深度和宽度

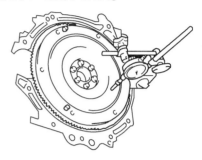

图1-32 测量飞轮分总成的径向跳动

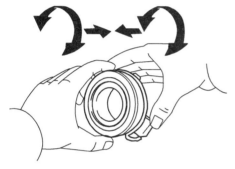

图1-33 检查分离轴承

(4)检查离合器分离轴承总成。

①在轴向施力时,旋转离合器分离轴承总成的滑动部件(与离合器盖的接触面),检查并确认离合器分离轴承总成移动平稳且无异常阻力,如图1-33所示。

②检查离合器分离轴承总成是否损坏或磨损。如有必要,更换分离轴承总成。

3)安装

(1)安装离合器从动盘总成。将SST插入离合器从动盘总成,然后一起插入飞轮分总成,如图1-34所示(使用SST09301-00110)。

注意:按正确方向插入离合器从动盘总成。

(2)安装离合器盖总成。

①将离合器盖总成上的装配标记和飞轮分总成上的装配标记对准。

②按照图1-35所示的步骤,从位于顶部锁销附近的螺栓开始,按图1-35中顺序号分8次拧紧6个螺栓。力矩为19N·m。

提示:按照图1-35所示的顺序,每次均匀拧紧1个螺栓;检查并确认从动盘位于中心位置后,上下左右轻微地移动SST,然后拧紧螺栓(使用SST09301-00110)。

(3)检查并调整离合器盖总成。

①用带滚子仪的百分表检查膜片弹簧顶端高度偏差,如图1-36所示。最大偏差为0.9mm。

 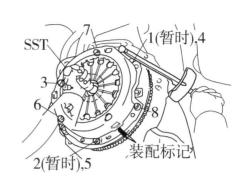

图1-34 安装离合器从动盘总成　　　图1-35 螺栓拧紧顺序

1、2、3、4、5、6、7、8—螺栓拧紧顺序号

②如果偏差不符合规定,用SST调整膜片弹簧顶端高度偏差,如图1-37所示(使用SST09333-00013)。

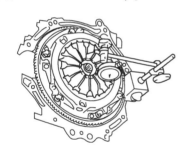 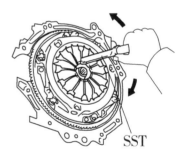

图1-36 检查膜片弹簧顶端高度偏差　　图1-37 调整膜片弹簧顶端高度偏差

(4)安装分离叉支承件。将分离叉支承件安装至传动桥总成,如图1-27所示。拧紧力矩为37N·m。

(5)安装离合器分离叉防尘套。将离合器分离叉防尘套安装至手动变速器,如图1-25所示。

(6)安装离合器分离叉总成。

①在分离叉和分离轴承总成、分离叉和推杆、分离叉和叉支承件间的接触面上涂抹分离轴承润滑脂,如图1-38所示。润滑脂为丰田原厂分离轴承润滑脂或同等产品。

②用卡子将分离叉安装至分离轴承总成。

(7)安装离合器分离轴承总成。

①在输入轴花键上涂抹离合器花键润滑脂,如图1-39所示。润滑脂为丰田

原厂离合器花键润滑脂或同等产品。

注意:不要在图中所示的 A 部位涂抹润滑脂。

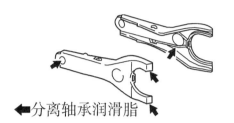

图 1-38　涂抹分离轴承润滑脂　　图 1-39　涂抹离合器花键润滑脂

②将带分离叉的离合器分离轴承安装至变速器总成。

注意:安装完毕后移动分离叉以检查分离轴承是否滑动平稳。

(8)安装手动变速器总成。

四、离合器踏板开关的检查

丰田卡罗拉汽车离合器踏板开关总成如图 1-40 所示。

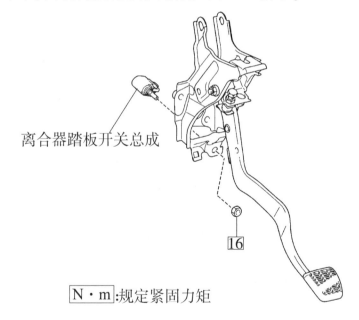

图 1-40　离合器踏板开关总成

1　实训器材

(1)车辆:丰田卡罗拉汽车。

(2)普通工具:组合工具、扭力扳手。

(3)检测工具:万用表。

2 准备工作

(1) 汽车进入工位前,将工位清理干净,准备好相关的器材。

(2) 将汽车停驻在举升机中央位置。

(3) 拉紧驻车制动器操纵杆,并将变速杆置于空挡位置,如图1-16所示。

(4) 套上转向盘护套、变速杆手柄套和座椅套,铺设脚垫。

(5) 在车内拉动发动机舱盖开启手柄,在车外打开并支撑发动机舱盖,如图1-17所示。

(6) 粘贴翼子板和前脸磁力护裙。

3 操作步骤

1) 车上检查

检查离合器踏板开关总成,如图1-41所示。

(1) 检查并确认离合器踏板松抬时发动机不起动。

(2) 检查并确认离合器踏板完全踩下时发动机起动。如有必要,检查并更换离合器踏板开关总成。

2) 拆卸离合器踏板开关总成

(1) 断开离合器踏板开关总成连接器。

(2) 从离合器踏板支架上拆下开关紧固螺母和离合器踏板开关总成。

3) 检查离合器踏板开关总成

开关置于ON和OFF位置时,测量端子间的电阻,如图1-42所示。各端子间电阻标准值见表1-1。

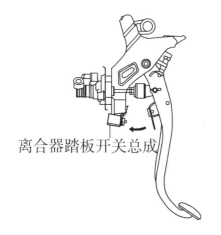

图1-41 检查离合器踏板开关

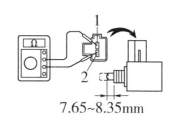

图1-42 测量端子间电阻
1、2-开关电路输入和输出端

标 准 电 阻 表1-1

检测仪连接	开关状态	规定状态
1-2	ON(按下)	<1Ω
	OFF(松开)	≥10kΩ

4)安装

(1)安装离合器踏板开关总成。

①用螺母安装离合器踏板开关总成。拧紧力矩为16N·m。

②连接离合器踏板开关总成连接器。

(2)检查离合器踏板开关总成。

小结

1. 离合器安装在发动机与变速器之间,其功用是:保证汽车平稳起步、保证变速器换挡平顺、防止传动系统过载。

2. 摩擦式离合器按从动盘的数目不同可以分为单片离合器和双片离合器;按压紧弹簧的形式可以分为周布弹簧离合器、中央弹簧离合器和膜片弹簧离合器。

3. 根据各元件的动力传递和作用不同,离合器可分为主动部分、从动部分、压紧装置和操纵机构。

4. 在离合器膜片弹簧(或分离杠杆)内端与分离轴承之间预留一定的间隙,这个间隙称为离合器的自由间隙。离合器分离过程中,为消除离合器自由间隙和分离机构、操纵机构零件的弹性变形所需要踩下的踏板行程称为离合器踏板自由行程。

5. 膜片弹簧式离合器以膜片弹簧取代螺旋弹簧及分离杠杆,使构造简单,并可免除调整分离杠杆高度的麻烦,且膜片弹簧弹性极佳,操作省力,故为目前使用最广的离合器。

6. 离合器的从动盘主要由从动盘本体、摩擦片和从动盘毂等组成。为消除传动系统的扭转振动,从动盘一般都带有扭转减振器。

7. 离合器的操纵机构起始于离合器踏板,终止于分离杠杆,可分为机械式和液压式。机械式操纵机构有杠杆传动和钢索传动。

8. 离合器的液压式操纵机构由离合器踏板、离合器主缸、离合器工作缸、分

第一章 离 合 器

离叉等组成。

复习思考题

一、简答题

1. 什么是离合器的自由间隙和离合器踏板的自由行程?
2. 离合器的主要功用有哪些?
3. 膜片弹簧式离合器是如何工作的?
4. 离合器液压操纵机构的工作原理是什么?

二、选择题

1. 当膜片式离合器摩擦片磨损后,离合器踏板的自由行程会(　　)。
   A. 变大　　　　B. 不变化　　　　C. 变小　　　　D. 以上都有可能
2. 汽车离合器安装于(　　)。
   A. 发动机与变速器之间　　　　B. 变速器与后驱动轴之间
   C. 分动器与变速器之间　　　　D. 变速器与主减速器之间
3. 在正常情况下,发动机工作,汽车离合器踏板处于自由状态时,(　　)。
   A. 发动机的动力不传给变速器　　　　B. 发动机的动力传给变速器
   C. 离合器分离杠杆受力　　　　D. 离合器的主从动部分分离
4. (　　)是汽车离合器的主要作用。
   A. 保证汽车怠速平稳　　　　B. 使换挡工作平顺
   C. 实现倒车　　　　D. 增加变速比
5. 下列不属于汽车离合器部分的是(　　)。
   A. 分离轴承　　　B. 曲轴　　　C. 压盘　　　D. 从动盘

三、判断题

1. 离合器在使用过程中,不允许出现摩擦片与压盘、飞轮之间有任何相对滑移的现象。(　　)
2. 膜片弹簧离合器的结构特点之一是用膜片弹簧取代压紧弹簧和分离杠杆。(　　)
3. 离合器在紧急制动时,可防止传动系统过载。(　　)
4. 为使离合器接合柔和,驾驶人应逐渐放松离合器踏板。(　　)

第二章

手动变速器

学习目标

1. 了解手动变速器的功用及基本原理；
2. 掌握二轴式手动变速器的结构及各挡动力传动路线；
3. 了解锁环式同步器的结构及工作原理；
4. 了解变速器操纵机构的结构及工作原理；
5. 掌握手动变速器润滑油的检查和更换方法；
6. 掌握手动变速器的拆卸与安装方法。

第一节 变速器的种类和功用

一、变速器的种类

变速器按传动比的级数可分为有级式、无级式和综合式；按操纵方式可分为手动变速器、自动变速器和手动自动一体变速器。

二、变速器的功用

（1）实现变速、变矩。改变传动比，扩大驱动轮转速和转矩的变化范围，以适应汽车在不同工况下所需的牵引力和合适的行驶速度，并使发动机尽量在功率较高而油耗较低的有利工况下工作。变速器中是通过不同的挡位来实现这一功用的。

（2）实现倒车。发动机的旋转方向从前往后看为顺时针方向，且不能改变，为了实现汽车的倒向行驶，变速器中设置了倒挡。

（3）实现中断动力传动。在发动机起动和怠速运转、变速器换挡、汽车滑行和暂时停车等情况下，都需要中断发动机的动力传动，因此，变速器中设有空挡。

第二节 手动变速器的变速传动机构

手动变速器包括变速传动机构和操纵机构两大部分。变速传动机构的主要作用是改变转矩和转速的数值和方向;操纵机构的作用是实现变速器传动比的变换——换挡。

变速传动机构是手动变速器的主体。手动变速器按工作轴的数量(不包括倒挡轴)可分为二轴式手动变速器和三轴式手动变速器。

一、齿轮传动的基本原理

普通齿轮式变速器是利用不同齿数的齿轮啮合传动来实现转矩和转速的改变的。齿轮传动的基本原理如图2-1所示,一对齿数不同的齿轮啮合传动时可以实现变速,而且两齿轮的转速比与其齿数成反比。

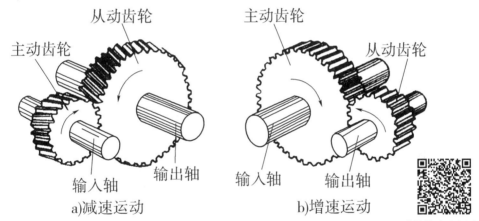

a)减速运动　　　　　　　b)增速运动

图 2-1 齿轮传动的基本原理

设主动齿轮转速为 n_1、齿数为 z_1;从动齿轮转速为 n_2、齿数为 z_2;主动齿轮(即输入轴)转速与从动齿轮(即输出轴)转速之比值为传动比(i_{12}),则由齿轮1传到齿轮2的传动比为:

$$i_{12} = n_1/n_2 = z_2/z_1 \tag{2-1}$$

当小齿轮为主动齿轮,带动大齿轮转动时,输出轴转速降低,即 $n_2 < n_1$,为减速传动,此时传动比大于1;当大齿轮驱动小齿轮时,输出轴转速升高,即 $n_2 > n_1$,为增速传动,此时传动比小于1。汽车变速器就是根据这一原理,利用若干大小不同的齿轮副传动而实现变速的。

一对齿轮传动只能得到一个固定的传动比,从而得到一种输出转速,并构成一个挡位。为了扩大变速器输出转速的变化范围,普通齿轮式变速器通常都采

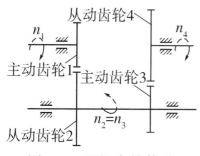

图2-2 两级齿轮传动

用多组大小不同的齿轮啮合传动,这样就构成了多个不同的挡位。不同的挡位对应于不同的传动比,从而得到各种不同的输出轴转速。图2-2所示为两级齿轮传动示意图,主动齿轮1驱动从动齿轮2转动,主动齿轮3与从动齿轮2固连在一起,再驱动从动齿轮4转动,并输出动力,此时由主动齿轮1传到从动齿轮4的传动比为:

$$i_{14} = n_1/n_4 = z_2z_4/z_1z_3 = i_{12}i_{34} \qquad (2-2)$$

因此,多级齿轮传动的传动比可以总结如下:

$$i = \frac{\text{所有从动齿轮齿数的乘积}}{\text{所有主动齿轮齿数的乘积}} = \text{各级齿轮传动比的乘积} \qquad (2-3)$$

对于变速器,各挡的传动比 i 就是变速器输入轴转速与输出轴转速之比。即

$$i = n_{\text{输入}}/n_{\text{输出}} = T_{\text{输出}}/T_{\text{输入}} \qquad (2-4)$$

式中:T——轴转矩。

当 $i>1$ 时,$n_{\text{输出}} < n_{\text{输入}}$,$T_{\text{输出}} > T_{\text{输入}}$,此时实现降速增矩,为变速器的低挡位,且 i 越大,挡位越低;当 $i=1$ 时,$n_{\text{输出}} = n_{\text{输入}}$,$T_{\text{输出}} = T_{\text{输入}}$,为变速器的直接挡;当 $i<1$ 时,$n_{\text{输出}} > n_{\text{输入}}$,$T_{\text{输出}} < T_{\text{输入}}$,此时实现升速降矩,为变速器的超速挡。

如图2-3所示,变速器前进挡主、从动齿轮旋转方向相反,倒挡主、从动齿轮旋转方向相同,倒挡轴上的中间齿轮仅改变旋转方向,不改变传动比的大小。

图2-3 前进挡与倒挡的对比

二、二轴式手动变速器

二轴式手动变速器用于发动机前置前轮驱动的汽车,一般与驱动桥(前桥)合称为手动变速驱动桥。前置发动机有纵向布置和横向布置两种形式,与其配用的二轴式变速器也有两种不同的结构形式。发动机纵置时,主减速器为一对圆锥齿轮,如奥迪100轿车;发动机横置时,主减速器采用一对圆柱齿轮,如别克凯越轿车、丰田卡罗拉轿车。

第二章 手动变速器

1 发动机纵向布置二轴式手动变速器

图 2-4、图 2-5 分别为桑塔纳 2000 型汽车二轴式五挡手动变速器变速传动机构的结构图。

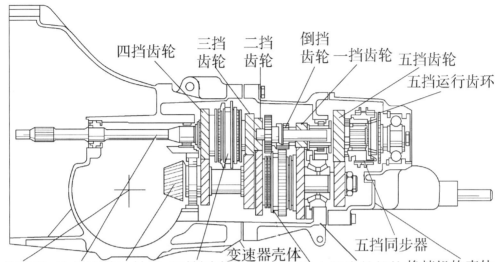

图 2-4 桑塔纳 2000 型汽车二轴式五挡手动变速器变速传动机构的结构图

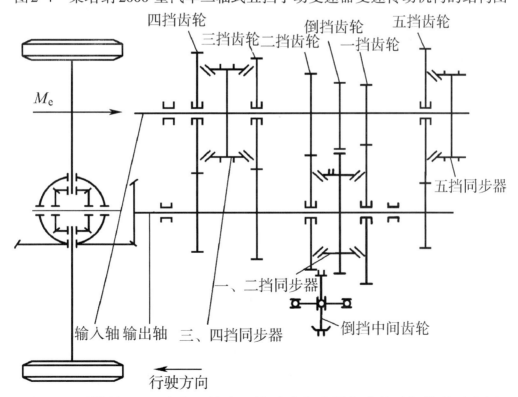

图 2-5 桑塔纳 2000 汽车二轴式五挡手动变速器变速传动机构的示意图

该变速器的变速传动机构有输入轴和输出轴,两轴平行布置,输入轴同时是离合器的从动轴,输出轴是主减速器的主动圆锥齿轮轴。该变速器具有5个前进挡(一至三挡为降速挡,四挡为直接挡,五挡为超速挡)和1个倒挡,全部采用锁环式惯性同步器换挡。

变速器的输入轴前端通过轴承支承在发动机曲轴后端的中心孔内。输入轴上有一至五挡主动齿轮和倒挡齿轮以及三、四挡和五挡同步器。各机件的安装位置从前往后依次为四挡主动齿轮,三、四挡同步器,三挡主动齿轮,二挡主动齿轮,倒挡主动齿轮,一挡主动齿轮,五挡主动齿轮,五挡同步器等。其中,二挡主动齿轮、倒挡主动齿轮、一挡主动齿轮与轴制成一体,三、四、五挡主动齿轮及五挡同步器都通过轴承支承在输入轴上,三、四挡同步器和五挡齿圈都通过花键固定在输入轴上。

输出轴与主减速器的主动锥齿轮制成一体,其上相应地有主减速器主动锥齿轮、一至五挡从动齿轮和一、二挡同步器。各机件的安装位置从前往后依次为主减速器主动锥齿轮,四挡从动齿轮,三挡从动齿轮,二挡从动齿轮,一、二挡同步器,一挡从动齿轮,五挡从动齿轮等。其中,三、四、五挡从动齿轮及一、二挡同步器与输出轴制成一体,一、二挡从动齿轮通过轴承支承在输出轴上。

各挡动力传动路线见表2-1。

桑塔纳2000车型变速器动力传动路线 表2-1

挡位	动力传递路线
一挡	变速器操纵杆从空挡向左、向前移动,实现: 动力→输入轴→输入轴一挡齿轮→输出轴一挡齿轮→输出轴上一、二挡同步器→输出轴→动力输出
二挡	变速器操纵杆从空挡向左、向前移动,实现: 动力→输入轴→输入轴二挡齿轮→输出轴二挡齿轮→输出轴上一、二挡同步器→输出轴→动力输出
三挡	变速器操纵杆从空挡向前移动,实现: 动力→输入轴→输入轴三、四挡同步器→输入轴三挡齿轮→输出轴三挡齿轮→输出轴→动力输出
四挡	变速器操纵杆从空挡向后移动,实现: 动力→输入轴→输入轴三、四挡同步器→输入轴四挡齿轮→输出轴四挡齿轮→输出轴→动力输出

续上表

挡位	动力传递路线
五挡	变速器操纵杆从空挡向右、向前移动,实现: 动力→输入轴→输入轴五挡同步器→输入轴五挡齿轮→输出轴五挡齿轮→输出轴→动力输出
倒挡	变速器操纵杆从空挡向右、向后移动,实现: 动力→输入轴→输入轴倒挡齿轮→倒挡轴倒挡齿轮→输出轴倒挡齿轮→输出轴→动力反向输出

2 发动机横向布置二轴式手动变速器

图 2-6 为别克凯越汽车二轴式五挡手动变速器的结构图。

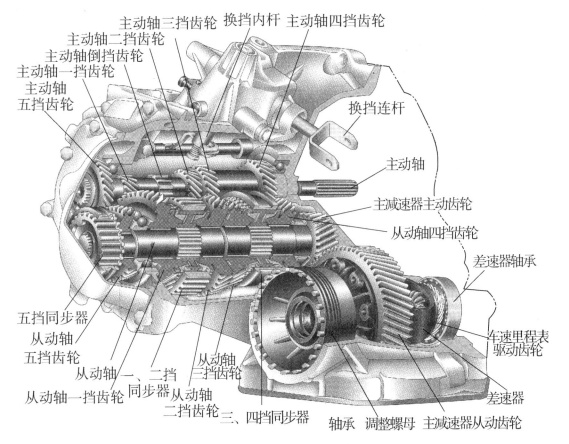

图 2-6　手动变速器结构图

图 2-7 为手动变速器动力传动机构及动力传递示意图,各挡动力传动路线见表 2-2。

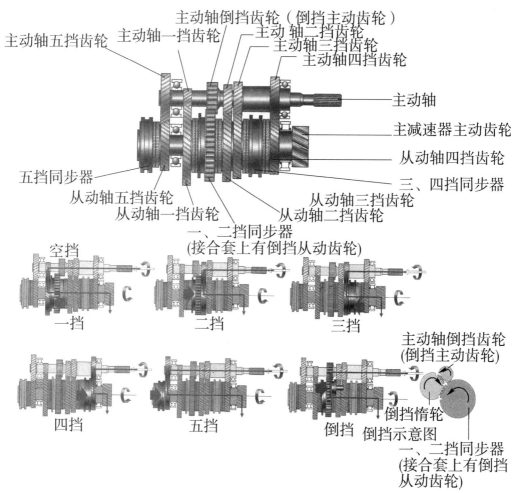

图 2-7 手动变速器传动机构及动力传递示意图

别克凯越汽车变速器动力传动路线　　　　　表 2-2

挡位	动力传递路线
一挡	变速器操纵杆从空挡向左、向前移动,实现: 动力→主动轴→主动轴一挡齿轮→从动轴一挡齿轮→从动轴一、二挡同步器→从动轴→动力输出
二挡	变速器操纵杆从空挡向左、向后移动,实现: 动力→主动轴→主动轴二挡齿轮→从动轴二挡齿轮→从动轴一、二挡同步器→从动轴→动力输出
三挡	变速器操纵杆从空挡向前移动,实现: 动力→主动轴→主动轴三挡齿轮→从动轴三挡齿轮→从动轴三、四挡同步器→从动轴→动力输出

续上表

挡位	动力传递路线
四挡	变速器操纵杆从空挡向后移动,实现: 动力→主动轴→主动轴四挡齿轮→从动轴四挡齿轮→从动轴三、四挡同步器→从动轴→动力输出
五挡	变速器操纵杆从空挡向右、向前移动,实现: 动力→主动轴→主动轴五挡齿轮→从动轴五挡齿轮→从动轴五挡同步器→从动轴→动力输出
倒挡	变速器操纵杆从空挡向左、向前移动,实现: 动力→主动轴→主动轴倒挡齿轮→倒挡惰轮→倒挡从动齿轮(一、二挡同步器)→从动轴→动力反向输出

第三节 同 步 器

同步器的功用使接合套与待啮合的齿圈迅速同步,缩短换挡时间;且防止在同步前啮合而产生换挡冲击。

目前所采用的同步器几乎都是摩擦式惯性同步器,按锁止装置不同,可分为锁环式惯性同步器和锁销式惯性同步器,下面以锁环式惯性同步器为例介绍其结构及工作原理。

一、结构

锁环式惯性同步器的结构如图 2-8 所示,花键毂用内花键套装在轴的外花键上,用垫圈、卡环轴向定位。3 个滑块分别装在花键毂上 3 个均布的轴向槽内,沿槽可以轴向移动。花键毂两端与齿轮之间各有一个青铜制成的锁环(即同步环)。锁环有内锥面,与接合齿圈外锥面相配合,组成锥面摩擦副。通过这对锥面摩擦副的摩擦,可使转速不等的两齿轮在接合之前迅速达到同步。

二、工作原理

锁环式惯性同步器的工作原理如图 2-9 所示。换挡时,驾驶人通过变速杆推动拨叉、接合套、滑块及锁环向左移动,使锁环锥面与接合齿圈齿端锥面接触,如图 2-9a)所示。由于锁环、接合套、滑块与接合齿圈转速不同,因此接触面上产生的摩擦力使锁环相对接合套和滑块转过一个角度,滑块端头与锁环缺口一侧接触。此时,接合套上的齿与锁环齿的锥面接触,从而使得接合齿圈与锁环、接合套等零件在同步前,锁环阻止接合套移动,不能挂入挡位,如图2-9b)所示。

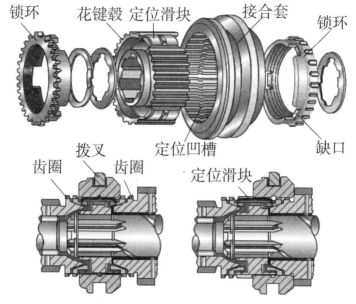

图 2-8 锁环式惯性同步器

锁环式惯性同步器的工作原理

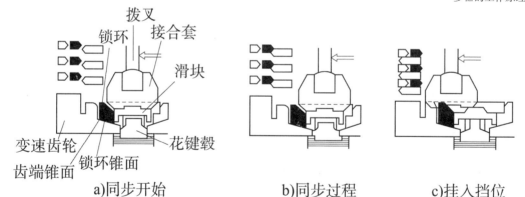

a)同步开始　　　　b)同步过程　　　　c)挂入挡位

图 2-9 锁环式惯性同步器的工作原理

随着变速杆推力的增大,锁环锥面与齿端锥面的摩擦力矩迅速增大,从而使两者的转速迅速达到同步。同步前,因惯性力矩作用及同步器结构参数保证锁环与接合套的齿端始终接触,接合套不能前移,故不能挂入挡位。

同步后,惯性力矩消失(摩擦力矩消失),在拨叉力矩作用下,接合齿圈和锁环相对接合套退转一角度,滑块退至锁环缺口中央,接合套与锁环齿端不再接触。在轴向推力(由驾驶人通过变速杆施加)作用下,接合套前移分别和锁环齿、接合齿圈齿啮合,挂入挡位,如图2-9c)所示。

锁环式同步器尺寸小、结构紧凑、摩擦力矩也小,多用于轿车和轻型车辆。

第四节 变速器的操纵机构

在汽车行驶过程中,需要经常进行换挡以变换传动比,从而得到不同的路面和行车情况所需要的车速和相应的驱动力。这时需要驾驶人通过变速器的操纵机构使相应挡位的齿轮进入啮合或使相应挡位的同步器进入啮合状态,以实现动力自发动机经变速器传到驱动轮,此外,当需要暂时中断动力传递或停车时,变速器应由工作挡位退入空挡位置,这一操作也是由变速器操纵机构来进行的。这便是变速器操纵机构的作用。

变速器操纵机构按照变速操纵杆(变速杆)位置的不同,可分为直接操纵机构和远距离操纵机构。

一、远距离操纵机构

在有些汽车上,由于变速器距离驾驶人座位较远,则需要在变速杆与拨叉之间加装一些辅助杠杆或一套传动机构,构成远距离操纵机构。这种操纵机构多用于发动机前置前轮驱动的汽车,如别克凯越汽车的五挡手动变速器,由于其变速器安装在前驱动桥处,远离驾驶人座椅,需要采用这种操纵方式,如图 2-10 所示。

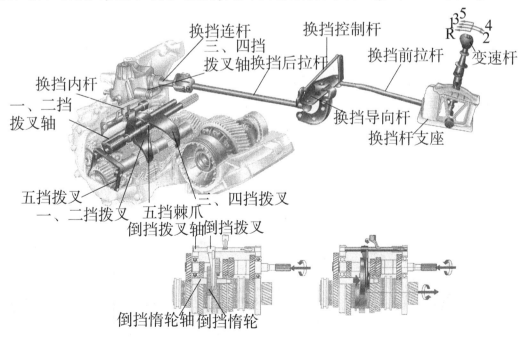

图 2-10 手动变速器换挡操纵系统

远距离操纵机构也可以用两根推拉索将驾驶人的换挡动作传到变速器,如图2-11所示。这种机构通过变速杆下方的机构,用一根推拉索传递变速杆的前后拨动运动,用另一根推拉索传递变速杆的左右摆动运动,从而操纵变速器实现换挡。

另外,有些汽车和轻型货车的变速器,将变速杆安装在转向柱管上,如图2-12所示,变速杆与变速器之间也是通过一系列的传动件进行传动,这也是远距离操纵方式。它具有变速杆占据驾驶室空间小、乘坐方便等优点。

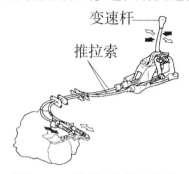

图2-11 推拉索式远距离操纵机构

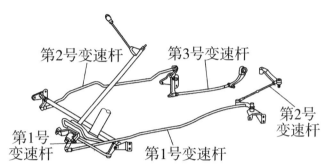

图2-12 柱式换挡操纵机构

二、换挡锁装置

为了保证变速器在任何情况下都能准确、安全、可靠地工作,变速器操纵机构一般都具有换挡锁装置,包括自锁装置、互锁装置和倒挡锁装置。自锁装置用于防止变速器自动脱挡或换挡,并保证轮齿以全齿宽啮合;互锁装置用于防止同时换上两个挡位;倒挡锁装置用于防止误挂倒挡。

自锁装置的结构原理如图2-13所示。换挡拨叉轴上方有3个凹坑,上面有被弹簧压紧的钢球,当拨叉轴位置处于空挡或某一挡时,钢球被压在拨叉轴对应的凹坑内,起到了自锁作用。

互锁装置的结构原理如图2-14所示。当中间拨叉轴移动换挡时,另外两个拨叉轴被钢球锁住,防止同时换上两个挡而使变速器卡死或损坏,起到了互锁作用。

图2-13 自锁装置

倒挡锁装置的结构原理如图2-15所示。当变速杆下端向倒挡拨叉轴移动时,必须压缩倒挡锁装置中的弹簧才能进入倒挡拨叉轴上的拨块槽中。这样防止了在汽车前进时因误换倒挡而导致零件损坏,起到了倒挡锁的作用。当倒挡拨叉轴移动挂挡时,另外两个拨叉轴被钢球锁住。

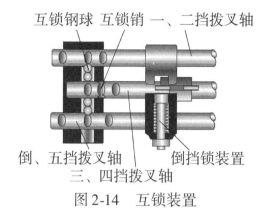
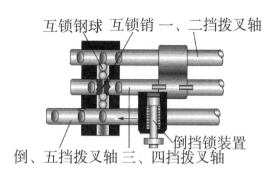

图 2-14　互锁装置　　　　　　图 2-15　倒挡锁装置

第五节　手动变速器的维修

一、手动变速器齿轮润滑油的检查和更换

1　实训器材

(1)车辆:丰田卡罗拉汽车。

(2)普通工具:组合工具。

(3)其他:手动变速器齿轮润滑油、容器。

2　准备工作

(1)汽车进入工位前,将工位清理干净,准备好相关的器材。

(2)将汽车停驻在举升机中央位置。

(3)拉紧驻车制动器操纵杆,并将变速杆置于空挡位置,如图1-16所示。

(4)套上转向盘护套、变速杆手柄套和座椅套,铺设脚垫。

(5)在车内拉动发动机舱盖开启手柄,在车外打开并支撑发动机舱盖,如图1-17所示。

(6)粘贴翼子板和前脸磁力护裙。

3　操作步骤

丰田卡罗拉汽车手动变速驱动桥齿轮润滑油容量为1.9L;齿轮润滑油类型为"TOYOTA Genuine Manual Transmission Gear Oil LV API GL-4"(丰田纯正手动变速器齿轮油 LVAPIGL-4)。

1)检查手动变速器齿轮润滑油液面高度

(1)拆下变速器齿轮润滑油注油螺塞和衬垫。

(2)检查并确认齿轮润滑油液面高度在手动变速器注油螺塞开口最低点以下

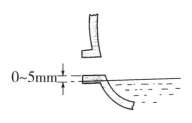

图 2-16 检查油面高度

5mm 范围内,如图 2-16 所示。

注意:齿轮润滑油液面高度过高或过低都可能引起故障;更换齿轮润滑油后,驾驶车辆行驶一段距离后并再次停车检查油位。

(3)油位低时,检查齿轮润滑油是否泄漏。

(4)安装变速器注油螺塞和新衬垫。拧紧力矩为 39N·m。

2)手动变速器齿轮润滑油的更换

(1)排净手动变速器内的齿轮润滑油。

①拆下注油螺塞和衬垫。

②拆下放油螺塞和衬垫,排净手动变速器内的齿轮润滑油。

(2)添加手动变速器内的齿轮润滑油。

①安装新衬垫和放油螺塞。拧紧力矩为 39N·m。

②添加手动变速器齿轮润滑油。

③安装变速器注油螺塞和新衬垫。拧紧力矩为 39N·m。

(3)检查手动变速器齿轮润滑油液面高度,如图 2-16 所示。

二、手动变速驱动桥的拆卸与安装

丰田卡罗拉汽车手动变速驱动桥总成如图 2-17、图 2-18 所示。

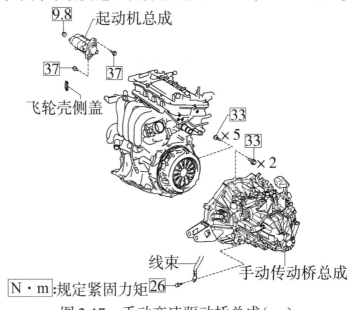

图 2-17 手动变速驱动桥总成(一)

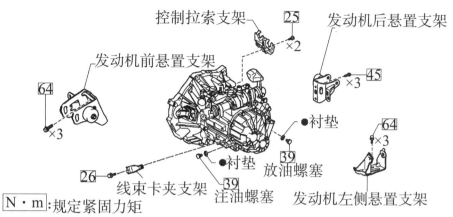

图 2-18　手动变速驱动桥总成（二）

1 实训器材

(1)车辆:丰田卡罗拉汽车。

(2)普通工具:组合工具、发动机吊架、扭力扳手。

2 准备工作

(1)汽车进入工位前,将工位清理干净,准备好相关的器材。

(2)将汽车停驻在举升机中央位置。

(3)拉紧驻车制动器操纵杆,并将变速杆置于空挡位置,如图 1-19 所示。

(4)套上转向盘护套、变速杆手柄套和座椅套,铺设脚垫。

(5)在车内拉动发动机舱盖开启手柄,在车外打开并支撑发动机舱盖,如图 1-20 所示。

(6)粘贴翼子板和前脸磁力护裙。

3 操作步骤

1)拆卸

(1)拆卸带传动桥的发动机总成。

(2)拆卸发动机后悬置隔振垫。

(3)安装发动机吊架。

(4)拆卸飞轮壳侧盖。

(5)拆卸起动机总成。

(6)拆卸手动传动桥总成。拆下 7 个螺栓和手动传动桥,如图 2-19 所示。

(7)拆卸线束卡夹支架。拆下螺栓和线束卡夹支架,如图 2-20 所示。

(8)拆卸控制拉索支架。拆下 2 个螺栓和控制拉索支架,如图 2-21 所示。

(9) 拆卸发动机左侧悬置支架。拆下 3 个螺栓和发动机左侧悬置支架，如图 2-22 所示。

(10) 拆卸发动机前悬置支架。拆下 3 个螺栓和发动机前悬置支架，如图 2-23 所示。

(11) 拆卸发动机后悬置支架。拆下 3 个螺栓和发动机后悬置支架，如图 2-24 所示。

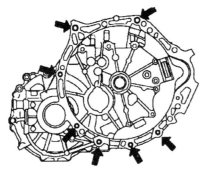

图 2-19　拆卸（或安装）手动传动桥总成

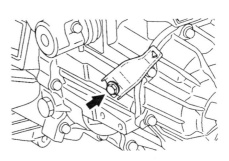

图 2-20　拆卸（或安装）线束卡夹支架

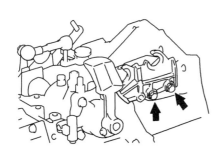

图 2-21　拆卸（或安装）控制拉索支架

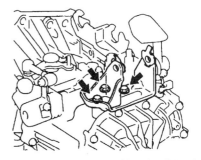

图 2-22　拆卸（或安装）发动机左侧悬置支架

2）安装

(1) 用 3 个螺栓安装发动机后悬置支架，如图 2-24 所示。拧紧力矩为 45 N·m。

(2) 安装发动机前悬置支架。用 3 个螺栓安装发动机前悬置支架，如图 2-23 所示。拧紧力矩为 64N·m。

(3) 安装发动机左侧悬置支架。用 3 个螺栓安装发动机左侧悬置支架，如图 2-22 所示。拧紧力矩为 64N·m。

(4) 安装控制拉索支架。用 2 个螺栓安装控制拉索支架，如图 2-21 所示。拧紧力矩为 25N·m。

(5)安装线束卡夹支架。用螺栓安装线束卡夹支架,如图 2-20 所示。拧紧力矩为 26N·m。

图 2-23　拆卸(或安装)发动机前悬置支架

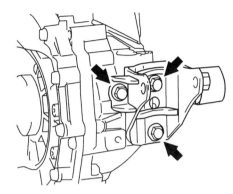

图 2-24　拆卸(或安装)发动机后悬置支架

(6)安装手动传动桥总成。

①使输入轴和离合器从动盘对齐,并将手动传动桥安装至发动机。

②安装 7 个紧固螺栓,如图 2-19 所示。拧紧力矩为 33N·m。

注意:紧固螺栓前将定位销牢固插入定位销孔,使传动桥总成端面紧贴发动机总成;确保定位销未松动、弯曲、损坏或刮破,然后使发动机和传动桥的接触面相互接触,将传动桥安装至发动机。

(7)安装起动机总成。

(8)安装飞轮壳侧盖。

(9)安装发动机后悬置隔振垫。

(10)安装带传动桥的发动机总成。

(11)检查 ABS 转速传感器信号。

小　结

1. 变速器按传动比的级数可分为有级式、无级式和综合式;按操纵方式可分为手动变速器、自动变速器和手动自动一体变速器。

2. 变速器的功用:实现变速、变矩;实现倒车;实现中断动力传动。

3. 当小齿轮为主动齿轮,带动大齿轮转动时,输出转速降低,为减速传动,此时传动比大于1;当大齿轮驱动小齿轮时,输出转速升高,为增速传动,此时传动比小于1。

4. 手动变速器包括变速传动机构和操纵机构两大部分。手动变速器按工作轴的数量(不包括倒挡轴)可分为二轴式手动变速器和三轴式手动变速器。

5. 二轴式手动变速器用于发动机前置前轮驱动的汽车,一般与驱动桥(前桥)合称为手动变速驱动桥。前置发动机有纵向布置和横向布置,与其配用的二轴式手动变速器也有两种不同的结构形式:发动机纵置时,主减速器为一对圆锥齿轮;发动机横置时,主减速器采用一对圆柱齿轮。

6. 同步器的功用使接合套与待啮合的齿圈迅速同步,缩短换挡时间;且防止在同步前齿轮啮合而产生换挡冲击。目前采用较多的是锁环式惯性同步器。

7. 变速器操纵机构按照变速操纵杆(变速杆)位置的不同,可分为直接操纵式和远距离操纵式。

8. 变速器操纵机构一般都具有换挡锁止装置,包括自锁装置、互锁装置和倒挡锁装置。自锁装置用于防止变速器自动脱挡或换挡,并保证轮齿以全齿宽啮合;互锁装置用于防止同时换上两个挡位;倒挡锁装置用于防止误换倒挡。

复习思考题

一、简答题

1. 变速器的功用有哪些?
2. 说明别克凯越汽车手动变速器各挡动力传动路线。
3. 同步器的作用是什么?它是如何工作的?
4. 变速器操纵机构中换挡锁装置有哪些,各有什么功用?

二、选择题

1. 一对啮合齿轮的传动比是其从动齿轮与主动齿轮的(   )之比。
   A. 齿数　　　　B. 转速　　　　C. 角速度　　　　D. 圆周速度
2. 目前手动变速器较多采用(   )同步器。
   A. 常压式　　　B. 惯性式　　　C. 自增力式　　　D. 其他形式
3. 汽车挡位越低,(   ),获得转矩越大。
   A. 传动比越小,驱动轴的转速便越低
   B. 传动比越大,驱动轴的转速便越低
   C. 传动比越大,驱动轴的转速便越高
   D. 传动比越小,驱动轴的转速便越高
4. 当自锁装置失效时,手动变速器容易造成(   )故障。

A. 乱挡 B. 跳挡

C. 异响 D. 挂挡后不能退回空挡

5. 手动变速器是利用( )工作的。

A. 带传动变速原理 B. 齿轮传动变速原理

C. 摩擦轮传动变速原理 D. 蜗轮、蜗杆传动变速原理

6. 以下手动变速器的作用中不正确的是( )。

A. 在一定范围内任意改变传动比

B. 提供空挡

C. 在不改变曲轴旋转方向的情况下,使汽车能倒退

D. 可以换挡以改变汽车的牵引力

7. 在手动变速器中有一对传动齿轮,其中主动齿轮的齿数是 A,从动轮的齿数是 B,且 A 大于 B,此传动的结果将会是( )。

A. 减速、减矩 B. 减速、增矩 C. 增速、减矩 D. 增速、增矩

8. 倒挡轴的倒挡惰轮的主要作用是( )。

A. 增加倒挡变速比 B. 减小倒挡变速比

C. 改变输出轴的旋转方向 D. 以上都不是

三、判断题

1. 变速器的挡位越低,传动比越小,汽车的行驶速度越低。 （ ）

2. 手动变速器各挡位的传动比等于该挡位所有从动齿轮齿数的乘积与所有主动齿轮齿数的乘积之比。 （ ）

3. 同步器能够保证:变速器换挡时,待啮合齿轮的圆周速度迅速达到一致,以减少冲击和磨损。 （ ）

4. 手动变速器自锁装置的作用是防止手动变速器同时挂进2个挡。（ ）

第三章 自动变速器

> **学习目标**
>
> 1. 了解自动变速器的分类及变速杆的正确使用;
> 2. 了解自动变速器的基本组成及工作原理;
> 3. 掌握自动变速器各组成部件的结构及工作原理;
> 4. 掌握典型自动变速器的结构及动力传动路线;
> 5. 掌握自动变速器油液面的检查方法;
> 6. 掌握自动变速器油压测试的方法;
> 7. 掌握空挡起动开关的检查和调整方法;
> 8. 掌握油泵的拆解与装配方法;
> 9. 了解无级变速器的结构及工作原理;
> 10. 了解双离合器变速器的结构及工作原理。

第一节 自动变速器的种类和使用

自动变速器(Automatic Transmission,AT)是指汽车驾驶中离合器的操纵和变速器的操纵都实现了自动化。目前,自动变速器的自动换挡过程都是由自动变速器的电子控制单元(ECU,俗称电脑)控制的,因此,自动变速器又可简称为 EAT、ECAT、ECT 等。

一、自动变速器的分类

自动变速器按结构、控制方式的不同,可以分为液力式自动变速器、无级自动变速器(Continuously Variable Transmission,CVT)和机械式自动变速器(Automated Mechanical Transmission,AMT)。

按车辆驱动方式的不同,可以分为自动变速器和自动变速驱动桥(Automatic Transaxle)。

按照自动变速器变速杆置于前进挡时的挡位数,可以分为四挡、五挡、六挡自动变速器等。

二、自动变速器变速杆的使用

汽车自动变速器的变速杆通常有6或7个位置,如图3-1所示。其功能如下:

P位:驻车挡。变速杆置于此位置时,驻车锁止机构将自动变速器输出轴锁止。

R位:倒挡。变速杆置于此位置时,液压系统倒挡油路被接通,驱动轮反转,实现倒向行驶。

N位:空挡。变速杆置于此位置时,所有机械变速器的齿轮机构空转,不能输出动力。

图3-1 自动变速器变速杆位置

D位:前进挡。变速杆置于此位置时,液压系统控制装置根据发动机节气门开度信号和车速信号自动接通相应的前进挡油路,行星齿轮变速器在换挡执行元件的控制下得到相应的传动比。随着行驶条件的变化,在前进挡中自动升降挡,实现自动变速功能。

3位:高速发动机制动挡。变速杆置于此位置时,液压制动系统只能接通前进挡中的一、二、三挡油路,自动变速器只能在这3个挡位间自动换挡,无法升入四挡,从而使汽车获得发动机制动效果。

2位:中速发动机制动挡。变速杆置于此位置时,液压控制系统只能接通前进挡中的一、二挡油路,自动变速器只能在这两个挡位间自动换挡,无法升入更高的挡位,从而使汽车获得发动机制动效果。

L位(也称1位):低速发动机制动挡。变速杆置于此位置时,汽车被锁定在前进挡的一挡,只能在该挡位行驶而无法升入高挡,发动机制动效果更强。

只有当变速杆置于N位或P位时,才能起动发动机,此功能靠自动变速器空挡起动开关来实现。

第二节 自动变速器的基本组成及工作原理

一、基本组成

自动变速器主要由液力变矩器、齿轮变速机构、换挡执行元件、液压控制系统、电子控制系统等组成,如图3-2所示。

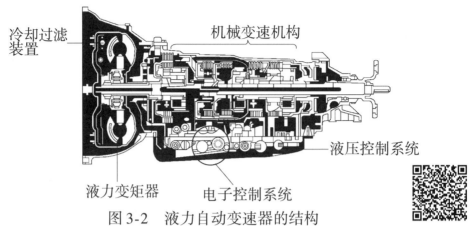

图 3-2　液力自动变速器的结构

二、基本原理

图 3-3 为电控自动变速器原理图。电控自动变速器是通过各种传感器,将发动机的转速、节气门开度、车速、发动机冷却液温度、自动变速器油(ATF)温度等参数信号输入电子控制单元,ECU 根据这些信号,按照设定的换挡规律,向换挡电磁阀、油压电磁阀等发出动作控制信号,换挡电磁阀和油压电磁阀再将 ECU 的动作控制信号转变为液压控制信号,阀板中的各控制阀根据这些液压控制信号,控制换挡执行元件的动作,从而实现自动换挡过程。

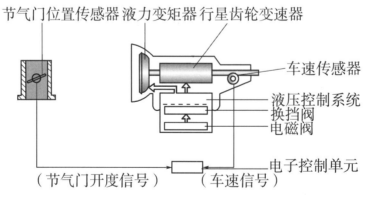

图 3-3　电控自动变速器原理图

第三节　自动变速器各部件的结构及工作原理

一、液力变矩器

1　液力变矩器的功用

液力变矩器位于发动机和机械变速器之间,以 ATF 为工作介质,主要完成以下功用：

(1) 传递转矩。发动机的转矩通过液力变矩器的主动元件,再通过 ATF 传给液力变矩器的从动元件,最后传给变速器。

(2) 无级变速。根据工况的不同,液力变矩器可以在一定范围内实现转速和转矩的无级变化。

(3) 自动离合。液力变矩器由于采用 ATF 传递动力,当踩下制动踏板时,发动机也不会熄火,此时相当于离合器分离;当抬起制动踏板时,汽车可以起步,此时相当于离合器接合。

(4) 驱动油泵。ATF 在工作时需要油泵提供一定的压力,而油泵一般是由液力变矩器壳体所驱动。

由于采用 ATF 传递动力,液力变矩器的动力传递柔和,且能防止传动系统过载。

2 液力变矩器的结构和工作原理

(1) 液力变矩器的结构。如图 3-4 所示,液力变矩器通常由泵轮、涡轮和导轮组成。液力变矩器总成封在一个钢制壳体(变矩器壳体)中,内部充满 ATF。液力变矩器壳体通过螺栓与发动机曲轴后端的飞轮连接,与发动机曲轴一起旋转。泵轮位于液力变矩器的后部,与变矩器壳体连在一起。涡轮位于泵轮前,通过带花键的从动轴向后面的机械变速器输出动力。

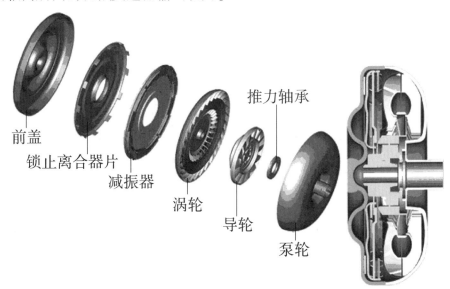

图 3-4　液力变矩器的组成

(2) 液力变矩器的工作原理。液力变矩器的工作原理可以通过一对风扇的工作来描述。如图3-5所示,将风扇A通电,将气流吹动起来,并使未通电的电扇B也转动起来,此时动力由电扇A传递到电扇B。为了实现转矩的放大,在两台电扇的背面加上一条空气通道,使穿过风扇B的气流通过空气通道的导向,从电扇A的背面流回,这会加强电扇A吹动的气流流速和流量,使吹向电扇B的转矩增加。即电扇A相当于泵轮,电扇B相当于涡轮,空气通道相当于导轮,空气相当于ATF。

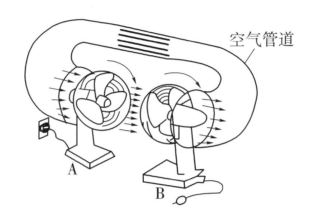

图3-5 液力变矩器的工作模型

液力变矩器工作时,发动机带动液力变矩器壳体旋转,壳体带动泵轮旋转,泵轮的叶片将ATF带动起来,并冲击到涡轮的叶片;如果作用在涡轮叶片上冲击力大于作用在涡轮上的阻力,涡轮将开始转动,并使机械变速器的输入轴一起转动。由涡轮叶片流出的ATF经过导轮后再流回到泵轮,形成图3-6所示的循环流动。

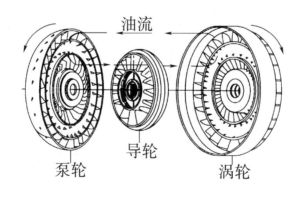

图3-6 ATF在液力变矩器中的循环流动

(3)锁止离合器。锁止离合器(Torque Converter Clutch,TCC)可以将泵轮和涡轮直接连接起来,即将发动机与机械变速器直接连接起来,这样减少液力变矩器在高速比时的能量损耗,提高了传动效率,提高汽车在正常行驶时的燃油经济性,并防止 ATF 过热。锁止离合器的结构及工作原理如图 3-7 所示。

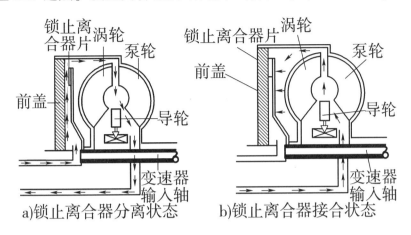

a) 锁止离合器分离状态　　b) 锁止离合器接合状态

图 3-7　锁止离合器的结构、原理

当车辆起步、低速或在坏路面上行驶时,应将锁止离合器分离,使液力变矩器具有变矩作用。此时油液流至锁止离合器的前端,锁止离合器片前端与后端的压力相同,使锁止离合器分离。当车辆以中速或高速行驶时,油液流至锁止离合器的后端,使锁止离合器片与前盖一起转动。此时发动机的动力经液力变矩器壳体、锁止离合器、涡轮轮毂传给后面的机械变速器,相当于将泵轮和涡轮刚性连在一起,传动效率为 100%。

二、齿轮变速机构

自动变速器的齿轮变速机构主要有行星齿轮变速机构和平行轴齿轮变速机构。行星齿轮变速机构与液力变矩器配合使用,执行机构根据自动变速器控制系统的命令来接合或分离、制动或放松齿轮机构的某个元件,通过改变动力传递路线得到不同的传动比。

如图 3-8 所示,单排行星齿轮机构主要由一个太阳轮(或称为中心轮)、一个带有若干个行星齿轮的行星架和一个齿圈组成。

由于太阳轮与行星齿轮是外啮合,所以两者的旋转方向是相反的;而行星齿轮与齿圈是内啮合,因此这两者的旋

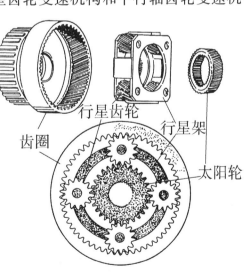

图 3-8　单排行星齿轮机构

转方向是相同的。

如果将太阳轮、齿圈和行星架中某个元件作为主动(输入)部分,让另一个元件作为从动(输出)部分,由于第三个元件不受任何约束限制,所以从动部分的运动是不确定的。因此,为了得到确定的运动,必须对太阳轮、齿圈和行星架三者中的某个元件的运动进行约束和限制。通过对不同的元件进行约束和限制,可以得到不同的动力传递方式,见表3-1。

单排行星齿轮机构组合与传动比关系　　　　表3-1

序号	主动件	从动件	固定件	传动比	备　注
1	太阳轮	行星架	齿圈	$1+\alpha$	降挡
2	行星架	太阳轮	齿圈	$1/(1+\alpha)$	升挡
3	齿圈	行星架	太阳轮	$1+1/\alpha$	降挡
4	行星架	齿圈	太阳轮	$\alpha/(1+\alpha)$	升挡
5	太阳轮	齿圈	行星架	$-\alpha$	倒挡
6	齿圈	太阳轮	行星架	$-1/\alpha$	倒挡
7	任意两个连成一体			1	直接挡
8	既无元件制动,又无任何二元件连成一体			自由转动	不能传动、空挡

注:α 为齿圈齿数与太阳轮齿数之比。

自动变速器中的行星齿轮变速器一般是采用2~3排行星齿轮机构传动,其各挡传动比就是根据上述单排行星齿轮机构传动特点进行合理组合得到的。

三、换挡执行元件

行星齿轮变速器的换挡执行元件包括离合器、制动器和单向离合器。离合器和制动器以液压方式控制行星齿轮机构元件的旋转,单向离合器是以机械方式对行星齿轮机构的元件进行锁止。

1　离合器

离合器的功用是连接轴和行星齿轮机构中的元件或连接行星齿轮机构中的不同元件。

离合器主要由离合器毂、花键毂、活塞、主动摩擦片、从动钢片、复位弹簧等组成,如图3-9所示。

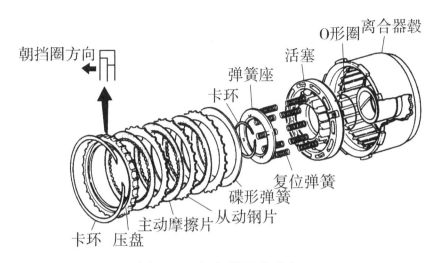

图 3-9　离合器零件分解

2 制动器

制动器的功用是固定行星齿轮机构中的元件,防止其转动。制动器的形式有片式和带式。

片式制动器与离合器的结构和原理相同,不同之处是离合器是起连接作用而传递动力,而片式制动器是通过连接而起制动作用。

带式制动器由制动带和控制油缸等组成,图 3-10 为带式制动器的零件分解图。制动带是内表面带有镀层的开口式环形钢带。制动带的一端支承在与变速器壳体相连的支座上,另一端与控制油缸的活塞杆相连。

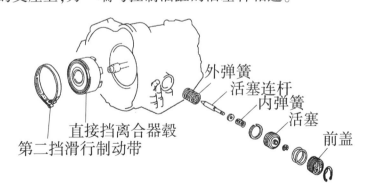

图 3-10　带式制动器的零件分解

3 单向离合器

单向离合器的作用使某元件只能按一定方向旋转,在另一个方向上锁止。常见的单向离合器有楔块式和滚柱式两种结构形式。

楔块式单向离合器的构造和工作原理如图 3-11 所示,由内座圈、外座圈、楔块、保持架等组成。内、外座圈组成的滚道宽度是均匀的,采用不均匀形状的楔块。当内座圈固定、外座圈逆时针转动时,外座圈带动楔块逆时针转动,楔块的长径与内外座圈接触。由于长径长度大于内、外座圈之间的距离,所以外座圈被卡住而不能转动。反之,当外座圈顺时针转动时,外座圈带动楔块顺时针转动,楔块的短径与内、外座圈接触。由于短径长度小于内、外座圈之间的距离,所以外座圈可以自由转动。

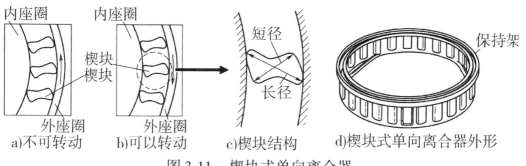

图 3-11　楔块式单向离合器

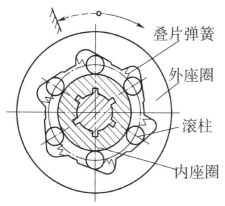

图 3-12　滚柱式单向离合器

滚柱式单向离合器由内座圈、外座圈、滚柱、叠片弹簧等组成,如图 3-12 所示。外座圈的内表面制有若干偏心的弧形滚道,因此,由光滑的内座圈和外座圈构成的滚子滚道的宽度不均匀,滚子被弹簧压向小端。在内座圈固定的情况下,当外座圈顺时针转动时,滚柱进入楔形槽的宽处,内、外座圈不能被滚柱楔紧,外座圈可以顺时针自由转动。当导轮带动外座圈逆时针转动时,滚柱进入楔形槽的窄处,内、外座圈被滚柱楔紧,外座圈固定不动,单向离合器锁止。

四、液压控制系统

液压控制系统的基本组成包括动力源、执行机构和控制机构三大部分。

(1) 动力源。液压控制系统的动力源是液压泵,它是整个液压控制系统的工作基础。各种阀体的动作、换挡执行元件的工作等都需要一定压力的 ATF。油泵的基本功用就是提供满足需求的 ATF 油量和油压。

(2) 执行机构。执行机构主要由离合器、制动器、油缸等组成。其功用是在控制油压的作用下实现离合器的接合和分离、制动器的制动和松开动作,以便得到相应的挡位。

(3) 控制机构。控制机构包括阀体和各种阀，包括主调压阀、手动阀、换挡阀等。

液压控制系统还包括一些辅助装置，如用于防止换挡冲击的蓄能器、止回阀等。

1 油泵

油泵的功用是产生一定压力和流量的ATF，供给液力变矩器、液压控制系统和行星齿轮机构。

油泵一般位于液力变矩器和行星齿轮机构之间，由液力变矩器泵轮驱动。其类型主要有齿轮泵、转子泵和叶片泵。3种泵的共同特点是：内部元件（转子）由液力变矩器花键毂或驱动轴驱动，外部元件与内部元件之间有一定的偏心距。

图3-13所示内啮合齿轮泵的结构示意图。其主要由主动齿轮、从动齿轮、月牙板、壳体等组成。主动齿轮为外齿轮，从动齿轮为内齿轮，在壳体上有一个月牙板，把主、从动齿轮不啮合的部分隔开，并形成两个工作腔，分别为进油腔和出油腔。进油腔与泵体上的进油口相通，出油腔与泵体上的出油口相通。主动齿轮内径上有两个对称的凸键或平面，与液力变矩器后端油泵驱动毂的键槽或平面相配合。因此，只要发动机转动，油泵便转动并开始供油。

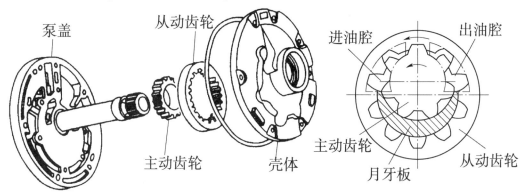

图3-13　内啮合齿轮泵的结构

液压泵在工作过程中，主动齿轮带动从动齿轮转动，在齿轮脱离啮合的一端（进油腔），容积不断变大，产生真空吸力，把ATF从油底壳经滤网吸入油泵。在齿轮进入啮合的一端（出油腔），容积不断减小，油压升高，把ATF从出油腔挤压出去。这样，油泵不断地运转，就形成了具有一定压力的油液，供给自动变速器工作。

2 主调压阀

液压油从油泵输出后，即进入主油路系统，油泵是由发动机直接驱动的，输

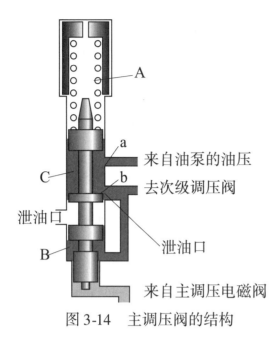

图 3-14 主调压阀的结构

出流量和压力均受发动机运转状况的影响，变化很大。当主油路压力过高时，会引起换挡冲击和增加功率消耗；而主油路压力过低时，又会使离合器、制动器等执行元件打滑，因此在主油路系统中必须设置主油路调压阀，其作用是将油泵输出压力精确调节到所需值后再输入主油路。

主油路调压阀结构如图 3-14 所示。油压的调节是靠电子控制调压，电磁阀调整出不同的油压值，使滑阀改变节流口 a 的大小，通过节流作用控制主油压的大小。节流口 b 泄出的油压经二次调压阀的节流作用，调整出变矩器油压。

3 手动阀

手动阀又称为手控阀或手动换挡阀，与驾驶室内的变速杆相连，其功用是控制各挡位油路的转换。如图 3-15 所示，当驾驶人操纵变速杆时，手动阀会移动，使主油压通往不同的油道。如当变速杆置于"P"位时，主油压会通往"P""R"和"L"位油道；当变速杆置于"R"位时，主油压会同时通往"P""R"和"L"位油道与"R"位油道；当变速杆置于"N"位时，手动阀会将主油压进油道切断，便不会有主油压通往各换挡阀；当变速杆置于"D"位时，主油压会通往"D""2"和"L"位油道；当变速杆置于"2"位时，主油压会同时通往"D""2"和"L"位油道与"2"和"L"位油道；当变速杆置于"L"位时，主油压会同时通往"D""2"和"L"位油道与"2"和"L"位油道及"P""R"和"L"位油道。

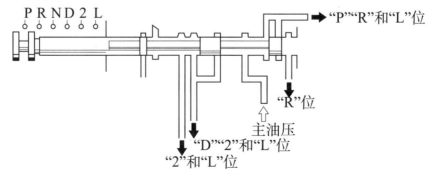

图 3-15 手动阀的结构

4 换挡阀

电控自动变速器换挡阀的工作由换挡电磁阀控制(图3-16),其控制方式有两种:一种是泄压控制,即通过开启或关闭换挡阀控制油路泄油孔来控制换挡阀的工作;另一种是加压控制,即通过开启或关闭换挡阀控制油路进油孔来控制换挡阀的工作。

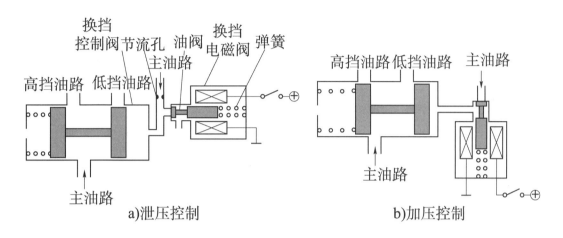

图 3-16 电控换挡阀工作原理

五、电子控制系统

自动变速器的电子控制系统包括传感器、ECU 和执行器,图 3-17 所示为丰田卡罗拉汽车电子控制系统框图。

1 传感器

传感器部分主要包括节气门位置传感器、车速传感器、发动机转速传感器、冷却液温度传感器、ATF 温度传感器、空挡起动开关、制动灯开关等。

节气门位置传感器安装在节气门体上,用于检测发动机节气门开度的大小,并将数据传送给 ECU,ECU 根据此信号判断发动机负荷,从而控制自动变速器的换挡、调节主油压和对锁止离合器控制。

车速传感器用于检测自动变速器输出轴转速,自动变速器 ECU 根据车速传感器输入的信号计算出车速,并以此信号控制自动变速器的换挡和锁止离合器的锁止。常见的车速传感器有电磁式、舌簧开关式、光电式。

ATF 温度传感器一般都是负温度系数的热敏电阻,即温度升高,电阻下降。ECU 接收 ATF 温度传感器信号,当温度低于设定温度时,可防止自动变速器换入超速挡,同时锁止离合器也不能工作。

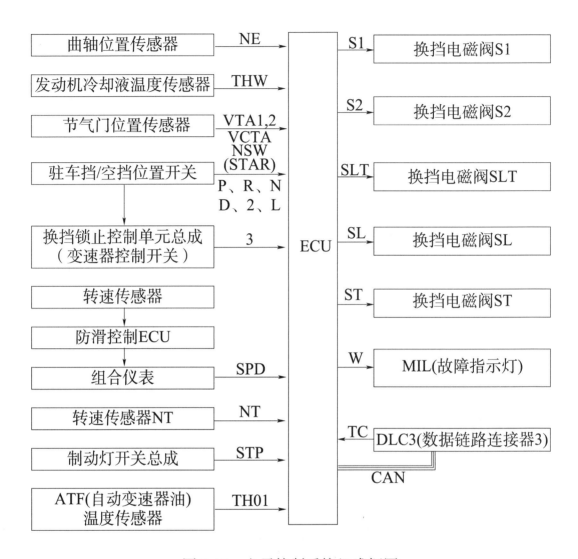

图 3-17 电子控制系统组成框图

驻车挡/空挡位置开关有两个功用：一是给自动变速器 ECU 提供挡位信息；二是保证只有变速杆置于 P 位或 N 位才能起动发动机。

制动灯开关安装在制动踏板支架上。自动变速器 ECU 通过制动灯开关检测是否踩下制动踏板，如果踩下制动踏板，ECU 会取消锁止离合器的工作。

② 执行器

执行器部分主要包括各种电磁阀和故障指示灯等。

电磁阀根据功能的不同可以分为换挡电磁阀、锁止离合器电磁阀和油压电磁阀。根据工作原理的不同可以分为开关式电磁阀和占空比式电磁阀。绝大多数换挡电磁阀是采用开关式电磁阀,油压电磁阀是采用占空比式电磁阀,而锁止离合器电磁阀采用开关式的和占空比式的都有。

3 ECU

ECU 主要完成换挡控制、锁止离合器控制、油压控制、故障诊断和失效保护等功能。

第四节 典型自动变速器

一、丰田 U341E 自动变速器

丰田卡罗拉汽车配备的 U341E 自动变速器,其齿轮变速机构采用了 CR-CR 式行星齿轮机构,即将两组单行星排的行星架 C(planet carrier)和齿圈 R(gear ring)分别组配。该行星齿轮机构仅有 4 个独立元件(前太阳齿轮、后太阳齿轮、前行星架和后齿圈组件、前齿圈和后行星架组件),其特点是变速比大、效率高、元件轴转速低。

U341E 型自动变速器行星齿轮变速机构的结构如图 3-18 所示,主要部件的功能见表 3-2,各换挡执行元件的工作情况见表 3-3。

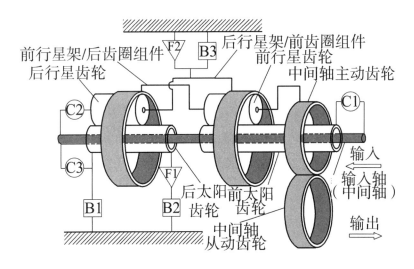

图 3-18 U341E 型自动变速器行星齿轮机构的结构

(1)一挡。变速杆置于 D、3 或 2 位置的一挡时,参与工作的换挡执行元件有 C1、F2,动力传递路线如图 3-19 所示。

主要部件功能　　　　　　　　　　　　　　　　表 3-2

部件		功能
C1	前进挡离合器	连接输入轴和前排太阳齿轮
C2	直接挡离合器	连接输入轴和后排行星架
C3	倒挡离合器	连接输入轴和后太阳齿轮
B1	OD挡和二挡制动器	固定后排太阳齿轮
B2	二挡制动器	固定F1的外圈
B3	一挡和倒挡制动器	固定后行星架/前齿圈组件
F1	1号单向离合器	与B2配合,阻止后太阳齿轮逆时针转动
F2	2号单向离合器	阻止后行星架/前齿圈组件逆时针转动
	前行星齿轮组	根据各换挡执行元件的工作情况,改变齿轮动力传递路线,以升高或降低输出转速
	后行星齿轮组	
	中间轴齿轮组	将动力传递给差速器,并改变传动方向,降低输出转速

各换挡执行元件的工作情况　　　　　　　表 3-3

变速杆位置	挡位	离合器			制动器			单向离合器	
		C1	C2	C3	B1	B2	B3	F1	F2
P	驻车挡								
R	倒挡			○			○		
N	空挡								
D	一挡	○							○
	二挡	○				○		○	
	三挡	○	○			○			
	四挡		○		○	○			

续上表

变速杆位置	挡位	离合器			制动器			单向离合器	
		C1	C2	C3	B1	B2	B3	F1	F2
3	一挡	○							○
	二挡	○				○		○	
	三挡	○	○			○			
2	一挡	○							○
	二挡	○			○	○		○	
L	一挡	○					○		○

注：○表示工作。

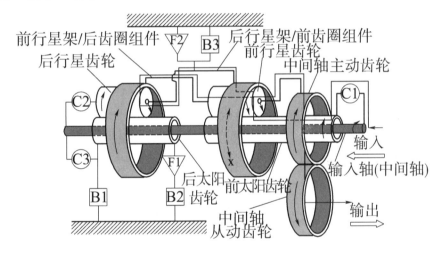

图 3-19 一挡动力传递路线

一挡时动力传递发生在前行星排，F2 阻止前齿圈逆输入轴的旋转方向转动，此时后排行星齿轮组处于空转状态，动力传递路线如下：

输入轴→C1→前太阳齿轮→前行星齿轮→前行星架→中间轴主从动齿轮→输出轴

松抬加速踏板时，前行星架转速高（接驱动轮），前太阳齿轮转速低（接发动机），使前齿圈试图被带动加速顺着前行星架（前太阳齿轮）的旋转方向转动。由于一挡单向离合器 F2 不阻止前齿圈顺着行星架的旋转方向转动，整个行星排不能反向传递动力，所以无发动机制动效果。

为了提供有发动机制动的一挡，在变速杆置于 L 位置的一挡时，除了使上述的一挡换挡执行元件工作外,还使 B3 也工作,使得车辆行驶时,不论是踩下还是松抬加速踏板,行星排都有动力传递能力,从而获得发动机制动效果。

(2)二挡。在变速杆置于 D 和 3 位置的二挡时,参与工作的换挡执行元件有 C1、B2、F1,动力传递路线如图 3-20 所示。

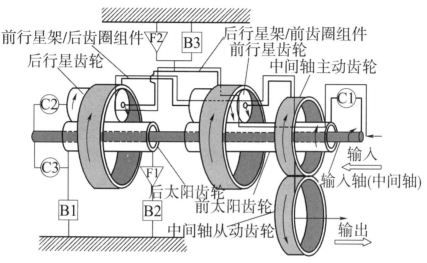

图 3-20 二挡动力传递路线

二挡时动力传递发生在前、后两个行星排,B2、F1 联合作用,阻止后太阳齿轮逆输入轴的旋转方向转动,动力传递路线如下:

输入轴→C1→前太阳齿轮→前行星齿轮→前行星架→
　　　　　　　　　　　　　　　　　　　前齿圈→后行星架→后行星齿轮→后齿圈→

中间轴主从动齿轮→输出轴

松抬加速踏板时,前行星架和后齿圈组件转速高(接驱动轮),前太阳齿轮转速低(接发动机),使前齿圈和后行星架组件加速转动,进而使后太阳齿轮试图被带动加速顺着前行星架(前太阳齿轮)的旋转方向转动。由于一挡单向离合器不阻止后太阳齿轮顺着行星架的旋转方向转动,整个行星排不能反向传递动力,所以无发动机制动效果。

为了提供有发动机制动的二挡,在变速杆置于 2 位置的二挡时,除了使上述的二挡换挡执行元件工作外,还使 B1 也工作,使得车辆获得发动机制动效果。

(3)三挡。在变速杆置于 D 或 3 位置的三挡时,参与工作的换挡执行元件有 C1、C2、B2,动力传递路线如图 3-21 所示。

三挡时前后排行星齿轮机构互锁为一体旋转,动力传递路线如下:

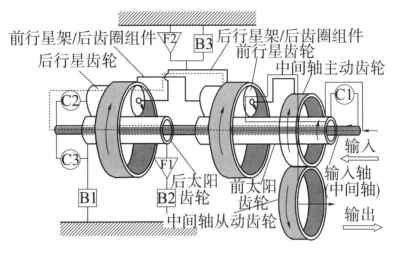

图 3-21　三挡动力传递路线

由于行星齿轮机构的 3 个元件(太阳齿轮、行星架、齿圈)中有两个转速相等(前太阳齿轮、前行星架都与输入轴相连),因此在松抬加速踏板时,驱动轮的动力可以经前行星架传给前太阳齿轮,所以有发动机制动效果。

(4)四挡。在变速杆置于 D 位置的四挡时,参与工作的换挡执行元件有 C2、B1、B2,动力传递如图 3-22 所示。

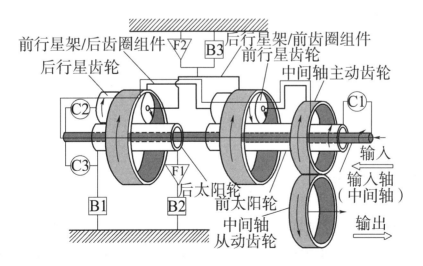

图 3-22　四挡动力传递路线

四挡时动力传递发生在后排行星齿轮组,此时前排行星齿轮组处于空转状态,动力传递路线如下:

输入轴→C2→后行星架→后行星齿轮→后齿圈→中间轴主从动齿轮→输出轴

由于行星齿轮机构的 3 个元件(太阳齿轮、行星架、齿圈)中有 1 个固定(后太阳齿轮被固定),因此在松抬加速踏板时,驱动轮的动力可以经后齿圈传给后行星架,所以有发动机制动效果。

(5)R 位。在变速杆置于 R 位时,参与工作的换挡执行元件有 C3、B3,动力传递路线如图 3-23 所示。

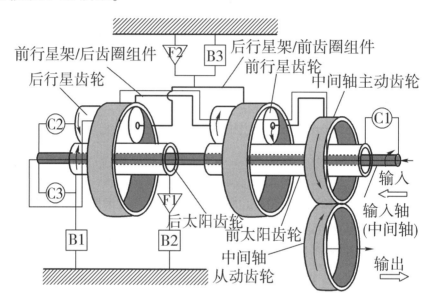

图 3-23　倒挡动力传递路线

R 位时动力传递发生在后排行星齿轮组,此时前排行星齿轮组处于空转状态,动力传递路线如下:

输入轴→C3→后太阳轮→后行星齿轮→后齿圈→中间轴主、从动齿轮→输出轴

由于行星齿轮机构的 3 个元件(太阳轮、行星架、齿圈)中有 1 个固定(后行星架被固定),因此在放松加速踏板时,驱动轮的动力可以经后太阳轮传给后齿圈,所以有发动机制动效果。

二、大众 01M 型自动变速器

大众 01M 型自动变速器采用了拉威娜式行星齿轮机构,其结构如图 3-24 所示。行星齿轮系由大、小太阳轮各 1 个,长、短行星齿轮各 3 个,行星齿轮架和齿圈组成。短行星齿轮与长行星齿轮及小太阳轮啮合;长行星齿轮同时与大太阳轮、短行星齿轮及齿圈啮合,动力通过齿圈输出。离合器 K1 用于驱动小太阳轮;离合器 K2 用于驱动大太阳轮;离合器 K3 用于驱动行星齿轮架;制动器 B1 用于制动行星齿轮架;制动器 B2 用于制动大太阳轮;单向离合器 F 防止行星架逆时针转动。

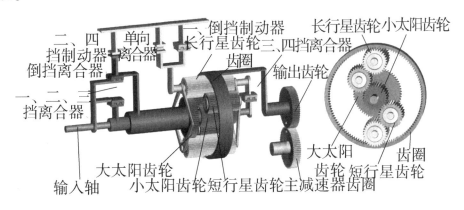

图 3-24　拉威娜行星齿轮自动变速器的结构

图 3-25 为拉威娜行星齿轮自动变速器的简图,其中锁止离合器 LC 将变矩器的泵轮和涡轮刚性连在一起。

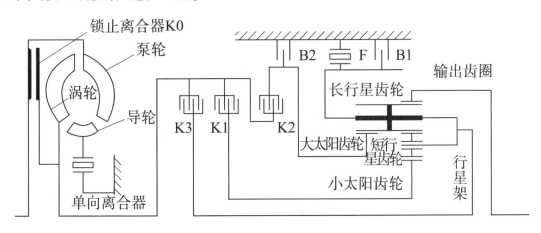

图 3-25　拉威娜行星齿轮自动变速器

各挡位换挡元件的工作情况见表 3-4。

各挡位换挡元件的工作情况　　　表 3-4

挡位	B1	B2	K1	K2	K3	F
R	○			○		○
一挡			○			○

续上表

挡位	B1	B2	K1	K2	K3	F
二挡		○	○			
三挡			○		○	
四挡		○			○	

注：○表示离合器、制动器或单向离合器工作。

三、本田MAXA型自动变速器

广州本田雅阁汽车MAXA自动变速器采用了定轴式齿轮变速传动机构，可以提供4个前进挡和1个倒车挡，其内部结构如图3-26所示。图3-27所示为MAXA自动变速器的齿轮机构。定轴式齿轮变速传动机构主要由平行轴、各挡齿轮和湿式多片离合器等组成。平行轴有3根，即主轴（输入轴）、中间轴和副轴（输出轴）。

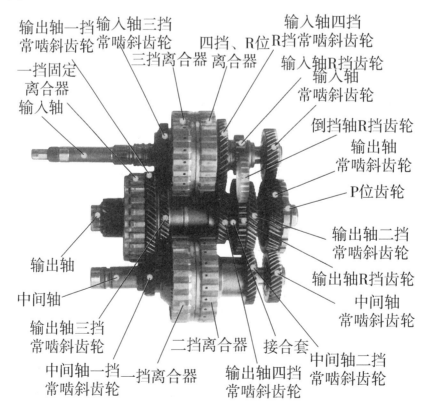

图3-26 广州本田雅阁汽车自动变速器的内部结构

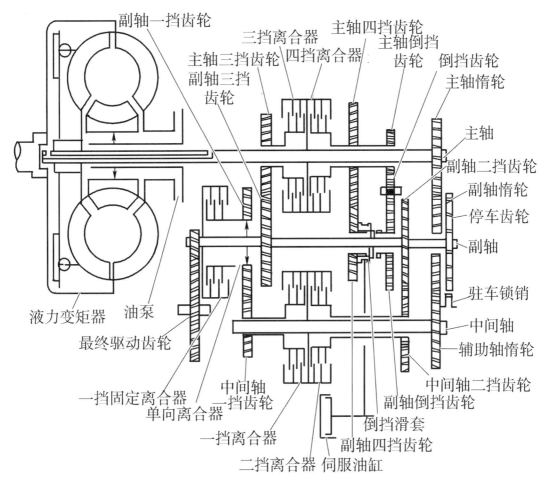

图3-27 MAXA自动变速器的齿轮机构

MAXA型自动变速器各挡位参与工作的相关部件见表3-5。

MAXA型自动变速器各挡位参与工作的相关部件 表3-5

变速杆位置	液力变矩器	一挡齿轮一挡离合器	一挡固定离合器	二挡齿轮二挡离合器	三挡齿轮三挡离合器	四挡		倒挡齿轮	驻车挡齿轮
						齿轮	离合器		
P	○								○
R	○						○	○	
N	○								

续上表

变速杆位置		液力变矩器	一挡齿轮一挡离合器	一挡固定离合器	二挡齿轮二挡离合器	三挡齿轮三挡离合器	四挡		倒挡齿轮	驻车挡齿轮
							齿轮	离合器		
D4	一挡	○	○							
	二挡	○	○		○					
	三挡	○	○			○				
	四挡	○	○				○	○		
D3	一挡	○	○							
	二挡	○	○		○					
	三挡	○	○			○				
2		○	○		○					
1		○	○	○						

注：○表示工作。

第五节 无级变速器

无级变速器(Continuously Variable Transmission, CVT)是传动比可以在一定范围内连续变化的变速器。它采用传动带和工作直径可变的主、从动轮相配合来传递动力，以实现传动比的连续改变，从而得到传动系统与发动机工况的最佳匹配，最大限度地利用发动机的特性，提高汽车的动力性和燃油经济性。目前，无级变速器在汽车上的应用越来越多，最常见的是金属带式无级变速器(VDT-CVT)。

目前，国内常见的采用了无级变速器的有奥迪 A6、派力奥(西耶那、周末风)、飞度和旗云等车型。

一、01J 无级变速器的结构

下面对奥迪 Multitronic 进行简单介绍，该无级变速器的内部编号为 01J。

奥迪01J无级变速器主要由减振缓冲装置、动力连接装置、速比变换器、液压控制单元和电子控制单元组成,如图3-28所示。

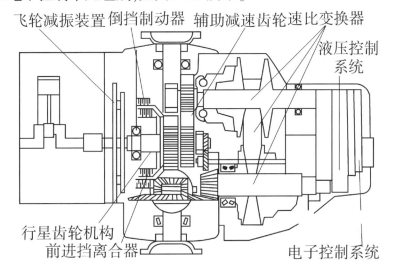

图3-28 奥迪01J无级变速器的基本组成

发动机输出转矩通过飞轮减振装置或双质量飞轮传递给无级变速器。前进挡离合器和倒挡制动器都是湿式摩擦元件,与前述自动变速器中的离合器和制动器结构相同。倒挡的旋转方向是通过行星齿轮机构改变的。发动机的转矩通过辅助减速齿轮传到速比变换器,并由此传到主减速器、差速器。液压控制系统和电子控制系统集成一体,位于无级变速器内部。

行星齿轮机构由齿圈、行星齿轮(2个)、行星架、太阳齿轮组成,如图3-29所示。当太阳轮顺时针转动时,驱动行星齿轮逆时针转动,再驱动行星齿轮顺时针转动,最后驱动齿圈也顺时针转动。

作为输入元件的太阳齿轮、输入轴和前进挡离合器钢片相连接,作为输出元件的行星架、辅助减速齿轮的主动齿轮和前进挡离合器的摩擦片相连接,齿圈和倒挡制动器摩擦片相连接,倒挡制动器钢片和变速器壳体相连接,如图3-30所示。

速比变换器的功用是实现无级变速传动,由两组滑动锥面链轮和作用在其中间的V型传动链组成,如图3-31所示。主动链轮由发动机通过辅助减速齿轮驱动,发动机转矩由传动链传递到从动链轮装

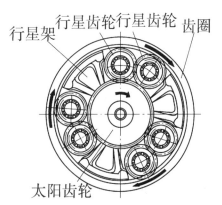

图3-29 行星齿轮机构的简图

置,并由此传给主减速器。每组链轮装置中的一个链轮可沿轴向移动,用来调整传动链的跨度尺寸,从而连续地改变传动比。两组链轮装置必须同步进行,这样才能保证传动链始终处于张紧状态,并且具有足够的传动链和链轮之间的接触压力。

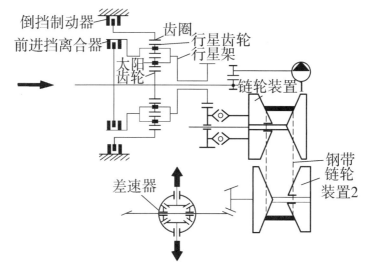

图3-30 行星齿轮机构的简图

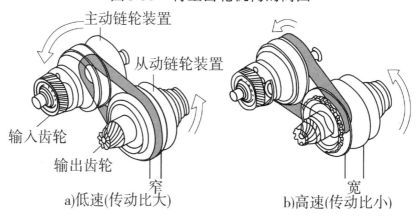

图3-31 速比变换器的基本组成和原理

二、动力传递路线

(1) P/N位的动力传动路线。变速杆置于P或N位时,前进挡离合器和倒挡制动器都不工作。发动机的转矩通过与输入轴相连接的太阳齿轮传到行星齿轮机构,并驱动行星齿轮,行星齿轮再驱动行星齿轮,行星齿轮与齿圈相啮合。车辆尚未行驶时,作为辅助减速齿轮输入部分的行星架(行星齿轮机构的输出部分)的阻力很大,处于静止状态,齿圈以发动机转速一半的速度怠速运转,旋转方向与发动机相同。

（2）前进挡的动力传动路线。变速杆置于 D 位时，前进挡离合器工作。前进挡离合器钢片与太阳齿轮相连接，摩擦片与行星架相连接，此时，太阳齿轮（变速器输入轴）与行星架（输出部分）连接，行星齿轮机构被锁死成为一体，并与发动机同方向运转，传动比为 1:1。

（3）倒挡的动力传动路线。变速杆置于 R 位时，倒挡制动器工作。倒挡制动器摩擦片与齿圈相连接，钢片与变速器壳体相连接，此时，齿圈被固定，太阳齿轮（输入轴）主动，转矩传递到行星架，由于是双行星齿轮（其中一个为惰轮），所以行星架就会以与发动机旋转方向相反的方向运转，使车辆向后行驶。

第六节 双离合器自动变速器

双离合器自动变速器（Dual Clutch Transmission，DCT）也称为直接换挡变速器（Direct Shift Gearbox，DSG），是基于手动变速器发展而来的，其工作原理是通过将变速器挡位按奇偶数分开布置，分别与两个离合器连接，通过切换两个离合器的工作状态完成换挡动作。

双离合器自动变速器早在 20 世纪 80 年代被装配于赛车上，从而消除换挡离合时的动力传递停滞现象。目前，双离合器自动变速器在德系车上装配较多，如奥迪 TT、奥迪 A3、高尔夫 GTI 和迈腾等车型上。宝马 M3、Z4 车上装有 M-DKG 双离合器变速器，福特福克斯装有 Power Shift 双离合器变速器，三菱跑车装有 SST（Sport Shift Transmission）双离合器变速器。

虽然不同汽车公司所配备的 DCT 名称不同，但其构造及原理是基本相同的，下面以大众车系的 DSG 为例进行介绍。

一、DSG 的基本组成

DSG 的机械部分主要包括多片湿式双离合器和三轴式齿轮变速器，如图 3-32 所示。

DSG 有两根同轴心的输入轴，外输入轴空套在内输入轴外面。内输入轴与离合器 K1 相连，内输入轴上的常啮齿轮分别与一、三、五挡齿轮相啮合；外输入轴为空心轴，与离合器 K2 相连，外输入轴上的常啮齿轮分别与二、四、六挡齿轮相啮合；倒挡齿轮通过倒挡轴齿轮与内输入轴的常啮齿轮啮合。也就是说，离合器 K1 负责一、三、五挡和倒挡，离合器 K2 负责二、四、六挡。当使用不同挡位时，相应离合器接合及接合套动作。

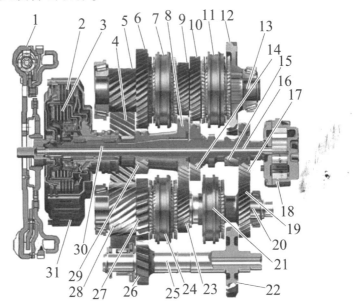

图3-32 02E变速器机械传动机构的组成

1-双质量飞轮;2-离合器K1;3-离合器K2;4-差速器输入齿轮;5-输出轴1上的输出齿轮;6-输出轴1上的二挡齿轮;7-二、四挡同步器;8-输入轴2上的四、六挡齿轮;9-输出轴1上的四挡齿轮;10-输出轴1上的三挡齿轮;11-一、三挡同步器;12-输出轴1上的一挡齿轮;13-输出轴1;14-输入轴1上的三挡齿轮;15-输入轴1上的一、倒挡齿轮;16-油泵轴;17-输入轴1上的五挡齿轮;18-油泵;19-输出轴2上的五挡齿轮;20-输出轴2;21-五挡同步器;22-倒挡轴上的倒挡齿轮1;23-输出轴2上的六挡齿轮;24-倒、六挡同步器;25-倒挡轴;26-倒挡轴上的倒挡齿轮2;27-输出轴2上的倒挡齿轮;28-输出轴2上的输出齿轮;29-输入轴1上的二挡齿轮;30-输入轴1;31-双离合器

二、DSG的工作原理

1 一挡动力的传递路线

一挡动力的传递路线如图3-33所示。发动机动力经离合器K1→输入轴1→输入轴1上的一、倒挡齿轮→输出轴1上的一挡齿轮→一、三挡同步器→输出轴1→输出轴1上的输出齿轮→差速器。

2 二挡动力的传递路线

二挡动力的传递路线如图3-34所示。发动机动力经离合器K2→输入轴2→

输入轴 2 上的二挡齿轮→输出轴 1 上的二挡齿轮→二、四挡同步器→输出轴 1→输出轴 1 上的输出齿轮→差速器。

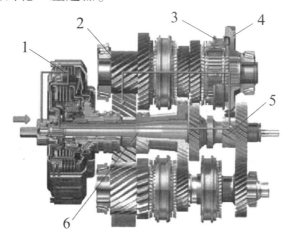

图 3-33　一挡动力传递路线

1-离合器 K1；2-输出轴 1 上的输出齿轮；3-一、三挡同步器；4-输出轴 1 上的一挡齿轮；5-输入轴 1 上的一、倒挡齿轮；6-输入轴 1

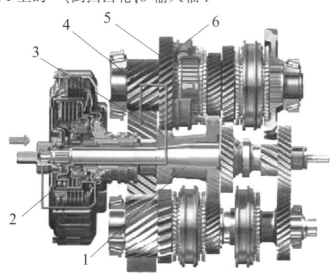

图 3-34　二挡动力传递路线

1-输入轴 2；2-离合器 K2；3-输入轴 2 上的二挡齿轮；4-输出轴 1 上的输出齿轮；5-输出轴 1 上的二挡齿轮；6-二、四挡同步器

3 三挡动力的传递路线

三挡动力的传递路线如图 3-35 所示。发动机动力经离合器 K1→输入轴 1→输入轴 1 上的三挡齿轮→输出轴 1 上的三挡齿轮→一、三挡同步器→输出轴 1→输出轴 1 上的输出齿轮→差速器。

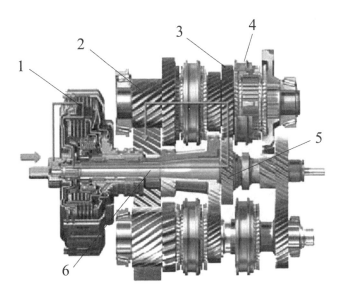

图 3-35 三挡动力传递路线

1-离合器 K1；2-输出轴 1 上的输出齿轮；3-输出轴 1 上的三挡齿轮；4-一、三挡同步器；5-输入轴 1 上的三挡齿轮；6-输入轴 1

4 四挡动力的传递路线

四挡动力的传递路线如图 3-36 所示。发动机动力经离合器 K2→输入轴 2→输入轴 2 上的四、六挡齿轮→输出轴 1 上的四挡齿轮→二、四挡同步器→输出轴 1→输出轴 1 上的输出齿轮→差速器。

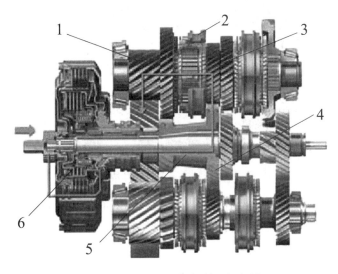

图 3-36 四挡动力传递路线

1-输出轴 1 上的输出齿轮；2-二、四挡同步器；3-输出轴 1 上的四挡齿轮；4-输入轴 2 上的四、六挡齿轮；5-输入轴 2；6-离合器 K2

5 五挡动力的传递路线

五挡动力的传递路线如图3-37所示。发动机动力经离合器K1→输入轴1→输入轴1上的五挡齿轮→输出轴2上的五挡齿轮→五挡同步器→输出轴2→输出轴2上的输出齿轮→差速器。

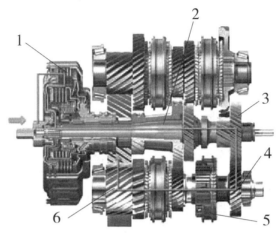

图3-37 五挡动力传递路线

1-离合器K1；2-输入轴1；3-输入轴1上的五挡齿轮；4-输出轴2上的五挡齿轮；5-五挡同步器；6-输出轴2上的输出齿轮

6 六挡动力的传递路线

六挡动力的传递路线如图3-38所示。发动机动力经离合器K2→输入轴2→输入轴2上的四、六挡齿轮→输出轴2上的六挡齿轮→六、倒挡同步器→输出轴2→输出轴2上的输出齿轮→差速器。

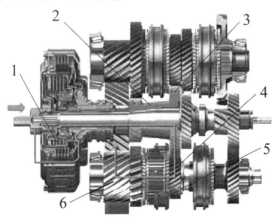

图3-38 六挡动力传递路线

1-离合器K2；2-输入轴2；3-输入轴2上的四、六挡齿轮；4-输出轴2上的六挡齿轮；5-四、六挡拨叉；6-输出轴2上的输出齿轮

7 倒挡动力的传递路线

倒挡动力的传递路线如图 3-39 所示。发动机动力经离合器 K1→输入轴 1→输入轴 1 上的一、倒挡齿轮→倒挡轴上的倒挡齿轮 1→倒挡轴→倒挡轴上的倒挡齿轮 2→输出轴 2 上的倒挡齿轮→六、倒挡同步器→输出轴 2→输出轴 2 上的输出齿轮→差速器。

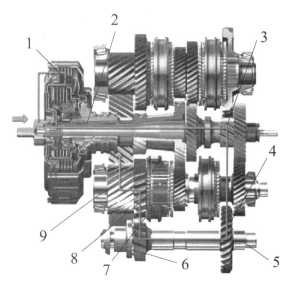

图 3-39 倒挡动力传递路线

1-离合器 K1；2-输入轴 1；3-输入轴 1 上的一、倒挡齿轮；4-倒挡轴上的倒挡齿轮 1；5-倒挡轴；6-倒挡轴上的倒挡齿轮 2；7-六、倒挡同步器；8-输出轴 2 上的倒挡齿轮；9-输出轴 2 上的输出齿轮

第七节 自动变速器的维修

一、自动变速器油（ATF）的检查

1 实训器材

(1) 车辆：丰田卡罗拉汽车（自动挡）。

(2) 普通工具：组合工具。

(3) 其他：加油机、回收桶、Toyota Genuine ATFWS（丰田纯正 ATFWS）。

2 准备工作

(1) 汽车进入工位前，将工位清理干净，准备好相关的器材。

(2)将车辆停放在水平地面上,并施加驻车制动。

(3)拉紧驻车制动器操纵杆,并将变速杆置于驻车挡(P位)位置,如图3-40所示。

(4)套上转向盘护套、变速杆手柄套和座椅套,铺设脚垫。

(5)在车内拉动发动机舱盖开启手柄,在车外打开并支撑发动机舱盖,如图1-17所示。

(6)粘贴翼子板和前脸磁力护裙。

3 操作步骤

驾驶车辆,使发动机和传动桥处于正常工作温度下。油液温度为70~80℃。自动变速器传动液容量为6.4L。

(1)在发动机怠速且踩下制动踏板的情况下,将变速杆换到从P位到L位的所有位置,然后回到P位。

(2)拉出机油尺并将其擦干净。

(3)将机油尺完全推回到油管中。

(4)再次拉出机油尺,并检查液位是否在HOT范围内,如图3-41所示。如果液位低于HOT范围,加注新油并重新检查液位。如果液位超过HOT范围,排放一次,添加适量的新油并重新检查液位。

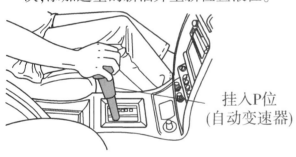

图3-40 挂入P位

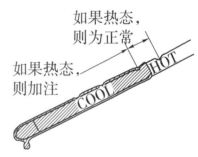

图3-41 ATF液面高度检查

二、主油路压力的测试

1 实训器材

(1)车辆:丰田卡罗拉汽车(自动挡)。

(2)普通工具:组合工具。

(3)专用工具:SST 09992-00095(09992-00231,09992-00271)。

(4)检测工具:智能检测仪。

2 准备工作

(1)汽车进入工位前,将工位清理干净,准备好相关的器材。

(2)将车辆停放在水平地面上,并施加驻车制动。

(3)拉紧驻车制动器操纵杆,并将变速杆置于驻车挡(P位)位置,如图3-40所示。

(4)套上转向盘护套、变速杆手柄套和座椅套,铺设脚垫。

(5)在车内拉动发动机舱盖开启手柄,在车外打开并支撑发动机舱盖,如图1-17所示。

(6)粘贴翼子板和前脸磁力护裙。

3 操作步骤

1)注意事项

(1)在ATF的正常工作温度(50~80℃)下进行测试。

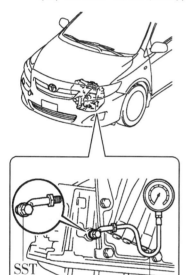

图3-42 连接SST

(2)管路压力测试务必由两人一起完成,一名技师进行测试时,另一名技师应在车外观察车轮或车轮挡块的状况。

(3)注意不要使SST软管妨碍排气管。

(4)检测必须在检查和调整发动机之后进行。

(5)检测应在空调关闭的情况下进行。

(6)失速测试时,测试的持续时间不得超过5s。

2)管路压力测试

(1)使ATF变暖。

(2)拆下传动桥壳左前侧的检测螺塞并连接SST,如图3-42所示。使用SST09992-00095(09992-00231,09992-00271)。

(3)完全拉紧驻车制动器操纵杆并塞住4个车轮。

(4)将智能检测仪连接到DLC3。

(5)起动发动机并检查怠速。

(6)用左脚踩住制动踏板并换至D位。丰田卡罗拉汽车自动变速器管路压力见表3-6。

丰田卡罗拉汽车自动变速器管路压力　　表3-6

条件	D位 kPa(kgf/cm^2,psi)	R位 kPa(kgf/cm^2,psi)
怠速运转时	372~412kPa (3.8~4.2kgf/cm^2,54~60psi)	553~623kPa (5.6~6.4kgf/cm^2,80~100psi)

续上表

条件	D 位 kPa(kgf/cm^2,psi)	R 位 kPa(kgf/cm^2,psi)
失速测试	1120~1230kPa (11.4~12.5kgf/cm^2,162~178psi)	1660~1870kPa (16.9~19.1kgf/cm^2,241~271psi)

(7)在发动机怠速运转时测量管路压力。

(8)将加速踏板踩到底。发动机转速达到失速转速时,迅速读取最高管路压力。

(9)用同样的方法在 R 位进行测试。

三、驻车挡/空挡位置开关的检查和调整

丰田卡罗拉汽车驻车挡/空挡位置开关的安装位置如图 3-43 所示。

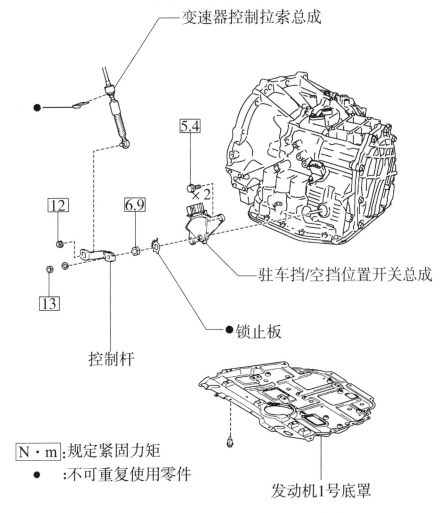

图 3-43 空挡/驻车挡位置开关安装位置

1 实训器材

(1) 车辆:丰田卡罗拉汽车(自动挡)。

(2) 普通工具:组合工具、扭力扳手。

2 准备工作

(1) 汽车进入工位前,将工位清理干净,准备好相关的器材。

(2) 将车辆停放在水平地面上,并施加驻车制动。

(3) 拉紧驻车制动器操纵杆,并将变速杆置于驻车挡(P位)位置,如图3-40所示。

(4) 套上转向盘护套、变速杆手柄套和座椅套,铺设脚垫。

(5) 在车内拉动发动机舱盖开启手柄,在车外打开并支撑发动机舱盖,如图1-17所示。

(6) 粘贴翼子板和前脸磁力护裙。

3 操作步骤

1) 车上检查

检查驻车挡/空挡位置开关总成,步骤如下:

① 施加驻车制动并将点火开关置于ON(IG)位置。

② 踩下制动踏板,检查并确认当变速杆在N或P位时发动机能起动,而在其他位置时不能起动。

③ 检查并确认当变速杆在R位时倒车灯点亮,倒挡警告蜂鸣器鸣响,但在其他位置不起作用。

如果发现故障,则应检查驻车挡/空挡位置开关的导通性。

2) 拆卸

(1) 从蓄电池负极端子断开电缆。

(2) 拆卸发动机1号底罩。

(3) 分离变速器控制拉索总成,如图3-44所示。

① 从控制杆上拆下螺母并断开控制拉索总成。

② 从控制拉索支架上拆下卡子并断开控制拉索总成。

(4) 拆卸驻车挡/空挡位置开关总成。

① 从驻车挡/空挡位置开关总成上断开连接器。

② 拆下螺母、垫圈和控制杆,如图3-45所示。

③ 撬出锁止板并拆下手动阀轴螺母,如图3-46所示。

④拆下2个螺栓,并拉出驻车挡/空挡位置开关总成,如图3-47所示。

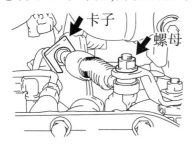

图3-44 分离变速器控制拉索总成

图3-45 拆卸驻车挡/空挡位置开关总成(一)

图3-46 拆卸驻车挡/空挡位置开关总成(二)

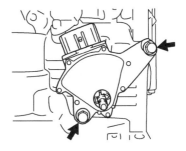

图3-47 拆卸驻车挡/空挡位置开关总成(三)

3)检查

检查驻车挡/空挡位置开关总成,步骤如下:

①断开驻车挡/空挡位置开关连接器。

②根据图3-48中连接器端子测量电阻,标准电阻值见表3-7。

4)调整

调整驻车挡/空挡位置开关总成,步骤如下。

图3-48 连接器端子

标准电阻　　　　　　　　　　　　　　　表3-7

检测仪连接	条件	标准电阻	检测仪连接	条件	标准电阻
2-6 和 4-5	P 位	<1Ω	2-7	D 位和 3 位	>1Ω
	除 P 位外	≥10kΩ		除 N 位和 3 位外	≥10kΩ
2-1	R 位	<1Ω	2-3	2 位	<1Ω
	除 R 位外	≥10kΩ		除 2 位外	≥10kΩ

续上表

检测仪连接	条件	标准电阻	检测仪连接	条件	标准电阻
2-9 和 4-5	N 位	<1Ω	2-8	L 位	<1Ω
	除 N 位外	≥10kΩ		除 L 位外	≥10kΩ

①松开驻车挡/空挡位置开关的螺栓,并将变速杆置于 N 位,如图 3-49 所示。

②将凹槽与空挡基线对准,如图 3-50 所示。

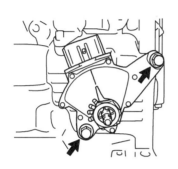
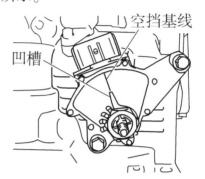

图 3-49 松开驻车挡/空挡　　　图 3-50 对准基线
　　　位置开关的螺栓

③将开关固定到位,然后拧紧两个螺栓,如图 3-51 所示。力矩为 5.4N·m。

④调整完成后,进行开关工作情况检查。

5) 安装

(1) 安装驻车挡/空挡位置开关总成。

①将驻车挡/空挡位置开关安总成安装至自动变速器。

②暂时安装两个螺栓,如图 3-52 所示。

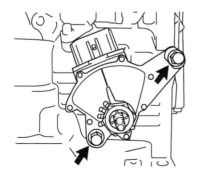
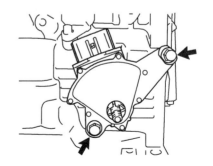

图 3-51 拧紧螺栓　　　图 3-52 暂时安装两个螺栓

③换上新的锁止板,并拧紧手动阀轴螺母,如图 3-53 所示。力矩为

6.9N·m。

④暂时安装控制杆。

⑤逆时针转动控制杆直到其停止,然后顺时针转动两个槽口,如图3-54所示。

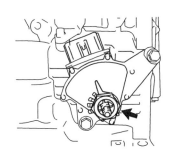 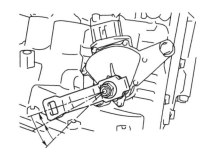

图3-53 拧紧手动阀轴螺母　　图3-54 逆时针转动控制杆

⑥拆下控制杆。

⑦将凹槽与空挡基线对准。将开关固定到位,然后拧紧两个螺栓,如图3-55所示。力矩为5.4N·m。

⑧使用螺丝刀,用锁止板锁紧螺母,如图3-56所示。

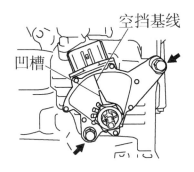 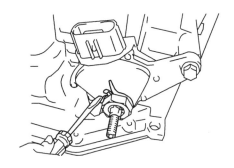

图3-55 安装开关总成　　图3-56 锁紧螺母

⑨用螺母和垫圈安装控制杆,如图3-45所示。力矩为13N·m。

⑩将连接器连接至驻车挡/空挡位置开关总成。

(2)安装变速器控制拉索总成,如图3-44所示。

①用螺母将变速器控制拉索总成安装至控制杆。力矩为12N·m。

②用一个新的卡子将变速器控制拉索总成安装至支架。

(3)将电缆连接到蓄电池负极端子。力矩为5.4N·m。

(4)调整变速杆位置。

(5)检查变速杆位置。

(6)检查驻车挡/空挡位置开关总成。

(7)安装发动机1号底罩。

四、油泵的拆卸与装配

丰田卡罗拉汽车 U341E 自动变速器油泵的结构如图 3-57 所示。

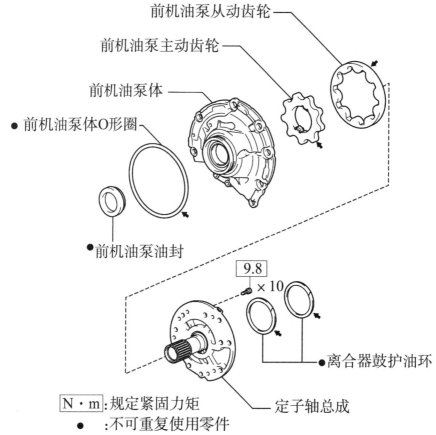

图 3-57　油泵分解图

1 实训器材

(1)车辆:丰田卡罗拉汽车(自动挡)。

(2)普通工具:组合工具、扭力扳手、螺丝刀。

(3)专用工具:"TORX"梅花套筒扳手(T30)、SST 09308-00010 油封拉出器、SST 09950-60010(09951-00550)拆装工具组件,09950-70010(09951-07100)手柄组件。

(4)检测工具:百分表、钢直尺和塞尺。

(5)其他:ATF。

2 准备工作

(1) 汽车进入工位前,将工位清理干净,准备好相关的器材。

(2) 将车辆停放在水平地面上,并施加驻车制动。

(3) 拉紧驻车制动器操纵杆,并将变速杆置于驻车挡(P位)位置,如图3-40所示。

(4) 套上转向盘护套、变速杆手柄套和座椅套,铺设脚垫。

(5) 在车内拉动发动机舱盖开启手柄,在车外打开并支撑发动机舱盖,如图1-17所示。

(6) 粘贴翼子板和前脸磁力护裙。

3 操作步骤

(1) 拆卸油泵。

① 拆卸前油泵体O形圈。如图3-58所示,从油泵上拆下前油泵体O形圈。

② 拆卸定子轴总成。如图3-59所示,用"TORX"梅花套筒扳手(T30)拆下10个"TORX"梅花螺钉。

 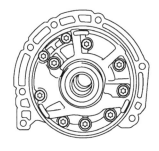

图3-58　拆卸前机油泵体O形圈　　图3-59　拆卸定子轴总成

③ 拆卸前油泵主动齿轮。如图3-60所示,从油泵体上拆下前油泵主动齿轮。

④ 拆卸前油泵从动齿轮。如图3-61所示,从油泵体上拆下前油泵从动齿轮。

图3-60　拆卸前机油泵主动齿轮　　图3-61　拆卸前机油泵从动齿轮

⑤ 拆卸前油泵油封。如图3-62所示,用SST 09308-00010从油泵体上拆下前油泵油封。

⑥ 拆卸离合器鼓护油环。如图3-63所示,用螺丝刀从定子轴总成上拆下2

个离合器鼓护油环。

(2) 检查油泵。

① 检查定子轴总成。

a. 如图 3-64 所示,用百分表测量定子轴衬套的内径。标准内径:21.500～21.526mm;最大内径:21.526mm。如果内径大于最大值,则更换定子轴。

b. 如图 3-65 所示,将输入轴总成安装到定子轴总成上,检查并确认输入轴总成旋转平稳。注意:如果运动不平稳或发出异常噪声,则换上新的定子总成。更换时检查输入轴与轴承的接触面,如果发现任何损坏或变色,则换上新的输入轴。

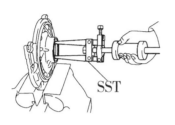
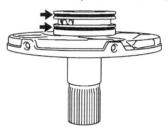

图 3-62　拆卸前机油泵油封　　图 3-63　拆卸离合器鼓护油环

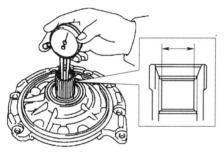
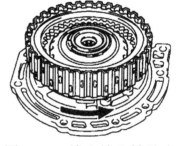

图 3-64　测量定子轴衬套内径　　图 3-65　检查输入轴总成

② 检查油泵齿轮间隙。

a. 如图 3-66 所示,测量从动齿轮齿顶和主动齿轮齿顶的间隙。标准顶部间隙:0.07～0.15mm;最大顶部间隙:0.15mm。如果顶部间隙大于最大值,则更换油泵体分总成。

b. 如图 3-67 所示,将从动齿轮推向泵体一侧。用厚薄规测量间隙。标准泵体间隙:0.10～0.15mm;最大泵体间隙:0.15mm。如果泵体间隙大于最大值,则更换油泵体分总成。

图 3-66　测量从动齿轮齿顶和主动齿轮齿顶间隙

c. 如图 3-68 所示,用钢直尺和塞尺测量这两个齿轮的侧隙。标准侧隙:

0.02~0.05mm;最大侧隙:0.05mm。如果侧隙大于最大值,则更换主动齿轮、从动齿轮或泵体。主动齿轮厚度见表3-8,从动齿轮厚度见表3-9。

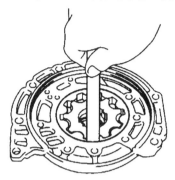

图3-67 测量从动齿轮与泵体间隙　　图3-68 测量齿轮侧隙

主动齿轮厚度　　　　　　　　表3-8

编　号	厚度(mm)	编　号	厚度(mm)
1	9.44~9.45	4	9.47~9.48
2	9.45~9.46	5	9.48~9.49
3	9.46~9.47		

从动齿轮厚度　　　　　　　　表3-9

编　号	厚度(mm)	编　号	厚度(mm)
1	9.44~9.45	4	9.47~9.48
2	9.45~9.46	5	9.48~9.49
3	9.46~9.47		

③检查前油泵体分总成。如图3-69所示,用百分表测量油泵体衬套内径。标准内径:38.113~38.138mm;最大内径:38.138mm。如果内径大于最大内径,则更换油泵体分总成。

(3)装配油泵。

①安装离合器鼓护油环(图3-63)。在2个新的离合器鼓护油环上涂ATF,并将其安装至定子轴。

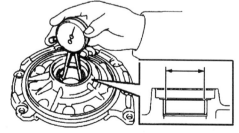

图3-69 前油泵体分总成的检查

②安装前油泵油封。如图 3-70 所示,用 SST 09950-60010(09951-00550),09950-70010(09951-07100)将前油泵油封安装至油泵体。油封嵌入深度:-0.15~0.15mm。

③安装前油泵从动齿轮。如图 3-71 所示,在前油泵从动齿轮上涂 ATF,然后将其安装至油泵体,有标记的一面朝上。

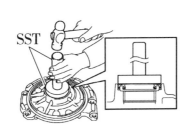

图 3-70　安装前油泵油封　　图 3-71　安装前油泵从动齿轮

④安装前油泵主动齿轮。如图 3-72 所示,在前油泵主动齿轮上涂 ATF,然后将其安装至油泵体,有标记的一面朝上。

⑤安装定子轴总成(图 3-59)。使用"TORX"梅花套筒扳手(T30),用 10 个"TORX"梅花螺钉安装定子轴总成。拧紧力矩为 9.8N·m。

⑥检查油泵总成。如图 3-73 所示,用 2 把螺丝刀转动主动齿轮并确保它能平稳转动。

注意:切勿损坏油封唇口。

图 3-72　安装前油泵主动齿轮　　图 3-73　检查油泵总成

⑦安装前油泵体 O 形圈(图 3-58)。在新的前油泵体 O 形圈上涂 ATF,并将其安装至油泵。

小结

1. 自动变速器按结构、控制方式的不同,可以分为液力式自动变速器、无级自动变速器和机械式自动变速器;按车辆驱动方式的不同,可以分为自动变速器和自动变速驱动桥;按照自动变速器变速杆置于前进挡时的挡位数,可以分为四挡、五挡、六挡等。

2. 汽车自动变速器的变速杆通常有6或7个位置,如P、R、N、D、3、2、L。只有当变速杆置于N或P位时,才能起动发动机,此功能靠空挡起动开关来实现。

3. 自动变速器主要由液力变矩器、齿轮变速机构、换挡执行元件、液压控制系统、电子控制系统等组成。自动变速器ECU根据各种传感器信号,按照设定的换挡规律,控制换挡执行元件的动作,实现自动换挡。

4. 液力变矩器位于发动机和机械变速器之间,以自动变速器油(ATF)为工作介质。液力变矩器通常由泵轮、涡轮和导轮组成。

5. 自动变速器的齿轮变速机构主要有行星齿轮变速机构和平行轴齿轮变速机构。齿轮变速机构与液力变矩器配合使用,执行机构根据自动变速器控制系统的命令来接合或分离、制动或放松齿轮机构的某个元件,通过改变动力传动路线得到不同的传动比。

6. 行星齿轮变速器的换挡执行元件包括离合器、制动器和单向离合器。离合器和制动器以液压方式控制行星齿轮机构元件的旋转,单向离合器是以机械方式对行星齿轮机构的元件进行锁止。离合器的功用是连接轴和行星齿轮机构中的元件或是连接行星齿轮机构中的不同元件。制动器的功用是固定行星齿轮机构中的元件,防止其转动。

7. 自动变速器液压控制系统的基本组成包括动力源、执行机构和控制机构。

8. 自动变速器的电子控制系统包括传感器、电子控制单元(ECU)和执行器。

9. 丰田卡罗拉汽车配备的U341E型自动变速器,其齿轮变速机构采用了CR-CR式行星齿轮机构,即将两组单行星排的行星架C(planet carrier)和齿圈R(gear ring)分别组配。桑塔纳2000汽车配备的自动变速器为01N型拉威娜行星齿轮自动变速器。广州本田雅阁轿车MAXA自动变速器采用了定轴式齿轮变速传动机构。

10. 无级变速器的传动比可以在一定范围内连续变化,它采用传动带和工作直径可变的主、从动轮相配合来传递动力,以实现传动比的连续改变。双离合器自动变速器是基于手动变速器发展而来的,其工作原理是通过将变速器挡位按奇、偶数分开布置,分别与两个离合器连接,通过切换两个离合器的工作状态完成换挡动作。

复习思考题

一、简答题

1. 自动变速器基本组成及工作原理是什么?

2. 液力变矩器有哪些功用？

3. 液力变矩器由哪些元件组成？它是如何工作的？

4. 自动变速器的换挡执行元件有哪些？各有什么功用？

5. 自动变速器常用的传感器及开关有哪些？各有什么功用？

6. 说明丰田U341E型自动变速器各挡动力传动路线。

7. 说明大众01N型行星齿轮自动变速器各挡动力传动路线。

8. 说明本田MAXA型自动变速器各挡动力传动路线。

9. 无级变速器由哪几部分组成？其工作原理是什么？

10. 双离合器自动变速器是如何工作的？

二、选择题

1. 在自动变速器中，当液力变矩器的泵轮和涡轮转速差值越大时，则（　　）。

　　A. 输出转矩越大　　　　　　　B. 输出转矩越小

　　C. 效率越高　　　　　　　　　D. 输出功率越大

2. 液力变矩器的锁止电磁阀的作用是当车速升到一定值后，控制油液能把（　　）锁为一体。

　　A. 泵轮和导轮　　　　　　　　B. 泵轮和涡轮

　　C. 泵轮和单向离合器　　　　　D. 涡轮和导轮

3. 在输出轴处于增矩工况下，自动变速器的液力变矩器中的导轮处于（　　）状态。

　　A. 自由　　　B. 锁止　　　C. 与涡轮同速　　　D. 与泵轮同速

4. 在自动变速器的行星齿轮系机构中，只有当（　　）时，才能获得倒挡。

　　A. 行星架制动，齿圈主动　　　B. 行星架主动、太阳齿轮制动

　　C. 齿圈制动，太阳齿轮主动　　D. 太阳齿轮主动，行星架制动

5. 关于自动变速器的液力变矩器，下列说法中正确的是（　　）。

　　A. 能将发动机的转矩传递给变速器

　　B. 涡轮与发动机转速相同

　　C. 导轮由发动机直接驱动

　　D. 导轮与涡轮之间通过单向离合器连接

6. 对于自动变速器的手动换挡阀，正确的说法是（　　）。

　　A. 手动换挡阀由变速杆带动

　　B. 手动换挡阀独立存在，不在阀体中

　　C. 手动换挡阀由加速踏板带动

　　D. 手动换挡阀直接控制前进挡的挡位

7. 自动变速器的油泵,是被( )驱动的。
　　A. 变矩器外壳　　　　　　　　B. 导轮间接
　　C. 从泵轮抛向涡轮的油流　　　D. 单向离合器

8. 在自动变速器中,当行星齿轮系中有锁止元件,并且行星架作为输入元件时,行星齿轮机构就( )。
　　A. 形成降速挡　　　　　　　　B. 形成降矩挡
　　C. 输出与输入转向相反　　　　D. 形成增速挡

9. 决定自动变速器换挡时刻的主要传感信息是车速及( )。
　　A. 节气门开度　　　　　　　　B. 发动机转速
　　C. 发动机空气流量传感器　　　D. 变速器输入轴的转速

10. 在自动变速器中,液力变矩器的工作原理就像两台对置的电风扇,一台电风扇接通电源,另一台电风扇不接电源。那么通电电风扇与不通电电风扇分别相当于液力变矩器中的部件是( )。
　　A. 泵轮与涡轮　　　　　　　　B. 导轮与涡轮
　　C. 涡轮行星齿轮　　　　　　　D. 行星齿轮与导轮

三、判断题

1. 根据换挡工况的需要,自动变速器中的单向离合器由液压系统控制其分离或锁止。　　　　　　　　　　　　　　　　　　　　　　　　　　（　　）

2. 所谓液力变矩器的"锁止",其含义是把其内的导轮锁止不动,以提高传动效率。　　　　　　　　　　　　　　　　　　　　　　　　　　　（　　）

3. 自动变速器中制动器的作用是把行星齿轮机构中的某两个元件连接起来,形成一个整体共同旋转。　　　　　　　　　　　　　　　　　　　（　　）

4. 自动变速器中的单向离合器是以机械方式进行运作的,而多片式离合器则是利用液压进行操纵的。　　　　　　　　　　　　　　　　　　　（　　）

5. 当行星齿轮机构中的太阳齿轮、齿圈或行星架都不被锁止时,则会形成空挡。
　　　　　　　　　　　　　　　　　　　　　　　　　　　　　　　（　　）

6. 四挡辛普森式自动变速器,其结构特点是前后行星架组成一体。（　　）

7. 目前生产的本田"雅阁"自动变速器内,采用交叉式行星齿系机构。（　　）

8. 采用拉威娜行星齿轮系的自动变速器,D1挡只有单行星排运作。（　　）

9. 自动变速器的内啮合式齿轮泵,是靠液力变矩器的输出轴驱动的。（　　）

10. 在液力变矩器中,当导轮处于锁止状态下,将反过来使泵轮的转矩增大。
　　　　　　　　　　　　　　　　　　　　　　　　　　　　　　　（　　）

第四章 万向传动装置

学习目标

1. 了解万向传动装置的功用和组成;
2. 掌握常用万向节的结构及工作原理;
3. 了解传动轴与中间支承的结构;
4. 掌握传动轴总成的拆装方法;
5. 掌握万向节的检查和更换方法。

第一节 万向传动装置的功用、组成和应用

一、万向传动装置的功用

万向传动装置在汽车上有很多应用,结构也稍有不同,但其功用都是一样的,即在轴线相交且相互位置经常发生变化的两转轴之间传递动力。

图4-1所示万向传动装置在汽车中最常见的应用,位于变速器与驱动桥之间。

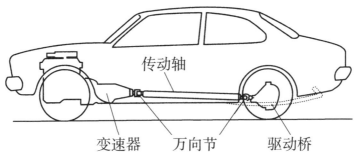

图4-1 变速器与驱动桥之间的万向传动装置

二、万向传动装置的组成

万向传动装置主要包括万向节和传动轴,对于传动距离较远的分段式传动

轴,为了提高传动轴的刚度,还设置有中间支承,如图 4-2 所示。

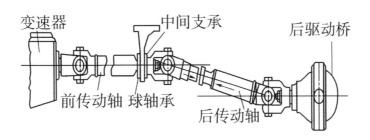

图 4-2 万向传动装置的组成

万向传动装置组成

三、万向传动装置的应用

万向传动装置在汽车上的应用主要有以下几个方面:

(1)变速器与驱动桥之间(4×2 汽车),如图 4-3 所示。一般汽车的变速器、离合器与发动机三者合为一体装在车架上,驱动桥通过悬架与车架相连。负荷变化及汽车在不平路面行驶时引起的跳动,会使驱动桥输入轴与变速器输出轴之间的夹角和距离发生变化,需安装万向传动装置。

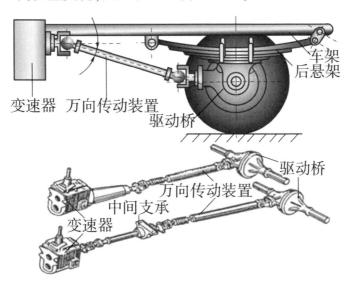

图 4-3 变速器与驱动桥之间的万向传动装置

(2)变速器与分动器、分动器与驱动桥之间(越野汽车),如图 4-4 所示。为消除车架变形及制造、装配误差等引起的其轴线同轴度误差对动力传递的影响,需安装万向传动装置。

(3)转向驱动桥的内、外半轴之间,如图 4-5 所示。转向时两段半轴轴线相交且交角变化,因此要用万向节。

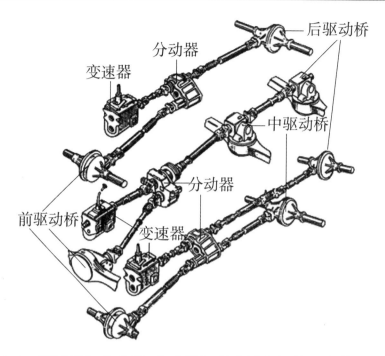

图4-4 变速器与分动器、分动器与驱动桥之间的万向传动装置

(4)断开式驱动桥的半轴之间,如图4-6所示。主减速器壳在车架上是固定的,桥壳上下摆动,半轴是分段的,需用万向节。

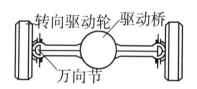

图4-5 转向驱动桥内、外半轴之间的万向传动装置

图4-6 断开式驱动桥的半轴之间的万向传动装置

(5)转向机构的转向轴和转向器之间,如图4-7所示,有利于转向机构的总体布置。

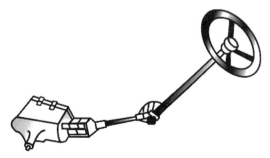

图4-7 转向机构的转向轴和转向器之间的万向传动装置

第二节 万向节

在汽车上使用的万向节按其刚度大小,可分为刚性万向节和柔性万向节。刚性万向节按其速度特性分为不等速万向节(常用的为十字轴式)、准等速万向节(双联式和三销轴式)和等速万向节(包括球叉式和球笼式等)。目前在汽车上应用较多的是十字轴式刚性万向节和等速万向节。十字轴式刚性万向节主要用于发动机前置后轮驱动的变速器与驱动桥之间,等速万向节主要用于发动机前置前轮驱动的内、外半轴之间。

一、十字轴式刚性万向节

常见的不等速万向节为十字轴式刚性万向节,如图 4-8 所示,其允许相邻两轴的最大交角为 15°~20°。

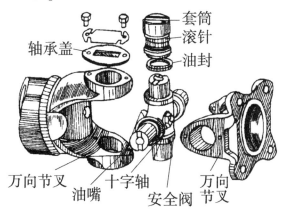

十字轴刚性万向节结构

图 4-8 十字轴式刚性万向节

十字轴式刚性万向节主要由十字轴、万向节叉等组成。万向节叉上的孔分别套在十字轴的 4 个轴颈上。在十字轴轴颈与万向节叉孔之间装有滚针和套筒,用带有锁片的螺栓和轴承盖来使轴向定位。为了润滑轴承,十字轴内钻有油道,且与油嘴、安全阀相通,如图 4-9 所示。为避免润滑油流出及尘垢进入轴承,十字轴轴颈的内端套装着油封。

单个十字轴式刚性万向节在主动轴和从动

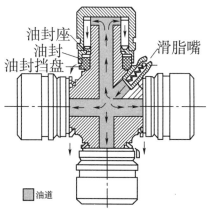

图 4-9 润滑油道及密封装置

轴之间有夹角的情况下,当主动叉等角速转动时,从动叉是不等角速的,这称为十字轴式刚性万向节的不等速特性。且两转轴之间的夹角越大,不等速性就越大,图4-10所示为传动轴每转一圈时速度变化情况。

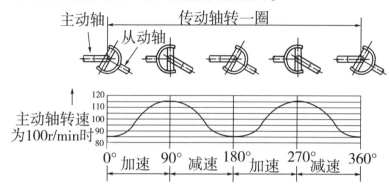

图4-10 十字轴式刚性万向节的不等速特性

十字轴式刚性万向节的不等速特性将使从动轴及其相连的传动部件产生扭转振动,从而产生附加的交变载荷,影响部件寿命。可以采用图4-11所示的双十字轴刚性万向节的传动方式,第一万向节的不等速特性可以被第二万向节的不等速特性所抵消,从而实现两轴间的等角速传动。具体条件是:第一万向节两轴间夹角 α_1 与第二万向节两轴间夹角 α_2 相等;第一万向节的从动叉与第二万向节的主动叉处于同一平面。

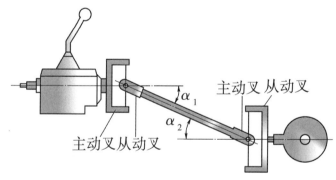

图4-11 双十字轴刚性万向节等速传动布置

由于悬架的振动,不可能在任何时候都保证 $\alpha_1 = \alpha_2$,因此这种双十字轴刚性万向节的传动只能近似地解决等速传动问题,且由于两轴夹角最大只能是20°,因此在使用上受到限制。

二、等速万向节

等速万向节的工作原理是保证万向节在工作过程中,其传力点永远位于两轴交角的平分面上,如图4-12所示。

1 球笼式万向节

常见的球笼式万向节有固定型球笼式等速万向节(RF节)和伸缩型球笼式等速万向节(VL节)。

如图4-13所示,固定型球笼式万向节由6个钢球、星形套、球形壳和保持架等组成。万向节星形套与主动轴用花键固接在一起,星形套外表面有六条弧形凹槽滚道,球形壳的内表面有相应的6条凹槽,6个钢球分别装在各条凹槽中,由球笼使其保持在同一平面内。动力由主动轴、钢球、球形壳输出。

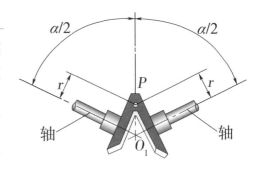

图4-12 等速万向节的工作原理

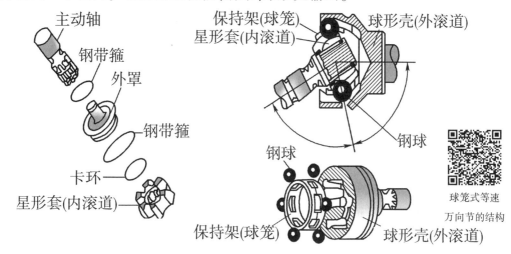

图4-13 固定型球笼式等速万向节

球笼式万向节工作时6个钢球都参与传力,故承载能力强、磨损小、寿命长。广泛应用于各种型号的转向驱动桥和独立悬架的驱动桥。

伸缩型球笼式等速万向节又称直槽滚道型等速万向节。如图4-14所示,其结构与上述球笼式相近,只是内、外滚道为圆筒形直槽,使万向节本身可轴向伸缩(伸缩量为40~50mm),省去其他万向节传动中的滑动花键,且滚动阻力小,适用于断开式驱动桥的万向传动装置。这种万向节所连接的两轴夹角不能太大,因此常常和固定型球笼式等速万向节组合在一起使用,以保证在夹角和距离发生变化的条件下传递动力。

RF节和VL节广泛应用于采用独立悬架的汽车转向驱动桥,如红旗、桑塔纳、捷达、宝来、奥迪等汽车的前桥。其中RF节用于靠近车轮处,VL节用于靠近驱动桥处,如图4-15所示。

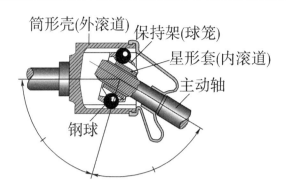

图 4-14 伸缩型球笼式等速万向节

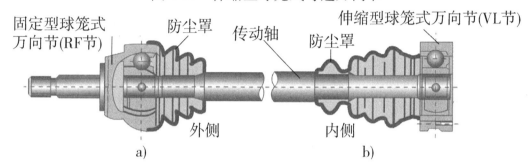

图 4-15 RF 节与 VL 节在转向驱动桥中的布置

2 三枢轴球面滚轮式等速万向节

三枢轴球面滚轮式等速万向节又称自由三枢轴万向节,其结构如图 4-16 所示。由 3 个位于同一平面内互成 120°的枢轴构成,它们的轴线交于输入轴上一点,并且垂直于驱动轴。3 个外表面为球面,滚子轴承分别活套在各枢轴上,一个漏斗形轴,在其筒形部分加工出 3 个槽形轨道。3 个槽形轨道在筒形圆周上是均匀分布的,轨道配合面为部分同柱面,3 个滚子轴承分别装入各槽形轨道,可沿轨道滑动。

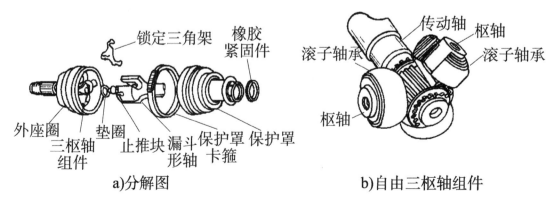

图 4-16 三枢轴球面滚轮式等速万向节

图 4-17 所示为别克凯越汽车等速万向节和传动轴的结构。

图 4-17 等速万向节和传动轴

第三节 传动轴与中间支承

一、传动轴

传动轴是万向传动装置中的主要传力部件。通常用来连接变速器（或分动器）和驱动桥，在转向驱动桥和断开式驱动桥中，则用来连接差速器和驱动车轮。

图 4-18 所示为传动轴的构造。传动轴有实心轴和空心轴之分。为了减轻传动轴的质量，节省材料，提高轴的强度、刚度，传动轴多为空心轴，超重型货车则直接采用无缝钢管。转向驱动桥、断开式驱动桥或微型汽车的传动轴通常制成实心轴。传动轴两端的连接件装好后，应进行动平衡试验。在质量小的一侧补焊平衡片，使其不平衡量不超过规定值。

汽车行驶过程中，变速器与驱动桥的相对位置会发生变化，随着传动轴角度的改变,其长度也会改变,因此采用滑动叉和花键组成的滑套连接,以实现传动轴长度的变化,如图4-19所示。

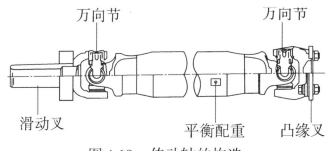

图4-18 传动轴的构造

传动轴组成

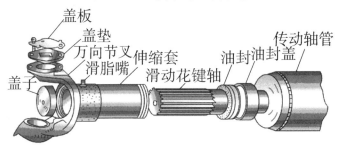

图4-19 滑动叉的构造

二、中间支承

传动轴分段时需加中间支承,中间支承通常装在车架横梁上,能补偿传动轴轴向和角度方向的安装误差,以及汽车行驶过程中因发动机窜动或车架变形等引起的位移。

第四节 万向传动装置的维修

丰田卡罗拉汽车半轴总成如图4-20~图4-22所示。

一、半轴总成的拆装

1 实训器材

(1)车辆:丰田卡罗拉汽车。

(2)普通工具:组合工具、螺丝刀、锤子、铜棒、冲子、扭力扳手。

(3)专用工具:SST 09520-00031 后桥半轴拉出器,09520-01010 半轴拆卸工具连接件、SST09608-16042 前轮毂轴承调节工具(09608-02021 螺栓和螺母,09608-02041 挡圈)。

(4)其他：容器、齿轮油、非残留性溶剂。

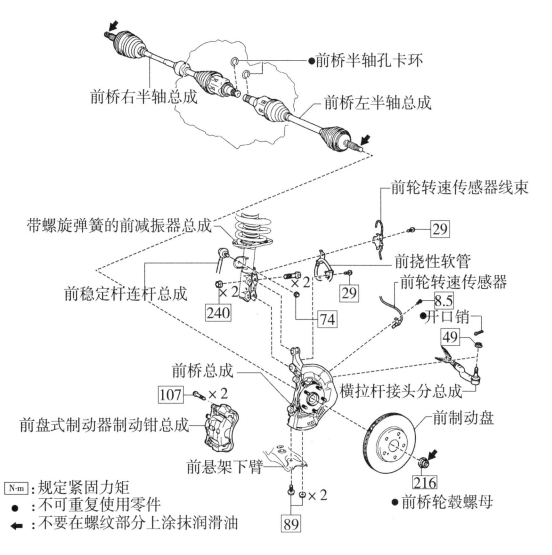

图 4-20　半轴总成（一）

2 准备工作

(1)汽车进入工位前,将工位清理干净,准备好相关的器材。

(2)将汽车停驻在举升机中央位置。

(3)拉紧驻车制动器操纵杆,并将变速杆置于空挡位置,如图 1-16 所示。

(4)套上转向盘护套、变速杆手柄套和座椅套,铺设脚垫。

(5)在车内拉动发动机舱盖开启手柄,在车外打开并支撑发动机舱盖,如图 1-17 所示。

(6)粘贴翼子板和前脸磁力护裙。

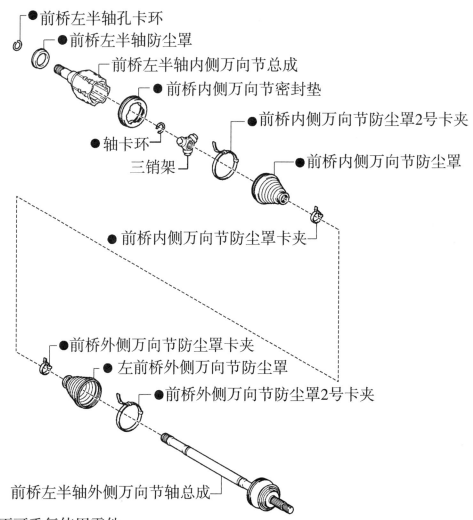

●：不可重复使用零件

图 4-21　半轴总成(二)

3　操作步骤

1）半轴总成的拆卸

(1) 拆卸前轮。

(2) 拆卸发动机 1 号底罩。

(3) 拆卸发动机后部右侧底罩。

(4) 拆卸发动机后部左侧底罩。

(5) 排净手动传动桥/自动传动桥油。

(6) 拆卸前桥轮毂螺母。

(7) 分离前稳定杆连杆总成。

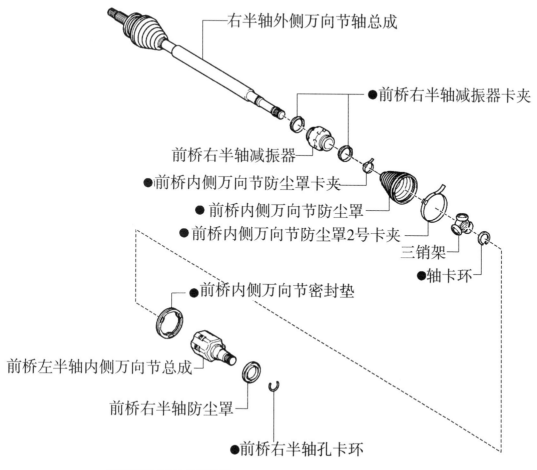

图 4-22　半轴总成(三)

(8) 分离前轮速传感器。

(9) 分离前挠性软管。

(10) 分离左前盘式制动器制动钳总成。

(11) 拆卸前制动盘。

(12) 分离横拉杆接头分总成。

(13) 分离前悬架下臂。

(14) 拆卸前桥总成。

(15) 拆卸前桥左半轴总成。使用 SST,拆下前桥左半轴,如图 4-23 所示(使用 SST09520-00031,09520-01010)。

注意:不要损坏传动桥壳油封、内侧万向节防尘套及驱动轴防尘罩;不要掉落驱动轴。

(16) 拆卸前桥右半轴总成。用螺丝刀和锤子，拆下前桥右半轴，如图4-24所示。

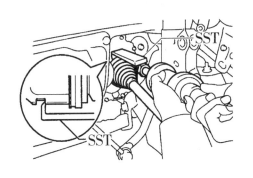
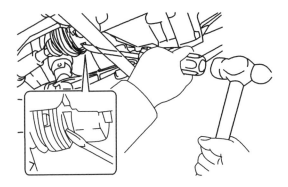

图4-23　拆卸前桥左半轴总成　　　　图4-24　拆卸前桥右半轴总成

注意：不要损坏传动桥壳油封、内侧万向节防尘套及驱动轴防尘罩；不要掉落驱动轴。

(17) 安装前桥总成，如图4-25所示。

注意：如果轮毂轴承承受车辆的质量，则它可能会被损坏，例如在驱动轴已拆下的情况下移动车辆，因此，如果必须将车辆的质量压在轮毂轴承上，则要先用SST支撑。使用SST09608-16042（09608-02021，09608-02041）。

2）半轴总成的安装

(1) 安装前桥左半轴总成。

①在内侧万向节轴花键上涂齿轮油。

②对准轴花键，用铜棒和锤子敲进驱动轴，如图4-26所示。

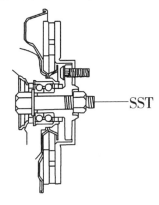
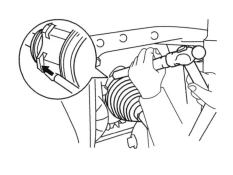

图4-25　安装前桥总成　　　　图4-26　安装前桥左半轴总成

注意：使开口侧向下安装卡环；不要损坏油封、防尘套和防尘罩。

(2) 安装前桥右半轴总成。

注意：执行与左侧相同的程序。

(3)安装前桥总成。

(4)安装前悬架下臂。

(5)安装前稳定杆连杆总成。

(6)连接横拉杆接头分总成。

(7)安装前制动盘。

(8)安装前盘式制动器制动钳总成。

(9)安装前挠性软管。

(10)安装前轮速传感器。

(11)安装前桥轮毂螺母。

①用非残留性溶剂清洁驱动轴上的带螺纹零件和车桥轮毂螺母。

注意：新的驱动轴应确保执行此工作；使带螺纹的零件远离油液和异物。

②使用套筒扳手(30mm)，安装新的车桥轮毂螺母。力矩为216N·m。

③使用冲子和锤子锁紧前桥轮毂螺母，如图4-27所示。

(12)加注手动传动桥/自动传动桥油。

(13)检查手动传动桥/自动传动桥油。

(14)安装前轮。力矩为103N·m。

(15)检查并调整前轮定位。

(16)检查转速传感器信号。

(17)安装发动机后部左侧底罩。

(18)安装发动机后部右侧底罩。

(19)安装发动机1号底罩。

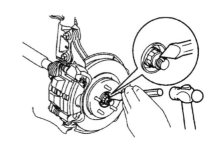

图4-27 锁紧前桥轮毂螺母

二、万向节的检查和更换

1 实训器材

(1)车辆：丰田卡罗拉汽车。

(2)普通工具：组合工具、螺丝刀、台虎钳、卡环扩张器、冲子、铜棒、锤子、压力机、塑料锤、水泵钳子。

(3)专用工具：SST 09950-00020 轴承拆卸工具、SST09527-10011 后桥半轴轴承拆卸工具。

(4)其他：润滑脂。

2 准备工作

(1)汽车进入工位前，将工位清理干净，准备好相关的器材。

(2) 将汽车停驻在举升机中央位置。

(3) 拉紧驻车制动器操纵杆,并将变速杆置于空挡位置,如图1-16所示。

(4) 套上转向盘护套、变速杆手柄套和座椅套,铺设脚垫。

(5) 在车内拉动发动机舱盖开启手柄,在车外打开并支撑发动机舱盖,如图1-17所示。

(6) 粘贴翼子板和前脸磁力护裙。

3 操作步骤

1) 万向节的拆解

(1) 拆卸前桥内侧万向节防尘罩2号卡夹。用螺丝刀松开防尘套卡夹的锁紧部件并分离防尘套卡夹,如图4-28所示。

(2) 拆卸前桥内侧万向节防尘套卡夹。用螺丝刀松开防尘套卡夹的锁紧部件并分离防尘套卡夹,如图4-29所示。

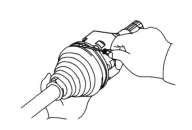 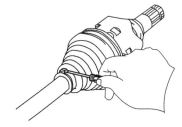

图4-28　拆卸前桥内侧万向节防尘罩2号卡夹　　图4-29　拆卸前桥内侧万向节防尘套卡夹

(3) 分离前桥内侧万向节防尘套。将内侧万向节防尘套从内侧万向节密封垫上分离。

(4) 拆卸前桥左半轴内侧万向节总成。

①清除内侧万向节上的所有旧润滑脂。

②在内侧万向节和外侧万向节轴上做好装配标记,如图4-30所示。

注意:不要冲出标记。

③将内侧万向节从外侧万向节轴上拆下。

④在台虎钳上的两个铝板之间夹住外侧万向节轴。

注意:不要过度紧固台虎钳。

⑤使用卡环扩张器,拆下轴卡环,如图4-31所示。

⑥在外侧万向节轴上和三销架上设置装配标记。

注意:不要冲出标记。

 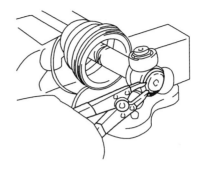

图 4-30　做装配标记　　　　图 4-31　拆下轴卡环

⑦用铜棒和锤子从外侧万向节轴上敲出三销架,如图 4-32 所示。

注意:不要敲击滚子。

(5)拆卸前桥右半轴内侧万向节总成。

注意:执行与左侧相同的程序。

(6)拆卸前桥内侧万向节密封垫。将内侧万向节密封垫从内侧万向节上拆下,如图 4-33 所示。

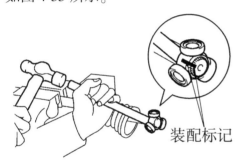 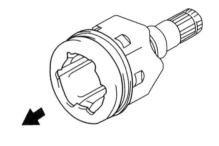

图 4-32　敲出三销架　　　　图 4-33　拆卸前桥内侧万向节密封垫

(7)拆卸前桥内侧万向节防尘套。拆下内侧万向节防尘套,内侧万向节防尘套 2 号卡夹和内侧万向节防尘套卡夹。

(8)拆卸前桥右半轴减振器卡夹(右侧)。如图 4-34 所示,用尖嘴钳拆下 2 个驱动轴减振器卡夹。

(9)拆卸前桥右半轴减振器(右侧)。将前桥半轴减振器从外侧万向节轴上拆下。

(10)拆卸前桥外侧万向节防尘套 2 号卡夹(左侧)。用螺丝刀松开防尘套卡夹的锁紧部件并拆下防尘套卡夹,如图 4-35 所示。

(11)拆卸前桥外侧万向节防尘套卡夹(左侧)。用螺丝刀松开防尘套卡夹的锁紧部件并拆下防尘套卡夹,如图 4-36 所示。

(12)拆卸左前桥外侧万向节防尘套(左侧)。

①从外侧万向节轴上拆下外侧万向节防尘套。

②清除外侧万向节上的所有旧润滑脂。

(13) 拆卸前桥左半轴孔卡环。用螺丝刀拆下孔卡环,如图 4-37 所示。

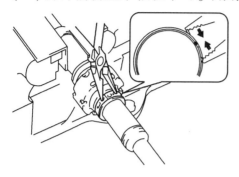

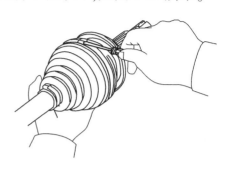

图 4-34　拆卸前桥右半轴减振器卡夹　　图 4-35　拆卸前桥外侧万向节防尘套 2 号卡夹

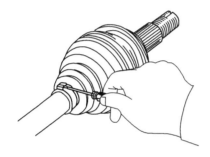

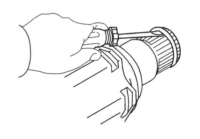

图 4-36　拆卸前桥外侧万向节防尘套卡夹　　图 4-37　拆卸前桥左半轴孔卡环

(14) 拆卸前桥右半轴卡环。

注意:执行与左侧相同的程序。

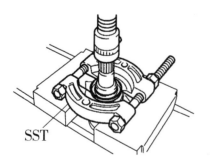

图 4-38　拆卸前桥左半轴防尘罩

(15) 拆卸前桥左半轴防尘罩。使用 SST 和压力机压出半轴防尘罩,如图 4-38 所示(使用 SST09950-00020)。

注意:不要掉落内侧万向节。

(16) 拆卸前桥右半轴防尘罩。

注意:执行与左侧相同的程序。

2) 万向节的检查

万向节的检查如图 4-39 所示。

(1) 检查并确定外侧万向节在径向上没有过大间隙。

(2) 检查并确定内侧万向节在止推方向上滑动顺畅。

(3) 检查并确定内侧万向节在径向上没有过大间隙。

(4)检查防尘套是否损坏。

注意:在检查过程中保持驱动轴总成水平。

检查尺寸(A)如图4-40所示。尺寸(A)的标准值见表4-1。

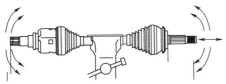

图4-39 万向节检查

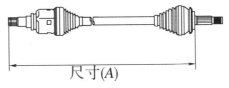

图4-40 检查尺寸(A)

尺寸(A)标准值(单位:mm)　　　表4-1

发动机型号	左侧驱动轴(尺寸)	右侧驱动轴(尺寸)
1ZR-FE	587.6	590.9
2ZR-FE	867.6	870.9

3)万向节的装配

(1)安装前桥左半轴防尘罩。使用SST和压力机,压进一个新的半轴防尘罩,如图4-41所示。使用SST09527-10011。

注意:防尘罩应完全安装到位;注意不要损坏防尘罩。

(2)安装前桥右半轴防尘罩。

注意:执行与左侧相同的程序。

(3)安装前桥左半轴孔卡环。安装一个新的孔卡环。

(4)安装前桥右半轴孔卡环。

注意:执行与左侧相同的程序。

(5)安装左前桥外侧万向节防尘套(左侧),如图4-42所示。

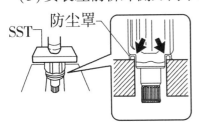

图4-41 安装前桥左半轴防尘罩

图4-42 安装左前桥外侧万向节防尘套

①使用保护性胶带缠绕外侧万向节轴的花键。

注意:在安装防尘套之前,请用塑料带缠绕驱动轴的花键,以防止防尘套损坏。

②按以下顺序,将新零件安装到外侧万向节轴上。

a.2号外侧万向节防尘套卡夹。

b. 外侧万向节防尘套。

c. 外侧万向节防尘套卡夹。

③用防尘套维修组件中的润滑脂涂抹外侧万向节轴和防尘套。标准润滑脂容量为135~145g。

④将外侧万向节防尘套安装在外侧万向节轴槽上。

注意:槽里不能有润滑脂。

(6)安装前桥外侧万向节防尘套2号卡夹(左侧)。

注意:佩戴保护手套以防伤手。

①将防尘套卡夹安装到外侧万向节防尘套上并暂时将杠杆折回,如图4-43所示。

注意:将杠杆正确地安装至导槽,将卡夹安装至车辆内侧尽可能远处;将杠杆折回前,并确定箍带和杠杆没有变形。

图4-43 安装外侧万向节防尘套(一)

②朝工作面按压外侧万向节,同时把身体质量倚靠到手上并向前转动外侧万向节。转动外侧万向节并折叠直至听到"咔嗒"声,如图4-44所示。

注意:不要损坏导流板;确保外侧万向节与工作面直接接触。

③调整杠杆和槽之间的间隙以使锁扣边缘和杠杆端之间的间隙均匀,同时用塑料锤敲击锁扣将其固定,如图4-45所示。

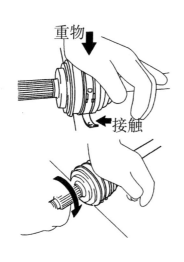

图4-44 安装外侧万向节防尘套(二)

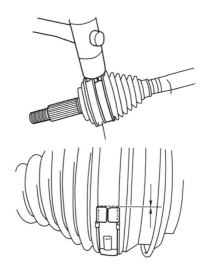

图4-45 安装外侧万向节防尘套(三)

注意：不要损坏外侧万向节防尘套。

(7) 安装前桥外侧万向节防尘套卡夹(左侧)。

注意：佩戴保护手套以防伤手。

① 将防尘套卡夹安装到外侧万向节防尘套上并暂时将杠杆折回,如图 4-46 所示。

注意：将杠杆正确地安装至导槽;将杠杆折回前,检查并确定箍带和杠杆没有变形。

② 用水泵钳子,捏住防尘套卡夹,暂时将其固定,如图 4-47 所示。

图 4-46 安装前桥外侧万向节防尘套卡夹(一)

③ 调整杠杆和槽之间的间隙以使锁扣边缘和杠杆端之间的间隙均匀,同时用塑料锤敲击锁扣将其固定,如图 4-48 所示。

注意：不要损坏外侧万向节防尘套。

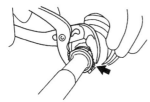

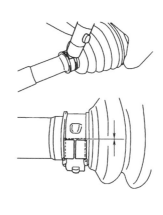

图 4-47 安装前桥外侧万向节防尘套卡夹(二)

图 4-48 安装前桥外侧万向节防尘套卡夹(三)

(8) 安装前桥右半轴减振器(右侧)。

① 按以下顺序,将零件安装到外侧万向节轴上。

a. 驱动轴减振器卡夹。

b. 驱动轴减振器。

c. 驱动轴减振器卡夹。

② 确保减振器在轴的凹槽上。

③ 按下述规定设置距离,如图 4-49 所示。标准距离为 458.0~462.0mm。

(9) 安装前桥右半轴减振器卡夹(右侧)。

① 在台虎钳上的两个铝板之间夹住前桥半轴。

②将驱动轴减振器卡夹安装至减振器。

注意：确保将卡夹安装到正确的位置。

③如图4-50所示，用尖嘴钳安装2个驱动轴减振器卡夹。

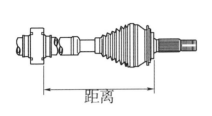
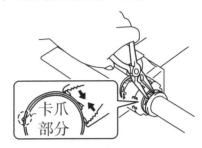

图4-49　设置距离　　　图4-50　安装驱动轴减振器卡夹

（10）暂时安装前桥内侧万向节防尘套。

①用聚氯乙烯绝缘带缠绕外侧万向节轴的花键，以防止防尘套损坏，如图4-51所示。

注意：在安装防尘套之前，请用聚氯乙烯绝缘带缠绕驱动轴的花键，以防止防尘套损坏。

②按以下顺序，将新零件安装到外侧万向节轴上。

a. 内侧万向节防尘套卡夹。

b. 内侧万向节防尘套。

c. 2号内侧万向节防尘套卡夹。

（11）安装前桥内侧万向节密封垫，如图4-52所示。将一个新的内侧万向节密封垫安装到内侧万向节槽上。

注意：将内侧万向节密封垫上的凸出部分牢固地安装至内侧万向节槽。

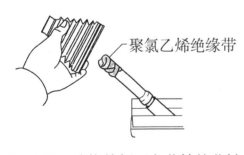
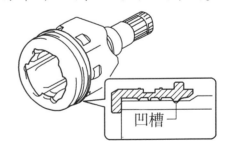

图4-51　缠绕外侧万向节轴的花键　　　图4-52　安装前桥内侧万向节密封垫

（12）安装前桥左半轴内侧万向节总成。

①使三销架轴向花键的斜面朝向外侧万向节。

②在拆卸之前，对准做好的装配标记，如图4-53所示。

③用铜棒和锤子,把三销轴式准等速万向节敲进驱动轴。

注意:不要敲击滚子;确保以正确方向安装三销架。

④用防尘套维修组件中的润滑脂涂抹内侧万向节轴和防尘套。标准润滑脂容量为175~185g。

⑤使用卡夹扩张器,安装一个新的半轴卡环,如图4-31所示。

⑥对准装配标记,将内侧万向节安装至外侧万向节轴,如图4-30所示。

(13)安装前桥右半轴内侧万向节总成。

注意:执行与左侧相同的程序。

(14)安装前桥内侧万向节防尘套。将内侧万向节防尘套安装至内侧万向节密封垫和外侧万向节轴的槽中。

注意:槽里不能有润滑脂。

(15)安装前桥内侧万向节防尘套卡夹。

注意:佩戴保护手套以防伤手。

①将防尘套卡夹安装到内侧万向节防尘套上并暂时将杠杆折回,如图4-54所示。

注意:将杠杆正确地安装至导槽;将杠杆折回前,检查并确定箍带和杠杆没有变形。

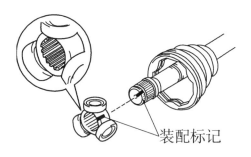

图4-53 对准装配标记

图4-54 安装前桥内侧万向节防尘套卡夹(一)

②用水泵钳子,捏住防尘套卡夹,暂时将其固定,如图4-55所示。

③调整杠杆和槽口之间的间隙以使锁扣边缘和杆端之间的间隙均匀,同时用塑料锤敲击锁扣将其固定,如图4-56所示。

注意:不要损坏内侧万向节防尘套。

(16)安装前桥内侧万向节防尘套2号卡夹。

①将防尘套卡夹安装到内侧万向节防尘套上。

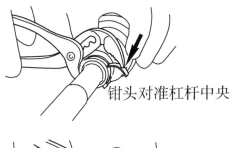

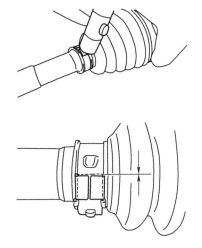

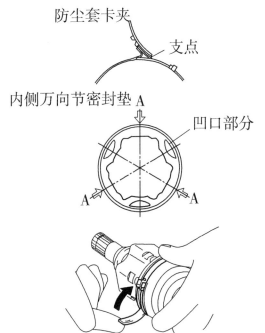

图4-55　安装前桥内侧万向节防尘套卡夹(二)

图4-56　安装前桥内侧万向节防尘套卡夹(三)

图4-57　安装前桥内侧万向节防尘套2号卡夹(一)

②保持尺寸(A)在规定长度内,同时将内侧万向节密封垫的凹陷部位拉出,使内侧万向节的内部暴露在大气压力下。

③如图4-57所示,将杠杆支点设置在任一A点处并暂时弯曲杠杆。

注意:佩戴保护手套以防伤手

小心:执行该操作时,内侧万向节的内部必须保持在大气压力下;将杠杆正确地安装至导槽,将卡夹尽可能靠近车辆内侧安装;将杠杆折回前,检查并确定箍带和杠杆没有变形。

④朝工作面按压内侧万向节,同时把身体质量集中到手上并向前转动内侧万向节。转动内侧万向节并折起杠杆直至听到"咔嗒"声,如图4-58所示。

注意:不要损坏导流板;确保内侧万向节与工作面直接接触。

⑤调整杆和槽之间的间隙以使锁扣边缘和杠杆端之间的间隙均匀,同时用塑料锤敲击锁扣将其固定,如图4-59所示。

注意：不要损坏内侧万向节防尘套。

(17) 检查前桥半轴。

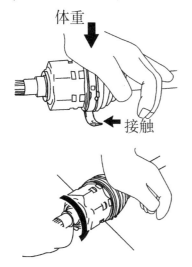

图 4-58　安装前桥内侧万向节
防尘套 2 号卡夹（二）

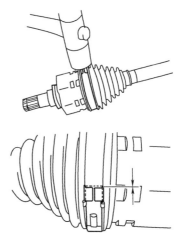

图 4-59　安装前桥内侧万向节
防尘套 2 号卡夹（三）

小结

1. 万向传动装置的功用是在轴线相交且相互位置经常发生变化的两转轴之间传递动力。万向传动装置主要包括万向节和传动轴。

2. 万向传动装置在汽车上的应用主要有以下 5 方面：变速器与驱动桥之间；变速器与分动器、分动器与驱动桥之间（越野汽车）；转向驱动桥的内、外半轴之间；断开式驱动桥的半轴之间；转向机构的转向轴和转向器之间。

3. 在汽车上使用的万向节按其刚度大小，可分为刚性万向节和柔性万向节。刚性万向节按其速度特性分为不等速万向节（常用的为十字轴式）、准等速万向节（双联式和三销轴式）和等速万向节（包括球叉式和球笼式等）。

4. 十字轴式刚性万向节主要由十字轴、万向节叉等组成。单个十字轴式刚性万向节在主动轴和从动轴之间有夹角的情况下，当主动叉等角速转动时，从动叉是不等角速的，这称为十字轴式刚性万向节的不等速特性。实现两轴间的等角速传动的具体条件是：第一万向节两轴间夹角 α_1 与第二万向节两轴间夹角 α_2 相等；第一万向节的从动叉与第二万向节的主动叉处于同一平面。

5. 等速万向节的工作原理是保证万向节在工作过程中，其传力点永远位于两轴交角的平分面上。

6. 传动轴是万向传动装置中的主要传力部件,通常用来连接变速器(或分动器)和驱动桥,在转向驱动桥和断开式驱动桥中,则用来连接差速器和驱动车轮。传动轴分段时需加中间支承,中间支承通常装在车架横梁上,能补偿传动轴轴向和角度方向的安装误差,以及汽车行驶过程中因发动机窜动或车架变形等引起的位移。

复习思考题

一、简答题

1. 举例说明万向传动装置在汽车上的典型应用。
2. 什么是十字轴万向节的不等速特性?如何才能实现等速传动?
3. 常用的等速万向节有哪些?各有什么特点?

二、选择题

1. 不等速万向节指的是(　　)。
   A. 球叉式万向节　　　　　　　　B. 三销轴式万向节
   C. 十字轴刚性万向节　　　　　　D. 球笼式万向节
2. 十字轴式不等速万向节,当主动轴转过一周时,从动轴转过(　　)。
   A. 一周　　　B. 小于一周　　　C. 大于一周　　　D. 不一定
3. 等速万向节的基本原理是从结构上保证万向节在工作过程中,其传力点永远位于两轴交角的(　　)。
   A. 平面上　　　B. 垂直平面上　　　C. 平分面上　　　D. 平行面上

三、判断题

1. 汽车行驶中,传动轴的长度可以自动变化。　　　　　　　　　　　　(　　)
2. 传动轴的安装,应注意使两端万向节叉位于同一平面内。　　　　　　(　　)

第五章 驱动桥

学习目标

1. 了解驱动桥的组成及种类；
2. 掌握主减速器的功用、类型及结构；
3. 掌握差速器的结构及工作原理；
4. 掌握差速器的拆装方法。

第一节 驱动桥的组成、功用和分类

一、驱动桥的组成

驱动桥是传动系统的最后一个总成，一般由主减速器、差速器、半轴和桥壳等组成，如图5-1所示。驱动桥的主要零部件都装在驱动桥的桥壳中。

图5-1 驱动桥的组成

驱动桥组成

二、驱动桥的功用

驱动桥的功用是将由万向传动装置传来的发动机转矩传给驱动车轮，并经降速增矩、改变动力传动方向，使汽车行驶，而且允许左右驱动车轮以不同的转速旋转。

三、驱动桥的分类

按照悬架结构的不同,驱动桥可以分为整体式驱动桥和断开式驱动桥。整体式驱动桥又称非断开式驱动桥。

整体式驱动桥与非独立悬架配用。其驱动桥壳为一个刚性的整体,驱动桥两端通过悬架与车架或车身连接,左右半轴始终在一条直线上,即左右驱动轮不能相互独立地跳动。当某一侧车轮通过地面的凸出物或凹坑升高或下降时,整个驱动桥及车身都要随之发生倾斜,车身波动大。

断开式驱动桥与独立悬架配用。其主减速器固定在车架或车身上,驱动桥壳制成分段并用铰链连接,半轴也分段并用万向节连接。驱动桥两端分别用悬架与车架或车身连接。这样,两侧驱动车轮及桥壳可以彼此独立地相对于车架或车身上下跳动。

第二节 主减速器

一、主减速器的功用

主减速器的功用有:将发动机转矩传给差速器;在动力的传动过程中将转矩增大并相应降低转速;对于纵置发动机,将转矩的旋转方向改变90°。

二、主减速器的类型

按参加传动的齿轮副数目,可分为单级式主减速器和双级式主减速器。有些重型汽车又将双级式主减速器的第二级圆柱齿轮传动设置在两侧驱动车轮附近,称为轮边减速器。

按主减速器传动比个数,可分为单速式和双速式主减速器。单速式主减速器的传动比是固定的,而双速式主减速器则有两个传动比供驾驶人选择。

按齿轮副结构形式,可分为圆柱齿轮式(又可分为定轴轮系和行星轮系)主减速器和锥齿轮式(又可分为螺旋锥齿轮式和准双曲面锥齿轮式)主减速器。

三、单级主减速器

单级主减速器结构简单、质量小、体积小、传动效率高。

对于发动机纵向布置的汽车,由于需要改变动力传递方向,单级主减速器都采用一对锥齿轮传动,如桑塔纳2000等。图5-2所示为桑塔纳2000汽车主减速器和差速器图。由于发动机前置前轮驱动,整个传动系统都集中布置在汽车前部,因此其主减速器装于变速器壳体内,没有专门的主减速器壳体。由于省去了变速器到主减速器之间的万向传动装置,所以变速器输出轴即为主减速器主动轴。

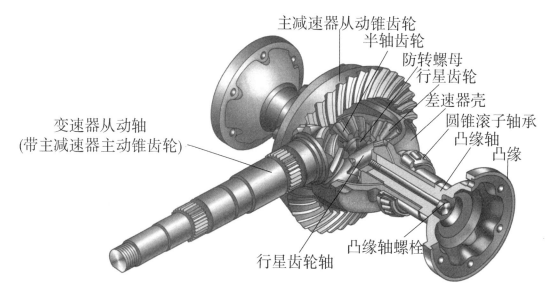

图 5-2　桑塔纳 2000 汽车主减速器和差速器

对于发动机横向布置的汽车,单级主减速器采用一对圆柱齿轮即可,如别克凯越、丰田卡罗拉等。图 5-3 所示为别克凯越汽车主减速器和差速器的零件分解图。

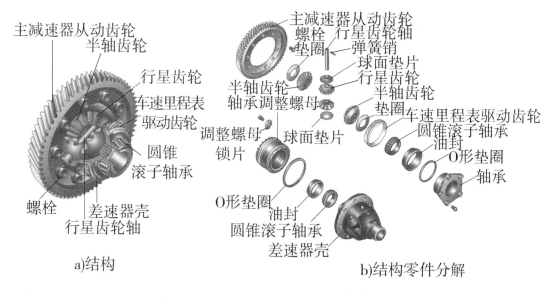

a) 结构　　　　　　　　　　　　b) 结构零件分解

图 5-3　别克凯越汽车主减速器和差速器的零件分解图

四、双级主减速器

有些汽车需要较大的主减速器传动比,单级主减速器已不能满足足够的离地间隙,这就需要采用由两对齿轮降速的双级主减速器。图 5-4 所示为解放 CA1092 汽车的双级主减速器。

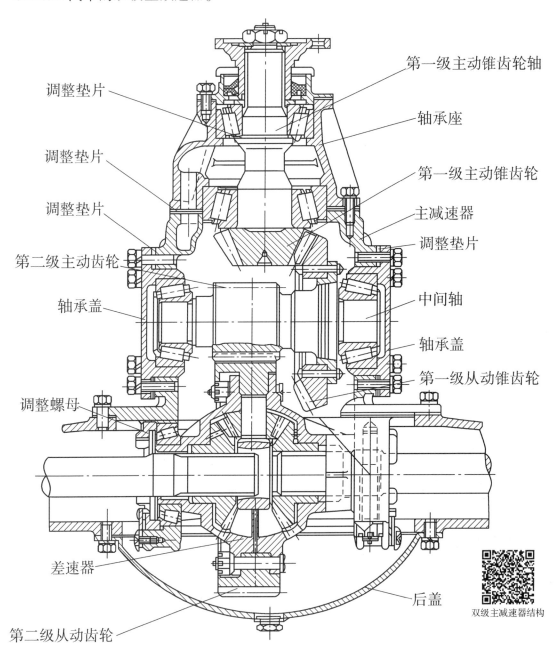

图 5-4　解放 CA1092 型汽车的双级主减速器

第一级传动为第一级主动锥齿轮和第一级从动锥齿轮,这是一对螺旋锥齿轮,而不是桑塔纳 2000 型汽车和东风 EQ1090 汽车主减速器采用的准双曲面齿轮,其传动比为 25/13 = 1.923;第二级传动为第二级主动齿轮和第二级从动齿轮,这是一对斜齿圆柱齿轮,其传动比为 45/15 = 3。

第一级主动锥齿轮和第一级主动齿轮轴制成一体,用两个圆锥滚子轴承(相距较远)支承在轴承座的座孔中,因主动锥齿轮悬伸在两轴承之后,故称为悬臂式支承。第一级从动锥齿轮用铆钉铆接在中间轴的凸缘上。第二级主动齿轮与中间轴制成一体,用两个圆锥滚子轴承支承在两端轴承盖的座孔中,轴承盖用螺栓与主减速器壳固定连接。第二级从动齿轮夹在左右两半差速器壳之间,并用螺栓将其紧固在一起,其支承形式与东风 EQ1090 型汽车主减速器中差速器壳的支承形式相同。

第三节 差 速 器

一、差速器的功用、类型

差速器的功用是将主减速器传来的动力传给左、右两半轴,并在必要时允许左、右半轴以不同转速旋转,使左、右驱动轮相对地面是纯滚动而不是滑动。

当汽车转弯行驶时,内、外两侧车轮中心在同一时间内移过的曲线距离显然不同,即外侧车轮移过的距离大于内侧车轮,如图 5-5 所示。若两侧车轮都固定在同一刚性转轴上,两轮角速度相等,则此时外轮必然是边滚动边滑移,内轮必然是边滚动边滑转。

同样,汽车在不平路面上直线行驶时,两侧车轮实际移过的曲线距离也不相等。因此在角速度相同的条件下,在波形较显著的路面上运动的一侧车轮是边滚动边滑移,另一侧车轮则是边滚动边滑转。即使路面非常平直,但由于轮胎存在制造尺寸误差,磨损程度不同,承受的载荷不同或充气压力不等,各个轮胎的滚动半径实际上不可能相

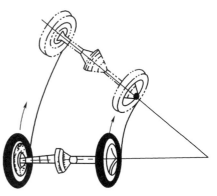

图 5-5 汽车转向时驱动轮的运动示意图

等,因此,只要各轮角速度相等,车轮对路面的滑动就必然存在。

车轮对路面的滑动不仅会加速轮胎磨损,增加汽车的动力消耗,而且可能导致转向和制动性能的恶化。所以,在正常行驶条件下,应使车轮尽可能不发生滑动,差速器的作用就在于此。

差速器按其工作特性可分为普通齿轮差速器和防滑差速器两大类。

二、普通齿轮差速器的结构和工作原理

应用最广泛的普通齿轮差速器为锥齿轮差速器,图5-6所示为桑塔纳汽车差速器。

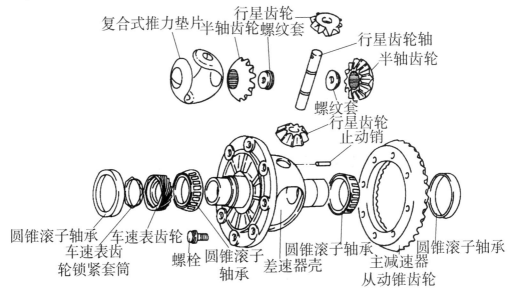

图5-6 桑塔纳2000汽车差速器

(1)结构。由差速器壳、行星齿轮轴、2个行星齿轮、2个半轴齿轮、球面垫片和垫圈等组成。行星齿轮轴装入差速器壳体后用弹簧销定位。行星齿轮和半轴齿轮的背面制成球面,与球面垫片和垫圈相配合,以减摩、耐磨。螺纹套用于紧固半轴齿轮。差速器通过一对圆锥滚子轴承支承在变速器壳体中。

(2)工作原理。差速器的工作原理如图5-7所示。两个齿条a、b和行星齿轮啮合,且两个齿条质量相等,当向上拉起行星齿轮时,两个齿条一起被拉起;当a齿条受到阻力时,向上拉起行星齿轮必导致齿条b向上移动。齿条a、b相当于差速器中的半轴齿轮。

差速器的差速原理如图5-8所示。主减速器传来的动力带动差速器壳转动,经过行星齿轮轴、行星齿轮、半轴齿轮、半轴,最后传给两侧驱动轮。

驱动轴在差速器内分成左右两段,并装上半轴齿轮。差速器壳固定在从动锥

齿轮上,半轴齿轮和行星齿轮啮合,行星齿轮支承在差速器壳上。当从动锥齿轮旋转时,行星齿轮公转。当单侧半轴齿轮受到阻力时,行星齿轮一边公转,一边自转。

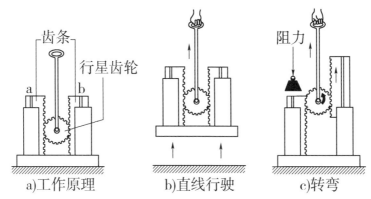

图 5-7 差速器工作原理

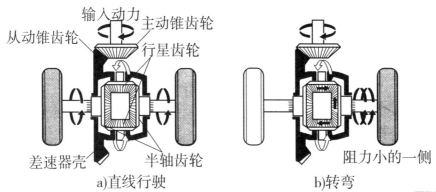

图 5-8 差速器差速原理

直线行驶:行星齿轮公转,没有自转。

左转弯:行星齿轮一边公转,一边绕着左侧半轴齿轮自转。

差速器基本原理

如果行星齿轮公转100周,则在直线行驶时,左右两行星齿轮加起来就公转200周。在转弯时,若左边的行星齿轮公转50周,则右边的行星齿轮就转150周,左右两行星齿轮共转200周。

第四节 半轴与驱动桥壳

一、半轴

半轴的功用是将差速器传来的动力传给驱动轮。因其传递的转矩较大,常制成实心轴。

半轴的结构因驱动桥结构形式的不同而异。整体式驱动桥中的半轴为一刚性整轴,如图 5-9 所示,在转向驱动桥和断开式驱动桥中的半轴则分段并用万向节连接。

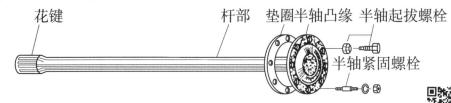

图 5-9　汽车半轴

现代汽车常采用的半轴支承形式分为全浮式和半浮式。

（1）全浮式半轴支承。全浮式半轴支承广泛应用于各型货车上,图 5-10 所示为全浮式半轴支承的示意图。半轴外端锻造有半轴凸缘,用螺栓紧固在轮毂上,轮毂用一对圆锥滚子轴承支承在半轴套管上,半轴套管与空心梁压配成一体,组成驱动桥壳。这种半轴支承形式,半轴与桥壳没有直接联系,半轴只在两端承受转矩,不承受其他任何反力和弯矩,所以称为全浮式半轴支承。

（2）半浮式半轴支承。图 5-11 所示为半浮式半轴支承的示意图。半轴用一个圆锥滚子轴承直接支承在桥壳凸缘的座孔内。车轮与桥壳之间无直接联系,而支承于悬伸出的半轴外端。因此,地面作用于车轮的各种反力都须经半轴外端的悬伸部分传给桥壳,使半轴外端不仅要承受转矩,而且还要承受各种反力及其形成的弯矩。半轴内端通过花键与半轴齿轮连接,不承受弯矩,故称这种支承形式为半浮式半轴支承。

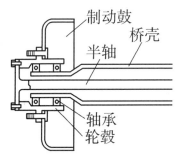 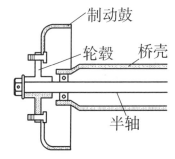

图 5-10　全浮式半轴支承示意图　　图 5-11　半浮式半轴支承示意图

二、驱动桥壳

驱动桥壳既是传动系统的组成部分,也是行驶系统的组成部分。作为传动系统的组成部分,其功用是安装并保护主减速器、差速器和半轴。作为行驶系统的组成部分,其功用是安装悬架或轮毂,和从动桥一起支承汽车悬架以上各部分质量,承受驱动轮传来的反力和力矩,并在驱动轮与悬架之间传力。

驱动桥壳可分为整体式驱动桥壳和分段式驱动桥壳两种类型。整体式驱动桥壳一般是铸造制成的,具有较大的强度和刚度,且便于主减速器的拆装和调整,适用于中型以上货车。分段式驱动桥壳一般分为两段,由螺栓将其连成一体,现已很少应用。

第五节 防滑差速器

普通齿轮差速器使汽车通过坏路面的行驶能力受到限制,为了提高汽车通过坏路面的能力,可采用防滑差速器。当汽车某一侧驱动轮发生滑转时,差速器的差速作用即被锁止,并将大部分或全部转矩分配给未滑转的驱动轮,充分利用未滑转车轮与地面之间的附着力,以产生足够的牵引力使汽车继续行驶。

一、强制锁止式差速器

图 5-12 所示为汽车强制锁止式差速器。由牙嵌式接合器及其操纵机构两大部分构成差速锁。牙嵌式接合器的固定接合套用花键与差速器壳左端连接,并用弹性垫圈轴向限位。滑动接合套用花键与半轴连接,并可在轴上轴向滑动。操纵机构的拨叉安装在拨叉轴上,并可沿导向轴轴向滑动,其叉形部分插入滑动接合套的环槽中。

当汽车在良好路面上行驶时,不需要锁止差速器,牙嵌式接合器的固定接合套与滑动接合套处于分离状态,即为普通行星锥齿轮差速器。

当汽车通过不良路面需要锁止时,通过驾驶人的操纵,压缩空气由气管接头进入气动活塞缸左腔,推动活塞右移,并经调整螺钉和拨叉轴推动拨叉压缩弹簧右移,从而拨动滑动接合套左移与固定接合套嵌合,将左半轴与差速器壳连成一个整体,则左右两半轴转矩便可全部分配给良好路面上的车轮。与此同时,差速锁指示灯开关接通,驾驶室内指示灯亮,以提醒驾驶人差速器处于锁止状态,汽车驶出不良路面后应及时摘下差速锁。

当汽车通过不良路面后驶上良好路面时,需要解除差速器的锁止,可通过操纵机构放掉汽缸内压缩空气,作用在活塞左端面的空气压力消失,拨叉及滑动接合套在弹簧作用下左移回位,接合器分离,差速器恢复差速作用,同时差速器指示灯熄灭。

二、自锁式差速器

自锁式差速器有摩擦片式、滑块凸轮式等多种结构形式。图 5-13 所示为摩擦片式自锁式差速器。

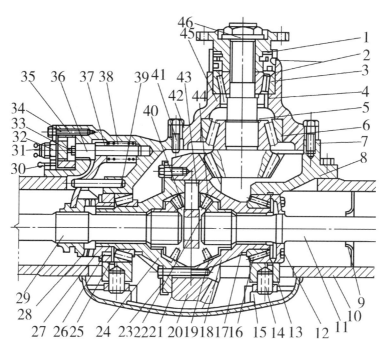

图 5-12 强制锁止式差速器

1-传动凸缘;2-油封;3-轴承;4-调整隔圈;5-主减速器主动锥齿轮;6-轴承;7-调整垫片;8-主减速器壳;9-挡油盘;10-桥壳;11-半轴;12-带挡油盘的调整垫片;13-轴承盖;14-定位销;15-集油槽;16-轴承;17-差速器壳;18-推力垫片;19-半轴齿轮;20-主减速器从动锥齿轮;21-锁板;22-衬套;23-螺栓;24-差速器壳;25-调整螺母;26-固定接合套;27-弹性垫圈;28-滑动接合套;29-半轴;30-气管接头;31-带密封圈的活塞;32-差速锁指示灯开关;33-调整螺钉及其锁紧螺母;34-缸盖;35-缸体;36-拨叉轴;37-拨叉;38-弹簧;39-导向轴;40-行星齿轮;41-密封圈;42-螺栓;43-十字轴;44-推力垫圈;45-轴承座;46-螺母

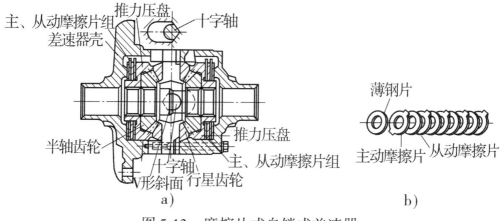

图 5-13 摩擦片式自锁式差速器

在两半轴齿轮背面与差速器壳之间各安装了一套摩擦式离合器,该离合器由推力压盘、主、从动摩擦片组成。推力压盘以内花键与半轴连接,外花键与从动摩擦片的内花键连接。主动摩擦片的外花键与差速器壳的内花键连接。主、从动摩擦片及推力压盘均可做微小的轴向移动。十字轴由两根互相垂直的行星齿轮轴组成,其轴颈端部均切有凸 V 形斜面,差速器壳上的配合孔较大,相应地也加工有凹 V 形斜面。两面行星齿轮轴的 V 形面是反向安装的。

当汽车直线行驶、两半轴无转速差时,转矩平均分配给两半轴。由于差速器壳通过 V 形斜面驱动行星齿轮轴,在传递转矩时,斜面上产生的等于差速器轴线的轴向分力的力迫使两根行星齿轮轴分别向左右方向略微移动,通过行星齿轮推动推力压盘压紧摩擦片。此时转矩经两条路线传给半轴:一路经行星齿轮轴、行星齿轮和半轴齿轮将大部分转矩传给半轴;另一路则由差速器壳,主、从动摩擦片,推力压盘传给半轴。

当汽车转弯或一侧车轮在不良路面上滑转时,行星齿轮自转,差速器起差速作用,使左、右半轴转速不相等。由于转速差及轴向力的存在,主、从动摩擦片间将产生摩擦力矩,且经从动摩擦片及推力压盘传给两半轴的摩擦力矩方向相反;与转速快的半轴的转向相反,而与转速慢的半轴的转向相同。因而使得转速慢的半轴所分配到的转矩大于转速快的半轴所分配到的转矩。摩擦作用越强,两半轴的转矩差越大,最大可达 5~7 倍。摩擦片式自锁式差速器结构简单、工作平稳,多用于汽车或轻型货车。

三、托森差速器

图 5-14 所示为奥迪 A4 全轮驱动汽车前后驱动桥之间采用的新型托森差速器。"托森"表示"转矩—灵敏",它是一种轴间自锁差速器,装在变速器后端。转矩由变速器输出轴传给托森差速器,再由差速器直接分配给前驱动桥和后驱动桥。

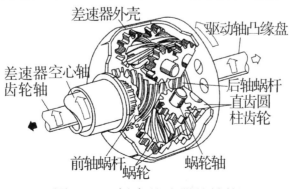

图 5-14 托森差速器的结构

托森差速器由差速器壳、蜗轮(6个)、蜗轮轴(6根)、直齿圆柱齿轮(12个)及前后轴蜗杆等组成。当前、后驱动桥无转速差时,蜗轮绕自身轴自转。各蜗轮、蜗杆与差速器壳一起等速转动,差速器不起差速作用。当前、后驱动桥需要有转速差,例如,汽车转弯时,因前轮转弯半径大,差速器起差速作用。此时,蜗轮除公转传递动力外,还要自转。直齿圆柱齿轮的相互啮合,使前后蜗轮自转方向相反,从而使前轴蜗杆转速增加,后轴蜗杆转速减小,实现了差速。托森差速器起差速作用时,由于蜗杆、蜗轮啮合副之间的摩擦作用,转速较低的后驱动桥比转速较高的前驱动桥所分配到的转矩大。若后桥分配到的转矩大到一定程度而出现滑转时,则后桥转速升高一点,转矩又立刻重新分配给前桥一些,所以驱动力的分配可根据转弯的要求自动调节,使汽车转弯时具有良好的驾驶性。当前、后驱动桥中某一桥因附着力小而出现滑转时,差速器起作用,将转矩的大部分分配给附着力好的另一驱动桥(最大可达3.5倍),从而提高了汽车通过坏路面的能力。

第六节　驱动桥的维修

丰田卡罗拉汽车差速器结构如图5-15所示。

1　实训器材

(1)车辆:丰田卡罗拉汽车。

(2)普通工具:组合工具、塑料锤、冲子、锤子、尖冲头(ϕ3mm)、扭力扳手、百分表、千分尺。

(3)其他:齿轮油、加热器。

2　准备工作

(1)汽车进入工位前,将工位清理干净,准备好相关的器材。

(2)将汽车停驻在举升机中央位置。

(3)拉紧驻车制动器操纵杆,并将变速杆置于空挡位置,如图1-16所示。

(4)套上转向盘护套、变速杆手柄套和座椅套,铺设脚垫。

(5)在车内拉动发动机舱盖开启手柄,在车外打开并支撑发动机舱盖,如图1-17所示。

(6)粘贴翼子板和前脸磁力护裙。

3　操作步骤

1)差速器的拆卸

(1)拆卸速度表主动齿轮。从前差速器壳上拆下速度表主动齿轮,如图5-16所示。

图 5-15 差速器分解图

（2）拆卸前差速器齿圈。

①在前差速器齿圈和前差速器壳上做好装配标记，如图 5-17 所示。

②拆下 8 个螺栓。

③用塑料锤从前差速器壳上拆下前差速器齿圈，如图 5-18 所示。

（3）检查前差速器半轴齿轮齿隙。将前差速器行星齿轮装配至前差速器壳侧。用百分表测量前差速器半轴齿轮齿隙，如图 5-19 所示。标准齿隙为 0.05～

0.20mm。如果齿隙超出规定范围,则更换半轴齿轮推力垫圈。

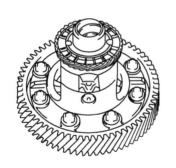

图 5-16 拆下(或安装)速度表主动齿轮

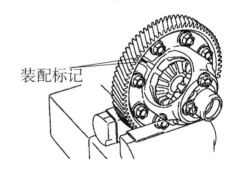

图 5-17 做装配标记

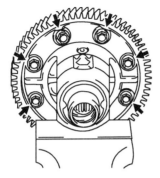

图 5-18 拆下前差速器齿圈

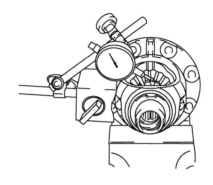

图 5-19 测量前差速器半轴齿轮齿隙

(4)拆卸前差速器行星齿轮轴直销。

①用冲子和锤子松开前差速器壳的锁紧部件,如图 5-20 所示。

②用尖冲头(φ3mm)和锤子从前差速器壳上拆下前差速器行星齿轮轴直销,如图 5-21 所示。

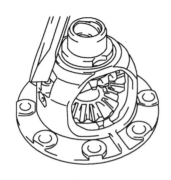

图 5-20 松开前差速器壳的锁紧部件

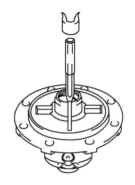

图 5-21 拆下前差速器行星齿轮轴直销

(5)拆卸前差速器1号行星齿轮轴。从前差速器壳上拆下前差速器1号行星齿轮轴,如图5-22所示。

(6)拆卸前差速器半轴齿轮。从前差速器壳上拆下2个前差速器行星齿轮、2个前差速器行星齿轮推力垫圈、2个前差速器1号半轴齿轮推力垫圈和2个前差速器半轴齿轮,如图5-23所示。

注意:转动前差速器行星齿轮,拆下2个行星齿轮和2个半轴齿轮。

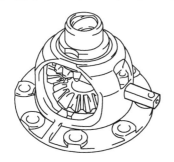 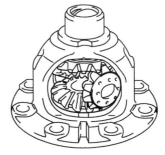

图5-22 拆下(或安装)前差速器 1号行星齿轮轴

图5-23 拆卸(或安装)前差速器半轴齿轮

2)差速器的检查

(1)检查前差速器行星齿轮推力垫圈。用千分尺测量前差速器行星齿轮推力垫圈的厚度,如图5-24所示。最小厚度为0.92mm。如果厚度小于最小值,更换前差速器行星齿轮推力垫圈。

(2)检查前差速器1号行星齿轮轴。用千分尺测量前差速器1号行星齿轮轴的外径,如图5-25所示。最小外径为16.982mm。如果外径小于最小值,更换前差速器1号行星齿轮轴。

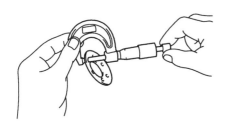 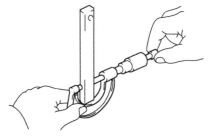

图5-24 测量前差速器行星齿轮 推力垫圈的厚度

图5-25 测量前差速器1号 行星齿轮轴的外径

3)差速器的装配

(1)安装前差速器半轴齿轮,如图5-23所示。

①在前差速器半轴齿轮滑动面和旋转面上涂抹齿轮油。

②将2个前差速器1号半轴齿轮推力垫圈安装至2个前差速器半轴齿轮。

③将2个前差速器半轴齿轮、2个前差速器行星齿轮和2个前差速器行星齿轮推力垫圈安装至前差速器壳。

注意：转动2个前差速器半轴齿轮，安装2个前差速器行星齿轮和2个前差速器行星齿轮推力垫圈。

（2）安装前差速器1号行星齿轮轴，如图5-22所示。

①在前差速器1号行星齿轮轴上涂抹通用润滑脂。

②将前差速器1号行星齿轮轴安装至前差速器壳，使前差速器行星齿轮轴直销孔与前差速器壳上的孔对准。

（3）调节前差速器半轴齿轮齿隙。将前差速器行星齿轮安装至前差速器壳侧，用百分表测量前差速器半轴齿轮齿隙，如图5-26所示。标准齿隙为0.05～0.20mm。如果齿隙超出规定范围，更换半轴齿轮推力垫圈，推力垫圈的厚度见表5-1。

推力垫圈厚度（单位：mm）　　　　表5-1

零 件 号	厚　　度	零 件 号	厚　　度
41361-22140	0.95	41361-22030	1.10
41361-22020	1.00	41361-22160	1.15
41361-22150	1.05	41361-22040	1.20

注意：由于推力垫圈没有任何可识别的标记，用千分尺测量其厚度以选择合适的推力垫圈，为左右两侧选择厚度相同的垫圈。

（4）安装前差速器行星齿轮轴直销。

①用尖冲头（φ3mm）和锤子将前差速器行星齿轮轴直销安装至前差速器壳，如图5-27所示。

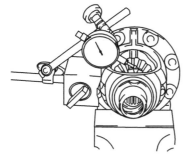

图5-26　测量前差速器半轴齿轮齿隙

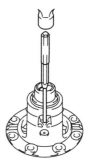

图5-27　安装前差速器行星齿轮轴直销

②用冲子和锤子锁紧前差速器壳孔,如图5-28所示。

(5)安装前差速器齿圈。

①清洁前差速器壳和齿圈的接触面。

②用加热器将前差速器齿圈加热到90~110℃,如图5-29所示。

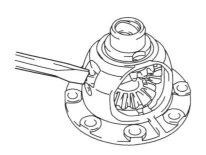
图5-28 锁紧前差速器壳孔

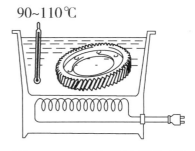
图5-29 加热差速器齿圈

③待前差速器齿圈上的水分完全蒸发后,将前差速器齿圈迅速安装至前差速器壳。

④对准2个装配标记,将前差速器齿圈迅速安装至前差速器壳,如图5-17所示。

⑤安装8个螺栓。力矩为77N·m。

(6)安装速度表主动齿轮。将速度表主动齿轮安装至前差速器壳,如图5-16所示。

小结

1.驱动桥一般由主减速器、差速器、半轴和桥壳等组成。驱动桥的功用是将由万向传动装置传来的发动机转矩传给驱动轮,并经降速增矩、改变动力传动方向,使汽车行驶,而且允许左右驱动轮以不同的转速旋转。

2.按照悬架结构的不同,驱动桥可以分为整体式驱动桥和断开式驱动桥。整体式驱动桥又称非断开式驱动桥。整体式驱动桥与非独立悬架配用;断开式驱动桥与独立悬架配用。

3.主减速器的功用有:将发动机转矩传给差速器;在动力的传动过程中将转矩增大并相应降低转速;对于纵置发动机,将转矩的旋转方向改变90°。

4.主减速器按参加传动的齿轮副数目,可分为单级式主减速器和双级式主减速器;按主减速器传动比个数,可分为单速式主减速器和双速式主减速器;按齿轮副结构形式,可分为圆柱齿轮式(又可分为定轴轮系和行星轮系)主减速器和锥齿轮式(又可分为螺旋锥齿轮式和准双曲面锥齿轮式)主减速器。

5. 差速器的功用是将主减速器传来的动力传给左、右两半轴,并在必要时允许左、右半轴以不同转速旋转,使左、右驱动车轮相对地面纯滚动而不是滑动。差速器按其工作特性可分为普通齿轮式差速器和防滑差速器两大类。

6. 半轴的功用是将差速器传来的动力传给驱动轮。现代汽车常采用全浮式和半浮式两种半轴支承形式。

7. 驱动桥壳既是传动系统的组成部分,也是行驶系统的组成部分。作为传动系统的组成部分,其功用是安装并保护主减速器、差速器和半轴。作为行驶系统的组成部分,其功用是安装悬架或轮毂,和从动桥一起支承汽车悬架以上各部分质量,承受驱动轮传来的反力和力矩,并在驱动轮与悬架之间传力。驱动桥壳可分为整体式桥壳和分段式桥壳两种类型。

8. 普通齿轮差速器使汽车通过坏路面的行驶能力受到限制,为了提高汽车通过坏路面的能力,可采用防滑差速器,如强制锁止式差速器、自锁式差速器和托森差速器。

复习思考题

一、简答题

1. 驱动桥一般由哪些元件组成?它的功用是什么?
2. 主减速器的功用有哪些?常见的主减速器有哪些类型?
3. 简述差速器的结构及其工作原理。

二、选择题

1. 汽车转弯行驶时,差速器中的行星齿轮(　　)。
   A. 只有自转,没有公转　　　　B. 只有公转,没有自转
   C. 既有公转,又有自转　　　　D. 静止不动

2. 驱动桥主减速器是用来改变传动方向、降低转速和(　　)。
   A. 产生离地间隙　　　　　　　B. 产生减速比
   C. 增大转矩　　　　　　　　　D. 减少转矩

3. 发动机前置前轮驱动的汽车,变速驱动桥是将(　　)合二为一,成为一个统一的整体。
   A. 驱动桥壳和变速器壳　　　　B. 变速器壳和主减速器壳
   C. 主减速器壳和差速器壳　　　D. 差速器壳和驱动桥壳

三、判断题

1. 当差速器中行星齿轮没有自转时,总是将转矩平均分配给左、右两半轴齿轮。
（　　）
2. 差速器的作用是保证两侧车轮以相同转速旋转。（　　）
3. 对于发动机纵向布置的汽车,由于需要改变动力传递方向,单级主减速器都采用一对锥齿轮传动。（　　）

第六章 车桥与车轮定位

学习目标

1. 了解车桥的种类及结构;
2. 掌握车轮定位的定义及功用;
3. 掌握四轮定位仪的使用方法;
4. 掌握车轮定位的调整方法。

第一节 车 桥

一、车桥的功用和种类

车桥位于悬架与车轮之间,其两端安装车轮,通过悬架与车架(或车身)相连,其功用是传递车架(或车身)与车轮之间各种载荷。

按悬架结构不同,车桥分为整体式和断开式。整体式车桥与非独立悬架配用;断开式车桥与独立悬架配用。

按车桥上车轮的作用不同,车桥分为转向桥、驱动桥、转向驱动桥和支持桥。其中转向桥和支持桥都属于从动桥。

在后轮驱动的汽车中,前桥不仅用于承载,而且兼起转向作用,称为转向桥;后桥不仅用于承载,而且兼起驱动的作用,称为驱动桥。

越野汽车和前轮驱动汽车的前桥,除了承载和转向的作用外,还兼起驱动作用,所以称为转向驱动桥。

只起支承作用的车桥称为支持桥。挂车的车桥就是支持桥。支持桥除不能转向外,其他功能和结构与转向桥相同。

二、转向桥

转向桥通常位于汽车前部,故也称为前桥。转向桥的作用是支承部分质量、安装前轮及制动器（前）、连接车架、承受车架与车轮之间的作用力及其产生的弯矩和转矩，同时还要使前轮偏转以实现转向。转向桥基本结构由前轴、转向节、主销、轮毂等部分组成，如图 6-1 所示。前轴是转向桥的主体，根据断面形状分有"工"字梁式和管式两种。

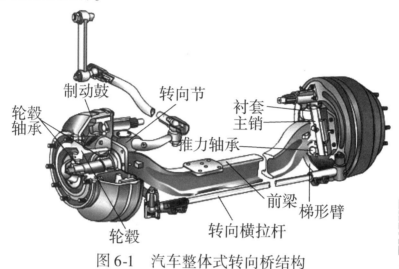

图 6-1　汽车整体式转向桥结构

三、转向驱动桥

转向驱动桥如图 6-2 所示，它同一般驱动桥一样，由主减速器、差速器、半轴和桥壳组成。但由于转向时转向车轮需要绕主销偏转一个角度，故与转向轮相连的半轴必须分成内外两段（内半轴和外半轴），其间用万向节（一般多用等速万向节）连接，同时主销也因此而分制成两段（或用球头销代替）。转向节轴颈部分做成中空的，以便外半轴穿过其中。

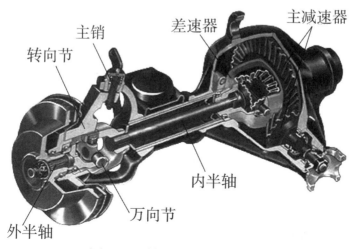

图 6-2　转向驱动桥示意图

图 6-3 所示为桑塔纳 2000 汽车的前桥总成,采用的是断开式、独立悬架转向驱动桥。车桥上端通过左、右悬架与承载式车身相连接,下端通过左、右下摆臂与固定在车身上的副车架相连接。悬架车轮轴承壳与下摆臂之间通过可移动球形接头连接,从而使前轮固定,并通过下摆臂上的长孔可调整车轮外倾角,为了减小车辆转向时的车身倾斜,在副车架与下摆臂之间还装有横向稳定器。

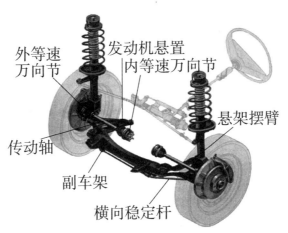

图 6-3 桑塔纳 2000 汽车的转向驱动桥

四、支持桥

桑塔纳汽车后桥是纵向摆臂式支持桥,其结构如图 6-4 所示。

图 6-4 桑塔纳 2000GSi 汽车后桥结构示意图

该车桥轮毂、制动鼓以及车轮与车桥的连接方式与转向桥一样,通过轴承支承,轴向定位。车桥只向其传递横、纵向推力或拉力,不传递转矩。

第二节　车轮定位

一、转向轮定位

为了保证汽车直线行驶的稳定性和操纵的轻便性,减少轮胎和其他机件的磨损,转向轮、转向节和前轴三者与车架的安装应保持一定的相对位置关系,这种安装位置关系称为转向轮定位,也称前轮定位。

对于两端装有主销的转向桥,汽车转向时,转向车轮会围绕主销轴线偏转,如图 6-5a)所示。但在大多数断开式转向桥中没有主销,采用上、下球头销代替主销,上、下球头销球头中心的连心线相当于主销轴线,如图 6-5b)所示。

转向轮定位包括前轮外倾、主销后倾、主销内倾及前束 4 个参数。现以有主销的转向桥为例说明转向车轮定位。

1　主销后倾

主销安装在前轴上,其上端略向后倾斜,这种现象称为主销后倾。在垂直于汽车支承平面的纵向平面内,主销轴线与汽车支承平面垂线之间的夹角 γ 称为主销后倾角,如图 6-6 所示。

主销后倾的功用是形成回正力矩,保证汽车直线行驶的稳定性,并使汽车转向后回正操纵轻便。主销后倾角越大、车速越高,回正力矩越大,转向轮偏转后自动回正的能力也越强。但主销后倾角也不宜过大,一般不超过 3°,否则在转向时为了克服此力矩,驾驶人需在转向盘上施加较大的力,使转向沉重。

主销后倾使主销轴线的延长线与地面的交点 a 位于车轮与路面的接触点 b 之前,a、b 两点之间的距离称为主销后倾移距。设 b 点到主销轴线延长线之间的距离为 l,汽车直线行驶时,若转向轮偶然受到外力作用而偏转(图 6-6 所示为向右偏转),汽车将偏离行驶方向而右转弯。由于汽车本身离心力的作用,在轮胎与路面接触点 b 处将产生一个路面对车轮的侧向反作用力 F_Y,由于反作用力 F_Y 没有通过主销轴线,因而形成了一个使车轮绕主销轴线旋转的力矩 $F_Y \cdot l$,其方向正好与车轮偏转方向相反。在力矩作用下,车轮具有了恢复到原来中间位置的能力,从而保证了汽车直线行驶的稳定性。同理,在汽车转向后的回正过程中,此力矩具有帮助驾驶人使转向车轮回正的作用,使汽车转向后回正操纵轻便。

此外,有些汽车由于采用超低压轮胎,弹性增加,转向时因轮胎弹性变形而使轮胎与路面的接触点后移,使回正力矩增加,故主销后倾角可以减小,甚至为负值(即主销前倾)。

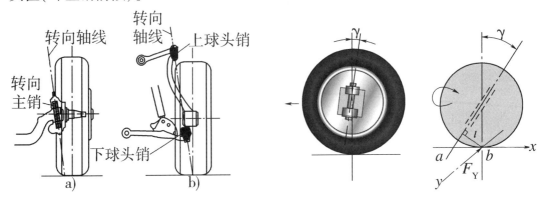

图 6-5　主销的不同形式　　　　图 6-6　主销后倾

主销后倾角一般是将前轴连同悬架安装在车架上时,使前轴向后倾斜而形成的。

2 主销内倾

主销安装在前轴上,其上端略向内侧倾斜,这种现象称为主销内倾。在垂直于汽车支承平面的横向平面内,主销轴线与汽车支承平面垂线之间的夹角 β 称为主销内倾角,如图 6-7 所示。

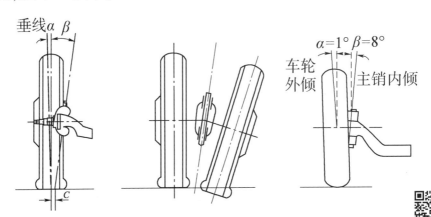

图 6-7　主销内倾及车轮外倾

主销内倾的功用是使转向轮自动回正,并使转向操纵轻便。

由于主销内倾,转向时,路面作用在转向轮上的阻力对主销轴线产生的力矩减小,从而可减少转向时驾驶人施加在转向盘上的力,使转向操纵轻便。同时还可以减小因路面不平而从转向轮传到转向盘上的冲击力。

当转向轮在外力作用下绕主销旋转而偏离中间位置时,由于主销内倾,车轮连同整个汽车前部被向上抬起。一旦外力消失,转向轮就会在汽车前部重力作用下力图自动回正到旋转前的中间位置。主销内倾角越大、转向轮偏转角越大，汽车前部就抬起得越高，转向轮自动回正的作用就越大。

主销内倾角既不宜过大，也不宜太小。主销内倾角过大，转向时，车轮在滚动的同时将与路面产生较大的滑动，增加轮胎与路面的摩擦阻力，这不仅使转向沉重，而且加速了轮胎的磨损。主销内倾角过小，汽车行驶的稳定性和制动稳定性将变差。在一些发动机前置前轮驱动的汽车上，为了使汽车具有良好的行驶稳定性，特别是制动稳定性，其主销内倾角均较大。

主销后倾和主销内倾都具有使车轮自动回正及保证汽车直线行驶稳定性的作用，但区别在于：主销后倾角的回正作用随着车速的增大而增大，而主销内倾的回正作用几乎与车速无关。

3 车轮外倾

转向轮安装在转向节上时，其旋转平面上端向外倾斜，这种现象称为车轮外倾。车轮旋转平面与垂直于车辆支承面的纵向平面之间的夹角 α 称为车轮外倾角，如图 6-8 所示。

车轮外倾角的功用是提高车轮工作的安全性和转向操纵的轻便性。

由于主销与衬套之间、轮毂与轴承等处都存在着装配间隙，若空车时车轮的安装正好垂直于路面，则满载时上述间隙将发生变化，车桥也因承载而变形，从而引起车轮向内倾斜。车轮内倾将使路面对车轮的垂直反作用力的轴向分力压向轮毂外端的小轴承，使该轴承及其锁紧螺母等零部件承受的载荷增大，降低了它们的使用寿命，严重时会损坏锁紧螺母而使车轮脱落。为此，安装车轮时要预先留有一定的外倾角，以防止上述不良影响。此外，车轮有一定的外倾角也可以与拱形路面相适应。但车轮外倾角不宜过大，否则会使轮胎产生偏磨损。

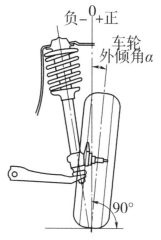

图 6-8 车轮外倾

4 前轮前束

车轮安装在车桥上，两前车轮的中心平面不平行，其前端略向内侧收束，这种现象称为前轮前束。两前轮后端距离 A 大于前端距离 B，其差值 $A - B$ 称为前轮前束值，如图 6-9 所示。

前轮前束的功用是消除因车轮外倾所造成的不良后果，保证车轮不向外滚动,防止车轮侧滑并减轻轮胎的磨损。

由于车轮外倾,汽车行驶时,两个车轮的滚动类似于两个锥体的滚动,其轨迹不再是直线而是逐渐向各自的外侧滚开,如图6-10所示。但因受车桥和转向横拉杆的约束,两侧车轮不可能向外滚开,这样,车轮在路面上滚动行驶的同时又被强制地拉向内侧,产生向内的侧滑,从而加剧轮胎的磨损。有了前轮前束,车轮滚动的轨迹向内侧偏斜,只要前轮前束值与车轮外倾角配合适当,车轮向内、外侧滚动的偏斜量就会相互抵消,使车轮每一瞬间的滚动方向都朝着正前方,从而消除了侧滑,减轻了轮胎的磨损。

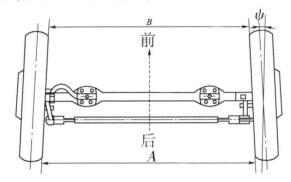

图6-9 前轮前束

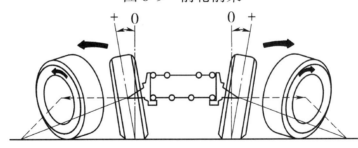

图6-10 车轮外倾产生的车轮运动示意图

前轮前束值可以通过改变转向横拉杆的长度来调整,一般前轮前束值为0～12mm。

二、非转向轮(后轮)定位

后轮与后轴之间的相对安装位置关系,称为后轮定位。随着车速的不断提高,为了提高汽车高速行驶的稳定性,在结构设计上应确保汽车具有不足转向特性。为此,转向轮定位的内容已扩展到非转向轮(后轮)。汽车后轮具有一定程度的外倾角和前束。

后轮定位内容主要包括后轮外倾角和后轮前束。

(1)后轮外倾角。为了对载荷进行补偿,采用独立后悬架的大多数车辆常带有一个较小的正后轮外倾角。

(2)后轮前束。后轮前束的作用与前轮前束基本相同。一般前驱汽车,前驱动轮宜采用正前束,后从动轮宜采用负前束;对于后驱汽车,前从动轮宜采用负前束,后驱动轮宜采用正前束。

第三节　车轮定位的检查与调整

一、四轮定位仪的使用

本节以百斯巴特 VAG1995K 型定位仪为例介绍用四轮定位仪检测车轮定位的操作方法。

1　实训器材

(1)车辆:丰田卡罗拉汽车。

(2)普通工具:组合工具、百斯巴特 VAG1995K 型定位仪。

2　准备工作

1)车辆检查

(1)为便于检测和调整,被检汽车需放在地沟上或举升平台上,地沟或举升平台应处于水平状态,四轮定位仪则安装在地沟两旁或举升平台上。

(2)汽车在空载条件下,方可进行车轮定位的检查或调整。

(3)轮胎气压符合规定要求。

(4)汽车悬架系统性能正常。

(5)汽车转向系统无间隙与损伤。

(6)车轮动平衡正常。

(7)同一车桥的两侧轮胎花纹深度差不超过 2mm。

(8)正确操作车轮定位仪。

(9)汽车车轮定位角度应符合规定要求。

2)仪器安装

(1)汽车进入工位前,将工位清理干净,准备好相关的器材。

(2)套上转向盘护套、变速杆手柄套和座椅套,铺设脚垫。

(3)如图 6-11 所示,将汽车行驶到检测仪上。汽车驶上时,应保证转角盘和后滑板的销子到位,使前轮正好位于转角盘中心时停车;车停稳后,拉紧驻车制动器操纵杆以确保车辆不移动,松开转盘的锁紧销。

(4)检查底盘各零部件,包括胶套、轴承、摆臂、三脚架球头、减振器、拉杆球头和转向盘是否有松动及磨损。

(5)将快速卡具安装在4个车轮上,如图6-12所示。依照轮胎所标记的尺寸,调节两个较低位置的卡爪,将其卡在轮辋边缘,移动顶部的卡爪到轮辋边缘并用星形手柄锁紧,将可调整的夹紧臂放在轮胎上,用力向车轮方向压下两侧夹紧用的杠杆,把夹紧臂移到胎纹中,在松开夹紧臂之前确信两端都已调好。

图 6-11　停驶车辆　　　　图 6-12　安装快速卡具

对于前轮,当夹紧臂安装好之后,应将夹紧用的杠杆取出(因为在车轮转向过程中,此杠杆可能碰撞到翼子板)。为了更好地在无沿铝合金轮辋上安装,可在卡爪上插上专用的卡爪套管。

(6)将传感器安装到卡具上,如图6-13所示。前轴车轮上的传感器小端指向车头前进方向,后轴车轮上的传感器小端指向与前轴传感器相反的方向。

图 6-13　安装传感器

(7)依照水平气泡指示调整传感器达到水平,并拧紧卡具上的固定螺栓,如图6-14中箭头所示。

传感器上粘贴的图标指示出传感器的安装位置,如图6-15所示。

(8)分别将4根电缆线连接到4个传感器的接线插座上,如图6-16所示。2根长通信电缆用来连接2个前部传感器到定位仪主机。稍短些的两根通信电缆用来连接前后传感器。

(9)将四轮定位仪接上电源。

(10)将转向盘固定架放在驾驶座座椅上,压下手把使之顶住转向盘以锁定转向盘。

图6-14 传感器水平的调整

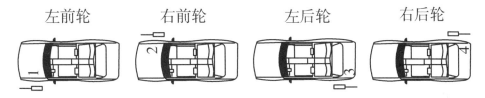

图6-15 传感器安装位置

图6-16 连接传感器

(11)将制动踏板固定架下端顶在制动踏板上,上端卡在座椅上,使车辆制动,如图6-17所示。

(12)给定位仪接通220V电源,打开计算机电源开关,系统自动启动,进入"登录"界面。单击"进入"按钮后,系统自动引导进入定位程序初始状态。

3 操作步骤

1)定位程序初始状态

(1)单击工具栏中的指向右侧的绿色"前

图6-17 安装制动踏板固定架

进"图标,进入"客户选择"界面。在"客户选择"界面中,首先看到的是"客户档案列表"选项卡。

(2)单击"当前维修单信息"选项卡,进入用户信息输入画面。黄颜色条目为必填项目,其余项目可依需要填写。

(3)填写好客户信息之后,单击"前进"图标,即可进入车型选择画面。

在"车型资料来源"下拉菜单中列出了已安装的所有车型数据资料。选中USER选项,即可见到各种车型的车型数据。双击列表栏里所给出的待测车辆所属的车型,不久屏幕上会显示出选中车辆的标准车型数据。

(4)确认此车型数据与待测车辆车型相符,单击"前进"图标,进入下一步;如果所选车型有误,可单击"车辆选择"选项卡,返回车辆选择画面,重新选择正确的车型数据。

(5)单击"前进"图标进入下一步,屏幕显示"车辆状况"画面。在此画面下可以输入待测车辆的各部分已知存在的故障,用以在定位之前对车辆进行总体状况描述。

(6)单击"前进"图标可进入"准备工作"画面。准备工作的说明包括对举升机平台的要求,传感器的安装以及卡具的安装说明及注意事项。

(7)单击"前进"图标接着进入"偏位补偿"画面,在此画面下可以进行轮辋偏位补偿的操作。具体操作方法见"偏位补偿操作"。

注意:如果使用的是快速卡具,则只在下列情况下才需要进行轮辋偏位补偿的操作。

①轮辋存在有较明显的失圆。
②卡具的卡爪存在磨损的状况。
③特殊轮辋,例如边缘呈弧形凸起表面或无沿轮辋,需要配合使用卡爪套管才能装卡的情况。
④需要保证足够高的测量精度的情况。

(8)如果不需要进行轮辋的偏位补偿操作,则可直接单击"前进"图标进入"调整前检测"操作。

2)调整前检测

在开始进行调整前检测操作之前,请安装好制动锁,以保证后倾角和主销内倾角的准确测量。

(1)正前打直。

①转动转向盘,使白色箭头对到半圆形区中央黑线处,如图6-18所示。请尽

可能把方向对准到中央黑线位置,以得到更高的测量精度。

②图 6-19 所示对中方向之后的屏幕显示。定位程序先进行后轴数据测量。

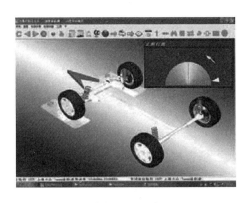 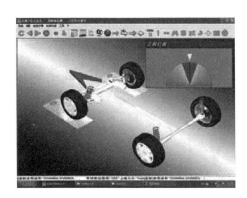

图 6-18　转向盘对中调整(一)　　　图 6-19　转向盘对中调整(二)

③一旦正前打直方向之后,屏幕提示会提醒操作员安装制动锁,然后程序就会检查传感器是否处于水平状态。传感器水平状态提示画面如图 6-20 所示,依照屏幕提示,调整相应传感器的水平。当所有传感器都处于水平状态之后,程序就会自动进入后轴数据测量步骤。

(2)20°转向操作。

①依照屏幕图标提示,向左侧转动转向盘,直到方向对中中央黑线位置,如图 6-21 所示。

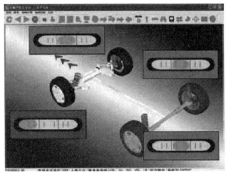 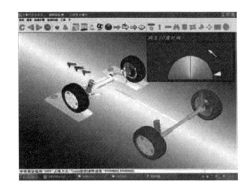

图 6-20　传感器水平状态提示　　　图 6-21　转向盘调整

②然后再依照屏幕白色箭头所示,向右侧转动转向盘,直到方向对中中央黑线位置。

③按程序引导进入正前打直操作,方向对中之后,屏幕上就会显示出调整前检测所测量出的前轮前束值,如图 6-22 所示。

④单击"前进"图标,进入"最大总转角"检测界面。

(3)测量最大总转角。

①依照白色箭头提示,将转向盘打到使车轮处于正前打直位置,如图 6-23 所示。

图 6-22　前轮前束值显示

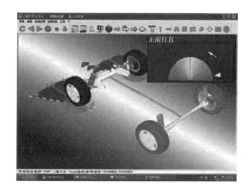

图 6-23　转向盘调整(一)

为防止前部传感器臂碰到车辆挡泥板,正前打直方向之后,请把两个前部传感器从卡具上取下来。最大总转角的测量只与电子转角盘相关。

②如图 6-24 所示,当白色箭头处于最右侧时,向左将转向盘打到尽头并保持住转向盘位置以等待测量完成。

③屏幕显示如图 6-25 所示。之后,白色箭头会转到最左侧,再向右将转向盘打到尽头并保持住转向盘位置以等待测量完成。

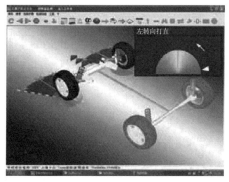

图 6-24　转向盘调整(二)

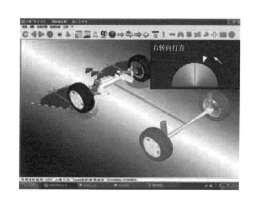

图 6-25　转向盘调整(三)

④依照白色箭头提示,将转向盘打到使车轮回到正前打直状态。然后重新把两个前部传感器装到卡具上。

⑤屏幕上自动出现调整前检测的检测数据报告,检测报告有表格形式和图形方式。

⑥单击"前进"图标可进入"定位调整"操作。

3)定位的检查与调整

(1)转向轮的定位检查。

①使车辆处于正前打直方向。

②检查转向盘是否处于水平状态。如果转向盘完全水平,则可直接在此位置下安装转向盘锁;如果转向盘不水平,则需要把转向盘调整到完全水平的状态,然后安装制动锁。

③把车辆举升到定位调整的高度。

④如果后轴车轮定位数据不合格需要调整,并且该定位数据是可调整的话,则可在图 6-26 所示画面下调整后轮的外倾角和前束。否则单击"前进"图标进入下一步。

⑤程序进入"调整前轴后倾角"画面,如图 6-27 所示。如果前轴车轮的后倾角可调整,则可在此画面下调整前轮的后倾角。否则单击"前进"图标进入下一步。

图 6-26 后轴定位参数显示

图 6-27 调整前轴后倾角

(2)前轮外倾角和前束的调整。前轮外倾角和前束的调整顺序是先调整外倾角,再调整前束,因为外倾角的调整会影响前束的数值。

车轮外倾角的调整方式一般有两种:举升车辆前轮至悬空,调整外倾角;不必举升车辆前轮就直接调整外倾角。对于第二种情况,在"前轴"画面下可直接调整外倾角,然后再调整前束。前轴调整画面如图 6-28 所示,在此画面下分别调整前轮的外倾角和前束。

如果需要举升车辆前轴来调整外倾角,则可按下列步骤进行操作:

①举升调整前轮外倾角。单击工具栏中的竖直向上的箭头"举升车辆"图标(或按键盘上的 F7 键),则屏幕给出举升车辆提示框。此时应当用二次举升器把车辆前轴平稳顶起至前轮悬空状态。然后单击提示框中的"OK"图标。屏

幕显示出外倾角顶升悬空调整画面。

②外倾角顶升调整。

a. 如图6-29所示,在此画面下调整左右两侧的前轮外倾角。当外倾角的数值都达到合格范围之后,单击工具栏中的红色"退出"图标。

图6-28　前轴调整　　　　图6-29　前轮外倾角调整

b. 此时屏幕显示出结束顶升调整的提示框,这时再放下二次举升器,使两前轮回到转角盘上。然后上下拉动副车架几次,以使车辆前悬架回位。再单击提示框中的OK图标。

c. 程序重新返回"前轴检测数据"画面。如果外倾角数值是合格的,则可继续调整前束。如果外倾角仍不合格,则需重新举升前轴调整外倾角操作,直至外倾角数据合格。外倾角调整结束后,可接着调整前束。

d. 前轴外倾角和前束调整结束之后,单击工具栏中的红色"退出"图标结束定位调整操作。程序返回"常规调整"画面,接着可进行调整后检测。

4) 调整后检测及打印输出

选择"调整后检测"图标,就可进入调整后检测操作步骤。调整后检测的操作流程与调整前检测完全相同。可依照屏幕操作引导完成调整后检测。

调整后检测完成之后得到的检测报告即为最终的检测报告。此报告的最右侧一列数据就是调整后的车辆实际定位数据。通常还可以看到用图形方式显示的调整后车辆的四轮定位数据。单击工具栏内的"打印机"图标即可打印出完整的四轮定位检测调整报告。

5) 偏位补偿操作

(1) 准备工作。

①拉紧驻车制动器操纵杆,然后用二次举升器举升车辆前轴,使前轮高出检测平台约6cm。转动转向盘使车辆大致处于正前打直方向。

②在偏位补偿过程中请勿转动转向盘。

③松开卡具上用来固定传感器销的紧固螺栓,使传感器能自由转动。

④在偏位补偿过程中,请保持传感器处于大致水平的状态。

操作说明:偏位补偿对车轮的顺序没有要求,可以先对悬空车轮中的任意一个车轮进行偏位补偿,也可对两个悬空的车轮同时进行偏位补偿。如果二次举升器可使车辆的4个车轮同时悬空,则4个车轮可同时进行偏位补偿。

(2)操作步骤。

①转动左前轮,使快速卡具的3个卡爪之一指向正上方。参照水平气泡把传感器大致调水平,然后按一下传感器面板上的偏位补偿键,等待偏位补偿灯闪亮。

②偏位补偿灯熄灭之后,屏幕上的左前轮图标会有一块变为绿色,如图6-30所示,按照车轮行驶的方向把车轮大致转动90°。把传感器调成水平状态,按一下偏位补偿键,等待偏位补偿灯闪亮。

③偏位补偿灯熄灭之后,屏幕上的车轮图标会有两块变为绿色,如图6-31所示。按照车轮行驶的方向把车轮再转动90°,此时卡具卡爪转过180°。把传感器调成水平状态,按一下偏位补偿键,等待偏位补偿灯闪亮。

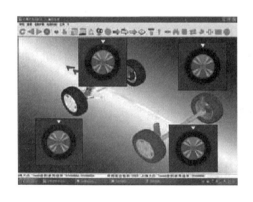 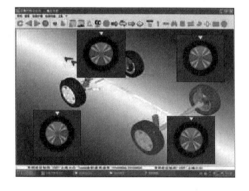

图6-30　偏位补偿(一)　　　　图6-31　偏位补偿(二)

④偏位补偿灯熄灭之后,屏幕上的车轮图标会有三块变为绿色,如图6-32所示。按照车轮行驶的方向把车轮再转动90°,此时卡具卡爪转过270°。把传感器调成水平状态,按一下偏位补偿键,等待偏位补偿灯闪亮。

⑤偏位补偿灯熄灭之后,车轮图标圆环上的所有4个部分都变成绿色,如图6-33所示。按照车轮行驶的方向把车轮再转动90°,使卡具卡爪重新回到起始位置,卡爪指向正上方。

图 6-32　偏位补偿(三)

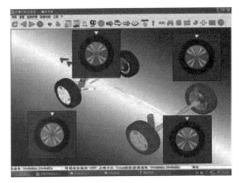
图 6-33　偏位补偿(四)

⑥ 把左前传感器调成水平状态,然后拧紧卡具上紧固传感器销的螺栓。按下传感器上的偏位补偿计算键。相应的偏位补偿计算灯会闪亮。

⑦ 屏幕上左前轮的图标上会出现偏位补偿的最大数值,并用黄色指针指示出最大偏位补偿量出现的位置,如图 6-34 所示。

图 6-34　偏位补偿(五)

⑧ 同样的方法,对右前轮做偏位补偿。右前轮偏位补偿完成之后,把左右前轮恢复到按偏位补偿计算键时车轮所处的位置,放下前轴。

注意:车轮落回转角盘之后,前轮位置仍应当保留在按偏位补偿计算键时车轮所处的位置。

⑨ 晃动车辆前部,放松车辆前部悬架。

⑩ 用二次举升器顶起车辆的后轴,对两后轮进行偏位补偿,操作方法与前轴车轮相同。4 个车轮的偏位补偿数据得到之后,单击屏幕上的"前进"图标进入下一步操作。程序会自动记录此偏位补偿数据用于修正测量数据,不需要用户做任何操作。

二、车轮定位的调整

1 实训器材

(1) 车辆:丰田卡罗拉汽车。

(2) 普通工具:组合工具、扭力扳手。

(3) 检测工具:转向半径仪、前轮定位测定仪、前束检测仪、定位检测仪。

2 准备工作

(1) 汽车进入工位前,将工位清理干净,准备好相关的器材。

(2)将汽车停驻在举升机中央位置。

(3)拉紧驻车制动器操纵杆,并将变速杆置于空挡位置,如图1-16所示。

(4)套上转向盘护套、变速杆手柄套和座椅套,铺设脚垫。

(5)在车内拉动发动机舱盖开启手柄,在车外打开并支撑发动机舱盖,如图1-17所示。

(6)粘贴翼子板和前脸磁力护裙。

3 操作步骤

1)前轮定位检查与调整

注意:对配备VSC的车辆,如果已调整车轮定位,且悬架或车身底部零部件已拆下/安装或更换,确保执行下列初始化程序以使系统正常运行。

①断开蓄电池负极端子超过2s。

②重新连接蓄电池负极端子。

③执行横摆率和加速度传感器的零点校准,并进行测试模式检查。

(1)检查轮胎。

(2)测量车辆高度。

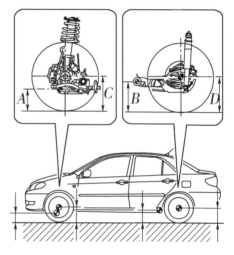

注意:检查车轮定位前,应将车辆高度调整至规定值;一定要在水平表面上进行测量;如果必须钻入车底进行测量,确认已施加驻车制动且车辆已用止动楔固定。

①下压车辆几次以稳定悬架。

②测量车辆高度,如图6-35所示。

图6-35 测量车辆高度

测量点:A——悬架1号下臂衬套固定螺栓中心的离地间隙;B——后牵引臂衬套固定螺栓中心的离地间隙;C——前轮中心的离地间隙;D——后轮中心的离地间隙。车辆高度的标准值见表6-1。

车辆高度标准值(空载车辆)(单位:mm)　　表6-1

发 动 机	前 $C-A$	后 $D-B$
1ZR-FE	83	3
2ZR-FE	84	3

(3)检查车轮转角。

①在转向半径仪的最后点上做胎面中心标记。

②将转向盘向左、向右转到完全锁止位置并测量其转角,如图6-36所示。车轮转角标准值见表6-2。

车轮转角标准值(空载车辆)　　　　　　　　　　表6-2

发 动 机	车轮内侧	车轮外侧参考
1ZR-FE	39.72°±2°	33.45°
2ZR-FE	39.73°±2°	33.45°

如果角度不符合规定,检查并调整左右齿条接头长度。

(4)检查外倾角、后倾角和转向轴线倾角。

①安装前轮定位测定仪或将前轮放至车轮定位检测仪中央,如图6-37所示。

②检查外倾角、后倾角和转向轴线倾角。

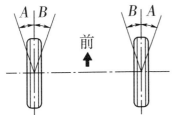

图6-36　检查车轮转角
　　　A-内侧;B-外侧

图6-37　检查外倾角、后倾角和转向轴线倾角

外倾角、后倾角和转向轴线倾角标准值见表6-3～表6-5。

外倾角标准值(空载车辆)　　　　　　　　　　表6-3

发 动 机	外倾角偏差	左 右 差 值
1ZR-FE	-0.07°±0.75°	≤0.75°
2ZR-FE	-0.08°±0.75°	

后倾角标准值(空载车辆)　　　**转向轴线倾角标准值**(空载车辆)
表6-4　　　　　　　　　　　　　　表6-5

后倾角偏差	左右差值	转向轴线倾角(参考)
5.53°±0.75°	≤0.75°	11.72°

(5)调整外倾角。

注意:调整外倾角后检查前束。

①拆下前轮。

②拆下前减振器下侧的2个螺母,如图6-38所示。

注意:保持螺栓插入。

③清洁前减振器和转向节的安装表面。

④暂时安装2个螺母(步骤A)。

⑤按所需的调整方向将前桥轮毂推到底或拉到底,如图6-39所示。

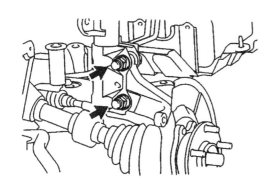

图6-38　拆下前减振器下侧的2个螺母

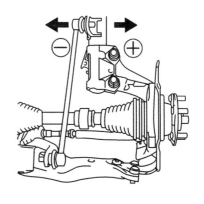

图6-39　将前桥轮毂推到底或拉到底

⑥拧紧螺母,力矩为240N·m。

注意:拧紧螺母时防止螺栓转动。

⑦安装前轮,力矩为103N·m。

⑧检查外倾角。如果测量值不在规定范围内,用下面的公式计算所需的调整量。

外倾角调整量 = 规定值范围的中间值 - 测量值

检查安装螺栓的组合,如图6-40所示。选择适当的螺栓将外倾角调整至规定值[参见丰田卡罗拉汽车维修手册(悬架—前轮定位)]。

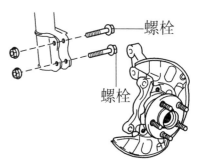

图6-40　检查安装螺栓的组合

注意:尽量将外倾角调整到规定值的中间值。

如果外倾角不能按上述螺栓组合正确调整,则可能损坏车身和悬架。

注意:更换螺栓时换上新的螺母。

⑨重复上述步骤。在步骤(A)中更换1个或2个选定的螺栓。

注意:更换2个螺栓时,一次更换一个螺栓。

(6)检查前束。

①从车辆各角使其上下弹跳几次以稳定悬架。

②松开驻车制动器操纵杆并将变速杆移至空挡位置。

③向正前方推动车辆约5m。(步骤B)

④在前轮最靠后的部位做好胎面中心标记,并测量标记间的距离(尺寸B),如图6-41所示。

⑤以前轮胎气门为参考点,向正前方缓慢推动车辆使前轮旋转180°。

注意:不要使车轮旋转超过180°。如果车轮旋转超过180°,再从(步骤B)开始执行本程序。

⑥测量车轮前侧胎面中心标记间的距离(尺寸A),如图6-42所示。

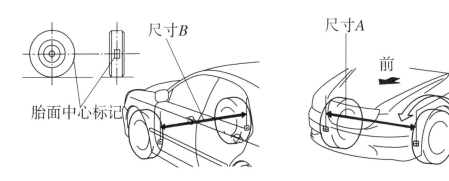

图6-41 测量标记间的距离(尺寸B)　　图6-42 测量标记间的距离(尺寸A)

前束的标准值见表6-6。如果前束不在规定范围内,则通过齿条接头进行调整。

前束标准值(空载车辆)　　表6-6

项　　目	规　定　状　态
前束(总)	$B-A:(2.0\pm2)$ mm

(7)调整前束。

①确保左右齿条接头的长度基本相同,如图6-43所示。标准差异小于或等于1.5mm。

②拆下2个防尘套卡子。

③松开横拉杆接头锁紧螺母。

④等量转动左、右齿条接头,以调整前束至中间值,如图6-44所示。

⑤拧紧横拉杆接头锁紧螺母,力矩为74N·m。

⑥将防尘套放到座椅上并安装防尘套卡子。

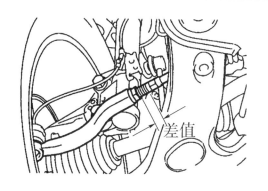 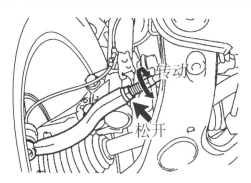

图 6-43　调整前束（一）　　　图 6-44　调整前束（二）

注意：确保防尘套未发生扭曲。

（8）使前轮处于正前位置。

（9）从蓄电池负极端子断开电缆（带 VSC）。

注意：断开蓄电池负极端子超过 2s。

（10）连接电缆至蓄电池负极端子（带 VSC）。

（11）执行横摆率传感器零点校准（带 VSC）。

（12）检查转向角传感器零点校准（带 VSC）。

2）后轮定位检查与调整

对配备 VSC 的车辆，如果已调整车轮定位，且悬架或车身底部零部件已拆下/安装或更换，确保执行下列初始化程序以使系统正常运行。

① 断开蓄电池负极端子超过 2s。

② 重新连接蓄电池负极端子。

③ 执行横摆率和加速度传感器的零点校准，并进行测试模式检查。

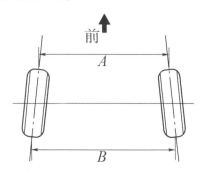

（1）检查轮胎。

（2）测量车辆高度（见前轮定位检查与调整）。

（3）检查前束，如图 6-45 所示。前束的标准值

图 6-45　检查前束

见表 6-7。如果前束不在规定范围内，检查悬架零件并在必要时予以更换。

前束标准值（空载车辆）　　　　　　　　　　表 6-7

项　　目	规　定　状　态
前束（总）	$B-A$：(1.1 ± 3) mm

(4)检查外倾角。

①安装前轮定位测定仪或将车辆放到车轮定位检测仪上。

②检查外倾角。外倾角标准值见表6-8。

外倾角标准值(空载车辆)　　　　　表6-8

项　　目	规　定　状　态
外倾角	1.38°±0.5°
右－左误差	≤0.5°

注意:不能调节外倾角。如果测量值不在规定范围内,检查悬架零件是否损坏和/或磨损,并在必要时予以更换。

1. 车桥位于悬架与车轮之间,其两端安装车轮,通过悬架与车架(或车身)相连,其功用是传递车架(或车身)与车轮之间各种载荷的作用。

2. 按悬架结构不同,车桥分为整体式和断开式两种。整体式车桥与非独立悬架配用;断开式车桥与独立悬架配用。按车桥上车轮的作用不同,车桥分为转向桥、驱动桥、转向驱动桥和支持桥4种类型。

3. 转向轮、转向节和前轴三者与车架的安装保持一定的相对位置关系称为转向车轮定位,也称前轮定位。转向轮定位包括前轮外倾、主销后倾、主销内倾及前束4个参数。

4. 主销安装在前轴上,其上端略向后倾斜,这种现象称为主销后倾。在垂直于汽车支承平面的纵向平面内,主销轴线与汽车支承平面垂线之间的夹角γ称为主销后倾角。主销后倾的功用是形成回正力矩,保证汽车直线行驶的稳定性,并使汽车转向后回正操纵轻便。

5. 主销安装在前轴上,其上端略向内侧倾斜,这种现象称为主销内倾。在垂直于汽车支承平面的横向平面内,主销轴线与汽车支承平面垂线之间的夹角β称为主销内倾角。主销内倾的功用是使转向轮自动回正,并使转向操纵轻便。

6. 转向轮安装在转向节上时,其旋转平面上端向外倾斜,这种现象称为转向车轮外倾。车轮旋转平面与垂直于车辆支承面的纵向平面之间的夹角α称为车轮外倾角。车轮外倾角的功用是提高车轮工作的安全性和转向操纵的轻便性。

7. 车轮安装在车桥上,两前车轮的中心平面不平行,其前端略向内侧收束,这种现象称为前轮前束。两前轮后端距离 A 大于前端距离 B,其差值 $A-B$ 称为前轮前束值。前轮前束的功用是消除因车轮外倾所造成的不良后果,保证车轮不向外滚动,防止车轮侧滑和减轻轮胎的磨损。

8. 后轮与后轴之间的相对安装位置关系,称为后轮定位。后轮定位内容主要包括后轮外倾角和后轮前束。

复习思考题

一、简答题

1. 车桥是如何进行分类的?都有哪些类型?
2. 与转向桥相比,转向驱动桥有哪些不同?
3. 转向轮定位包括哪些参数?各有什么功用?

二、选择题

1. 转向轮绕着( )摆动。
   A. 转向节　　　　B. 主销　　　　C. 前梁　　　　D. 车架
2. 车轮定位中,( )可通过改变横拉杆的长度来调整。
   A. 主销后倾　　B. 主销内倾　　C. 前轮外倾　　D. 前轮前束
3. 汽车车架的结构形式主要有中梁式车架、( )和边梁式车架等几种形式。
   A. 后梁式车架　B. 下梁式车架　C. 综合式车架　D. 前梁式车架
4. 越野汽车的前桥属于( )。
   A. 转向桥　　　B. 驱动桥　　　C. 转向驱动桥　D. 支承桥
5. 前轮定位中,转向操纵轻便主要是靠( )。
   A. 主销后倾　　B. 主销内倾　　C. 前轮外倾　　D. 前轮前束

三、判断题

1. 转向轮偏转时,主销随之转动。　　　　　　　　　　　　　　　(　)
2. 主销后倾角和主销内倾角都起到使车轮自动回正,沿直线行驶作用。
   　　　　　　　　　　　　　　　　　　　　　　　　　　　　　(　)
3. 主销内倾角能使汽车转向系统在转向后恢复直线行驶的位置。　　(　)
4. 车轮前束为两侧轮胎上缘间的距离与下缘间的距离之差。　　　　(　)

5. 汽车转向轮定位参数中的主销后倾角，直接影响汽车的操纵稳定性，若倾角过大，汽车将因转向过于灵敏而行驶不稳，过小则转向沉重。（ ）

6. 一般载货汽车的前桥是转向桥，后桥是驱动桥。（ ）

7. 越野汽车的前桥通常是转向兼驱动。（ ）

8. 主销内倾角导致轮胎形成圆锥滚动效应，为了避免这种效应带来的不良后果，将两前轮适当向内偏转，即形成前轮前束。（ ）

第七章 车轮与轮胎

> **学习目标**
>
> 1. 了解车轮总成的基本组成及功用；
> 2. 了解车轮的结构；
> 3. 掌握轮胎的结构；
> 4. 掌握轮胎规格表示方法；
> 5. 掌握轮胎的检查方法；
> 6. 掌握车轮拆装的方法；
> 7. 掌握轮胎的更换方法；
> 8. 掌握车轮动平衡的检查与调整方法。

汽车车轮总成如图 7-1 所示，车轮总成由车轮和轮胎两大部分组成，是汽车行驶系统中极其重要的部件之一，它处于车轴和地面之间，具有以下基本功用。

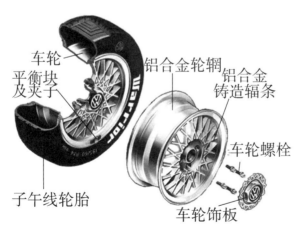

图 7-1 车轮总成

车轮总成结构

（1）支撑整车质量，包括在汽车质量上下运动时产生的惯性动载荷。

（2）缓和由路面传递来的载荷冲击。

163

（3）通过轮胎和路面之间的附着作用，产生驱动和阻止汽车运动的外力，即为汽车提供驱动力和制动力。

（4）产生平衡汽车转向离心力的侧向力，以便顺利转向，并通过轮胎产生的自动回正力矩，使车轮具有保持直线行驶的能力。

（5）承担跨越障碍的作用，保证汽车的通过性。

针对车轮和轮胎的使用特点，要求它们具有以下特点。

（1）足够的强度和刚度。

（2）质量小。

（3）轮胎具有良好的弹性特性和摩擦特性。

（4）足够的使用寿命。

（5）散热能力强。

第一节 车 轮

车轮是介于轮胎和车桥之间承受负荷的旋转组件，其功用是安装轮胎，承受轮胎与车桥之间的各种载荷。

车轮一般由轮毂、轮辋和轮辐组成，如图 7-2 所示。轮毂通过圆锥滚子轴承装在车桥或转向节轴径上，用于连接车轮与车桥。轮辋用于安装和固定轮胎。轮辐用于将轮毂和轮辋连接起来，并通过螺栓与轮毂连接起来。

一、轮辐

按轮辐结构的不同，车轮可以分为两种形式：辐板式车轮和辐条式车轮。

普通汽车和轻、中型载货汽车普遍采用辐板式车轮，如图 7-2 所示，由挡圈、轮辋、辐板和气门嘴伸出口组成。车轮中用以连接轮毂和轮辋的钢质圆盘称为辐板，大多是冲压制成的，少数是与轮毂铸成一体，后者主要用于重型汽车。

轿车的辐板所用板料较薄，常冲压成起伏多变的形状，以提高其刚度，目前广泛采用的汽车车轮为铝合金车轮，如图 7-3 所示，且多为整体式的，即轮辋和轮辐铸成一体。它质量小，尺寸精度高，生产工艺好，美观大方，可以明显改善车轮的空气动力学特性，降低汽车油耗。

辐条式车轮按辐条结构的不同分为钢丝辐条式车轮和铸造辐条式车轮，如图 7-4 所示。

第七章 车轮与轮胎

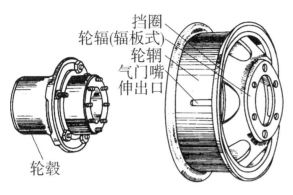

图 7-2 车轮的组成

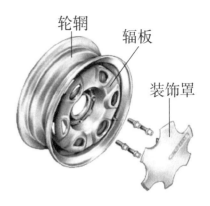

图 7-3 轿车铝合金车轮

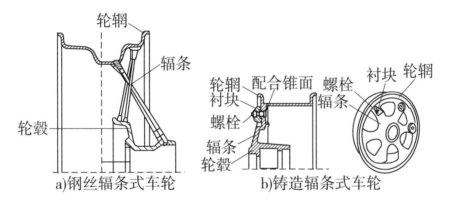

图 7-4 辐条式车轮

二、轮辋

轮辋用于安装和固定轮胎。按其结构不同,轮辋的常见结构形式有深槽轮辋、平底轮辋和对开式轮辋,如图 7-5 所示。此外,还有半深槽轮辋、深槽宽轮辋、平底宽轮辋、全斜底轮辋等。

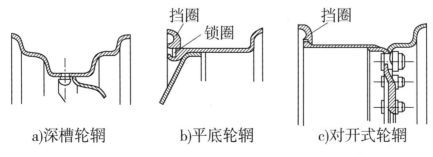

图 7-5 轮辋的常见结构形式

第二节 轮 胎

一、轮胎的功用和类型

1 轮胎的功用

现代汽车都采用充气式轮胎,轮胎安装在轮辋上,直接与路面接触,其功用如下。

(1)支撑汽车的质量,承受路面传来的各种载荷。

(2)和汽车悬架共同来缓和汽车行驶中所受到的冲击,并衰减由此而产生的振动,以保证汽车有良好的乘坐舒适性和行驶平顺性。

(3)保证车轮和路面有良好的附着性,以提高汽车的动力性、制动性和通过性。

2 轮胎的类型

(1)按轮胎内空气压力的大小,轮胎分为高压胎(0.5~0.7MPa)、低压胎(0.2~0.5MPa)和超低压胎(0.2MPa以下)三种。低压胎弹性好、减振性能强、壁薄散热性好、与地面接触面积大附着性好,因而广泛用于汽车。超低压胎在松软路面上具有良好的通过能力,多用于越野汽车及部分高档汽车。

(2)按轮胎有无内胎,轮胎分为有内胎轮胎和无内胎轮胎(俗称真空胎)。目前汽车上普遍采用无内胎轮胎。

(3)按胎体帘布层结构的不同,轮胎分为斜交轮胎和子午线轮胎。目前,子午线胎在汽车上广泛应用。

(4)按花纹不同分为普通花纹轮胎、组合花纹轮胎、越野花纹轮胎。

(5)按帘线材料不同分为人造丝(R)轮胎、棉帘线(M)轮胎、尼龙(N)轮胎、钢丝(G)轮胎。

目前汽车上应用的轮胎主要是低压(超低压)、无内胎的子午线轮胎。

二、轮胎的结构

充气轮胎按结构不同,可分为有内胎轮胎和无内胎轮胎,如图7-6所示。

有内胎轮胎由外胎、内胎和垫带等组成,使用时安装在汽车车轮的轮辋上。无内胎轮胎俗称真空胎,在外观上与普通轮胎相似,但是没有内胎及垫带。它的气门嘴用橡胶垫圈和螺母直接固定在轮辋上,空气直接充入外胎中,其密封性由外胎和轮辋来保证。

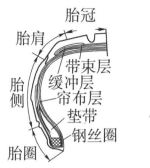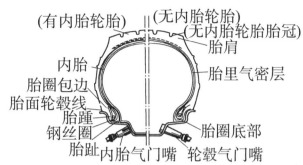

图 7-6 轮胎的结构

1 外胎

外胎是轮胎的主要组成部分,它是用耐磨橡胶以及帘线制成的强度较高而又有弹性的外壳,直接与地面接触来保护内胎,使其不受损伤,主要由胎面、胎圈和胎体等组成。

1) 胎面

胎面是轮胎的外表面,可分为胎冠、胎肩和胎侧三部分。

胎冠也称行驶面,它与路面直接接触,直接承受冲击与摩擦,并保护胎体免受机械损伤。为使轮胎与地面有良好的附着性能,防止纵、横向滑移,在胎面上制有各种形状的花纹,如图 7-7 所示,主要有普通花纹、组合花纹、越野花纹等。

图 7-7 胎面花纹

胎肩是较厚的胎冠和较薄的胎侧间的过渡部分,一般也制有各种花纹,以提高该部位的散热性能。

胎侧又称胎壁,它由数层橡胶构成,覆盖轮胎两侧,保护内胎免受外部损坏。胎侧可承受较大的挠曲变形,在行驶过程中,不断地在载荷作用下挠曲变形。胎侧上标有厂家名称、轮胎尺寸及其他资料。

胎冠部分磨损到磨损标记以下后将非常危险。如图 7-8 所示,胎面磨损标志位于胎面花纹沟底部,当胎面磨损到此处时,花纹沟断开,表明轮胎必须停止使用并送去翻新或报废。为便于用户找到磨损标志,通常在磨损标志对应的胎肩处标出"△"符号。这种磨损标志按国家标准的规定,每只轮胎应沿圆周等距离设置,不少于4个。

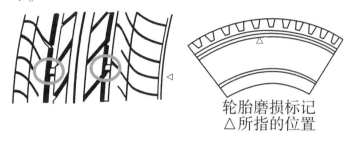

图 7-8 轮胎磨损标记

2)胎圈

胎圈是帘布层的根基,由钢丝圈、帘布层包边和胎圈包布组成,具有很大的刚度和强度,可以使外胎牢固地安装在轮辋上。

3)胎体

胎体由帘布层和缓冲层组成。

(1)帘布层。帘布层是外胎的骨架,主要用于承受载荷,保持外胎的形状和尺寸,并使其具有足够的强度。为使载荷均匀分布,帘布层通常由成偶数的多层帘布用橡胶贴合而成,相邻层的帘线交叉排列。帘布层数越多,轮胎的强度越大,但弹性下降。在外胎表面上标有帘布层数。

图 7-9 所示为斜交轮胎和子午线轮胎的结构。

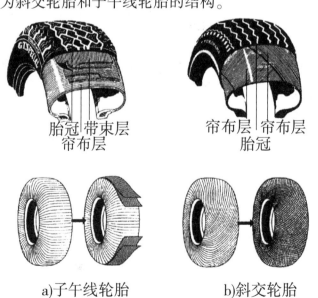

图 7-9 轮胎的结构形式

斜交轮胎帘布层的帘线按一定角度交叉排列,帘线与轮胎横断面的交角通常为50°。子午线轮胎帘布层帘线排列的方向与轮胎横断面一致,即垂直于轮胎胎面中心线,类似于地球仪上的子午线。子午线轮胎胎侧比斜交轮胎软,在径向上容易变形,可以增加轮胎的接地面积,即使在充足气后,两侧壁上也有一个特殊的凸起部。

子午线胎与斜交轮胎相比较具有行驶里程长、滚动阻力小、节约燃料、承载能力大、减振性能好、附着性能好、不易爆胎等优势,目前在汽车上应用广泛。

(2)缓冲层。缓冲层夹在胎面和帘布层之间,质软而弹性大,一般由两层或数层较稀疏的帘布和橡胶制成,其相邻两层的帘线也是交叉排列的。其作用是加强胎面与帘布层之间的结合,防止汽车紧急制动时胎面与帘布层脱离,并缓和汽车行驶时所受到的路面冲击。

2 无内胎轮胎

无内胎轮胎俗称真空胎,它在外观上与普通轮胎相似,但是没有内胎及垫带。它的气门嘴用橡胶垫圈和螺母直接固定在轮辋上,空气直接充入外胎中,其密封性由外胎和轮辋来保证,如图7-10所示。

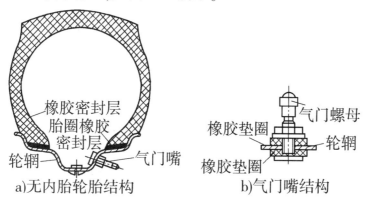

图7-10 无内胎轮胎

无内胎轮胎的内壁有一层橡胶密封层,有的轮胎在该层下面还有一层自黏层,能自行将刺穿的孔黏合,这些措施是为了提高胎壁的气密性。在胎圈外侧也有一层橡胶密封层,用以加强胎圈与轮辋之间的气密性。轮辋底部是倾斜的,并涂有均匀的漆层。气门嘴固定在轮辋一侧,用橡胶垫圈和螺母拧紧密封。

无内胎轮胎一旦被刺破,穿孔不会扩大,故漏气缓慢,胎压不会急剧下降,仍能继续行驶一定距离,可消除爆胎的危险。因无内胎,摩擦生热少,散热快,适用于高速行驶;此外,结构简单,质量较小,维修也方便。但密封层和自黏层易漏气,途中修理也较困难。无内胎轮胎必须配用深槽轮辋,故目前在汽车上应用较多。

三、轮胎规格的表示方法

轮胎的尺寸标注如图7-11所示。

1 斜交轮胎的规格

普通斜交轮胎的规格用 $B-d$ 表示，载货汽车斜交轮胎和汽车斜交轮胎的尺寸 B 和 d 均使用英寸(in)为单位。示例如下。

```
    9.00 - 20
         └──── 轮辋直径为20in
    └───────── 轮胎断面宽度为9.00in
```

2 子午线轮胎的规格

子午线轮胎的规格如图7-12所示。

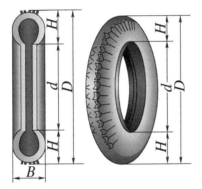

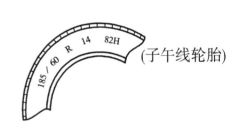

(子午线轮胎)

D-轮胎外径；d-轮胎内径；H-轮胎断面高度；
B-轮胎断面宽度

图7-11 轮胎的尺寸标注　　　　图7-12 子午线轮胎的规格

(1) 185——轮胎名义断面宽度代号，表示轮胎宽度185mm。

(2) 60——轮胎名义扁平比代号，表示扁平比为60%。扁平比为轮胎高度 H 与宽度 B 之比，有60、65、70、75、80五个级别。

(3) R——子午线轮胎结构代号，即"Radial"的第一个字母。

(4) 14——轮胎名义直径代号，表示轮胎内径14英寸(in)。

(5) 82——荷重等级，即最大载荷质量。荷重等级为82的轮胎的最大载荷质量为475kg。

(6) H——速度等级代号，表明轮胎能行驶的最高车速。常见的速度等级及对应的最高车速见表7-1。

第七章 车轮与轮胎

速度等级及对应的最高车速(单位:km/h)　　　　表 7-1

速度等级	最高车速	速度等级	最高车速
L	120	T	190
M	130	U	200
N	140	H	210
P	150	V	240
Q	160	Z	>240
R	170	W	<270
S	180	Y	<300

3 轮胎侧面标记

轮胎侧面标记如图 7-13 所示。在轮胎规格前加 P 表示轿车轮胎;在胎侧标有 REINFORCED 表示经强化处理;RADIAL 表示子午线轮胎;TUBELESS(或 TL)表示无内胎(真空胎);M + S(Mud and Snow) 表示适于泥地和雪地;"→"表示轮胎旋向,不可装反。

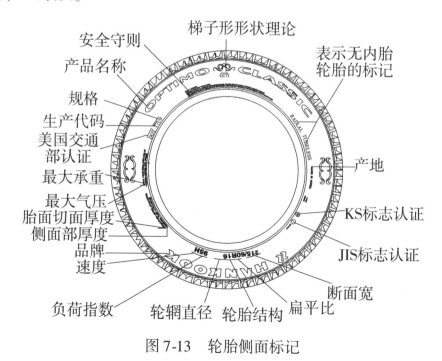

图 7-13　轮胎侧面标记

第三节　车轮和轮胎的维修

一、车轮的拆装

1　实训器材

（1）车辆：别克凯越轿车。

（2）普通工具：套筒扳手或一字螺丝刀、车轮螺母拆装机、扭力扳手、千斤顶或举升架。

2　准备工作

（1）汽车进入工位前，将工位清理干净，准备好相关的器材。

（2）将汽车可靠驻停。

（3）拉紧驻车制动器操纵杆，并将变速杆置于空挡位置，如图1-16所示。

（4）套上转向盘护套、变速杆手柄套和座椅套，铺设脚垫。

3　操作步骤

1）车轮总成的拆卸

（1）停稳车辆。

（2）用套筒扳手或者一字螺丝刀撬开车轮外盖（如装备）。

（3）利用车轮螺母拆装机或套筒扳手初步放松车轮螺母或者螺栓（每个各一转），如图7-14所示。

拆卸车轮

注意：在将车轮升起离开地面之前，不要拆除任何螺母或者螺栓。

（4）用千斤顶顶住指定的位置，如图7-15所示，使被拆车轮稍离地面；也可将车辆停在举升架上，升起车辆，使车轮稍离开地面。

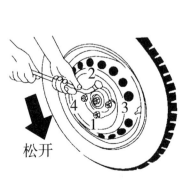 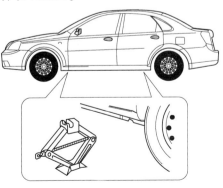

图7-14　拆卸车轮　　　图7-15　顶起车辆

注意：在千斤顶开始提升起车辆的过程中,确保千斤顶适当放置而不滑动。在车辆由千斤顶支撑的时候不要在汽车下方工作、起动或者运行发动机。车辆可能滑脱千斤顶,从而导致严重伤害或者死亡。

(5)逆时针转动完全拆除车轮螺母或者螺栓。

(6)拆下车轮总成。

如果车轮从车上拆卸困难,原因可能是有异物或车轮中心孔与轮毂或制动盘之间装配过紧。采用如下方法拆卸这类车轮。

①重新紧固受影响车轮上的车轮螺栓,然后再松开车轮螺栓两扣。

②降下车辆并尽量用力向两侧摇动,用一人或多人体重松开车轮。

③举升车辆并拆卸车轮。

注意：勿使机油渗入车轮和轮毂(或制动盘)之间的垂直面,否则机油进入该部位会导致车辆行驶时车轮松动,从而导致车辆失控和伤人事故。渗入机油对拆卸过紧车轮没有作用。但如果使用机油,应少量滴入,而且仅滴在车轮中心孔上。

2)车轮总成的安装

注意：在安装车轮前,用钢丝刷清除车轮安装面和制动鼓或制动盘安装面上的锈蚀。安装车轮时,如果安装面的金属之间接触不良,会导致车轮螺母松动,在车辆行驶时车轮脱落。必须按顺序紧固车轮螺栓至规定力矩,以免车轮、制动鼓或制动盘弯曲。

(1)顶起车桥,安装车轮,初步拧上车辆螺母或者螺栓。

(2)按图7-16所示顺序安装车轮螺栓。勿紧固车轮螺栓。

(3)下降车辆。

(4)稳妥紧固车轮螺母或者螺栓,拧紧力矩为100N·m。

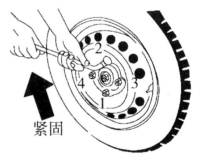

图7-16 安装车轮

(5)安装车轮盖(如装备)。

二、轮胎的检查

1 实训器材

(1)车辆：丰田卡罗拉汽车。

(2)普通工具：深度尺、钢直尺、轮胎气压表、轮胎扳手。

检查车轮

2 准备工作

（1）汽车进入工位前，将工位清理干净，准备好相关的器材。
（2）将汽车停驻在举升机中央位置。
（3）拉紧驻车制动器操纵杆，并将变速杆置于空挡位置，如图1-16所示。
（4）套上转向盘护套、变速杆手柄套和座椅套，铺设脚垫。

3 操作步骤

（1）举升车辆，缓慢转动轮胎，检查轮胎是否有胎体变形、鼓包、橡胶开裂、异常磨损及穿刺异物等现象。检查并清除轮胎花纹中堆积的杂物等。

（2）胎面花纹深度检查。具体方法：擦净轮胎花纹顶面及纹槽；将深度尺垂直插入纹槽中，保持深度尺的测量平面与两侧花纹顶面可靠接触；观察并读取深度尺外壳顶端与标尺对齐的刻度线指示的数值，该数值即为轮胎花纹深度值，如图7-17所示。

如果轮胎花纹接近磨损指示器，应更换轮胎。如果经过测量，前轮轮胎比后轮轮胎花纹磨损严重，应进行车轮换位。这样可保持汽车各个轮胎磨损基本均匀，达到延长轮胎使用寿命的目的。

（3）检查轮胎的径向跳动。如图7-18所示，用百分表检测轮胎的径向跳动。轮胎径向跳动应小于或等于1.4mm。

图7-17 胎面花纹深度检查

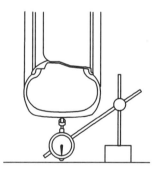
图7-18 检测轮胎径向跳动

（4）轮胎气压的检查。轮胎气压可用气压表进行检查。不同的车辆，轮胎的气压值也许不同，检查时应参看相应车辆的维修手册。丰田卡罗拉汽车轮胎气压值见表7-2。

（5）轮胎换位。按时换位可使轮胎磨损均匀，约可延长20%的使用寿命，在路面拱度较大的地区与夏季，轮胎磨损差别较大，可适当增加换位次数。轮胎换位顺序如图7-19所示，为使轮胎均匀磨损并延长其使用寿命，建议行驶每

10000km 时进行一次轮胎换位。

冷胎充气压力（单位：kPa） 表 7-2

轮 胎 尺 寸	前 轮 轮 胎	后 轮 轮 胎
195/65R15 91H	220	220
205/55R16 91V	220	220

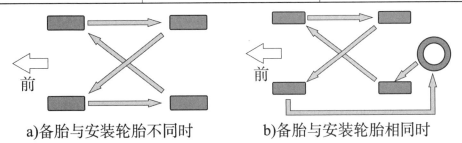

a) 备胎与安装轮胎不同时　　　b) 备胎与安装轮胎相同时

图 7-19　轮胎换位顺序

三、轮胎的更换

目前汽车几乎都是采用无内胎的子午线轮胎，最常见的拆装轮胎的专用设备是轮胎拆装机，如图 7-20 所示。

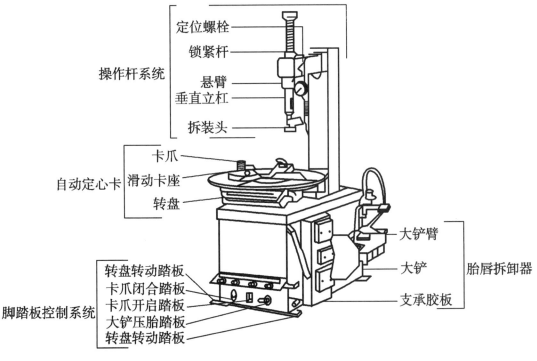

图 7-20　轮胎拆装机的结构

1 实训器材

(1)车辆:丰田卡罗拉汽车。

(2)普通工具:轮胎拆装机、轮胎气压表、撬杠。

2 准备工作

(1)进入工位前,将工位清理干净,准备好相关的器材。

(2)将轮胎内空气放尽,去掉车轮上的平衡块,以免发生危险。

3 操作步骤

1)轮胎脱开

把车轮竖起放在地上,靠近支承胶板,压好后,踩下踏板,慢慢转动车轮,重复上述动作,直到把胎唇全部撬开。

2)轮胎分解

(1)扳动锁紧杆,松开垂直立杆。

(2)将轮胎锁紧在转盘上,锁紧方式有两种。

①外夹:将轮胎放于旋转工作台上,踩踏开启踏板,使卡爪将轮胎锁紧。

②里夹:先将卡爪外张开,将轮胎放置转盘上,踩踏锁紧踏板,卡爪锁紧轮辋外缘。对胎口较紧的轮胎推荐里夹。

(3)按下垂直立杆,使拆装头靠近轮胎边缘,并用锁紧杆锁紧垂直立杆。调整悬臂定位螺栓,使机头滚轮与轮辋外缘隔离间隙为 5~7mm,上下提升 3mm 左右。

(4)用撬杠将胎缘撬在拆装头上,点踩踏板,让转盘顺时针旋转,直到胎缘脱落为止。

注意:如拆胎受阻,应立即停车,点踩踏板,让转盘逆时针转动,消除障碍。

3)轮胎装配

(1)用除锈机或钢丝刷除去轮辋、挡圈和锁圈上的锈迹。

(2)将轮辋在转盘上锁定。

(3)先给胎唇涂上润滑膏或肥皂水,然后把轮胎套在钢套上把拆装头固定到工作位置。

(4)将胎缘置于拆装头尾部上面,机头下部,同时压低胎肚。

(5)顺时针旋转转盘让胎缘落入轮辋槽内。

(6)重复以上步骤,装上另一胎缘。

(7)调整轮胎位置,使轮胎平衡点位置与气门嘴以 180°安装。

(8) 松开钳住轮辋的卡爪,给轮胎充气。

4) 轮胎充气

(1) 轮胎充气应按照该型汽车使用说明书上规定的标准气压执行,并在冷态时用气压表测量,若在热态时测量,应略高于标准气压,取适当的修正值。气压表应定期校准,以保证读数准确。

(2) 轮胎装好后,先充入少量空气,待内胎充气伸展后再继续充至要求气压。

(3) 充气前应检查气门芯与气门嘴是否配合平整,并擦净灰尘。充气后应检查是否漏气,并将气门帽装紧。

(4) 充入的空气不得含有水分和油雾。

(5) 充气时应注意安全防护,充气开始时用手锤轻击锁圈,使其平稳嵌入轮辋槽内,以防锁圈跳出。

四、车轮动平衡的检测

车轮的动平衡试验有离车式和就车式两种方法。常见的为离车式车轮的动平衡试验。

利用离车式车轮动平衡机对车轮进行动平衡检测时,需将车轮从车上拆下。图7-21所示为常见的车轮动平衡机。该动平衡机主要由驱动装置、转轴与支承装置、显示与控制装置、制动装置及防护罩组成。为了使显示的不平衡量恰是轮辋边缘所加平衡块的质量,必须将测得的轮辋直径、轮辋宽度和轮辋边缘至平衡机机箱的距离(轮辋外悬尺寸),通过键盘或选择器旋钮输入微机。

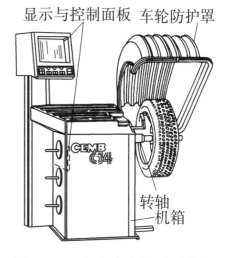

图7-21 离车式车轮动平衡机

1 实训器材

(1) 车辆:丰田卡罗拉汽车。

(2) 普通工具:车轮动平衡机、轮胎气压表、动平衡机专用卡尺、配重。

2 准备工作

(1) 进入工位前,将工位清理干净,准备好相关的器材。

(2) 清除被测车轮上的泥土、石子和旧平衡块。

(3) 检查轮胎气压,视必要充至汽车制造厂的规定值。

3 操作步骤

（1）根据轮辋中心孔的大小选择锥体，仔细地装上车轮，用大螺距螺母拧紧。

（2）打开电源开关，检查指示与控制装置的面板是否指示正确。

（3）用卡尺测量轮辋宽度、轮辋直径（也可由胎侧读出），用平衡机上的标尺测量轮辋边缘至平衡机机箱距离，再用键盘或选择器旋钮对准测量值的方法，将轮辋边缘至平衡机的距离、轮辋宽度、轮辋直径值输入到指示与控制装置中去。离车式车轮动平衡机的专用卡尺如图 7-22 所示，轮辋边缘至平衡机的距离、轮辋宽度、轮辋直径三尺寸如图 7-23 所示。为了适应不同计量制式，平衡机上的所有标尺一般都同时标有英制和米制刻度。

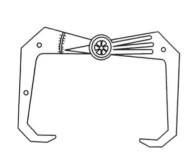
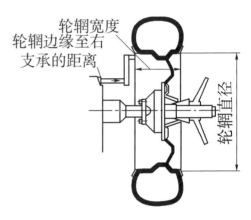

图 7-22 动平衡机专用卡尺　　图 7-23 车轮在平衡机上的安装

（4）放下车轮防护罩，按下启动键，车轮旋转，平衡测试开始，微机自动采集数据。

（5）车轮自动停转或听到"嘀"声按下停止键，并操纵制动装置使车轮停转后，从指示装置读取车轮内、外两侧不平衡量和不平衡位置。

（6）抬起车轮防护罩，用手慢慢转动车轮。当指示装置发出指示（音响、指示灯亮、制动、显示点阵或显示检测数据等）时停止转动。在轮辋的内侧或外侧的上部（时钟 12 点位置）加装指示装置显示该侧平衡块质量。内、外侧要分别进行，平衡块装卡要牢固。

（7）安装平衡块后有可能产生新的不平衡，应重新进行平衡试验，直至不平衡量小于 5g（0.3oz），指示装置显示"00"或"OK"时才能结束平衡试验。当不平衡量相差 10g 左右时，如按图 7-24 沿轮辋边缘左右移动平衡块一定角度，将可获得满意的效果。平衡过程中，实践经验越丰富，平衡速度越快。

第七章　车轮与轮胎

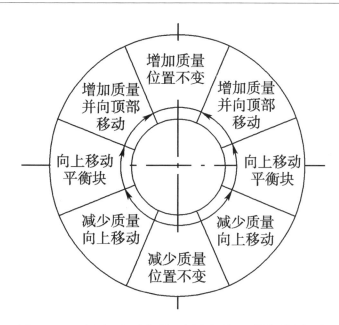

图 7-24　复查时平衡块质量和位置的调整方法

(8) 测试结束,关闭电源开关。

车轮动平衡机的平衡重也称配重,通常有卡夹式和粘贴式,如图 7-25 所示。卡夹式配重适用于轮辋有卷边的车轮。对于铝镁合金轮辋,因无卷边可夹,可使用粘贴式配重。粘贴式配重的外弯面有不干胶,粘贴于轮辋内表面。

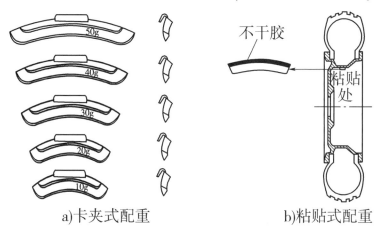

a) 卡夹式配重　　　　　　b) 粘贴式配重

图 7-25　配重的类型

1. 汽车车轮总成由车轮和轮胎两大部分组成,是汽车行驶系统中极其重要的部件之一,它处于车轴和地面之间。

2.车轮是介于轮胎和车桥之间承受负荷的旋转组件,其有安装轮胎、承受轮胎与车桥之间各种载荷的作用。车轮一般是由轮毂、轮辋和轮辐组成。

3.现代汽车都采用充气式轮胎,轮胎安装在轮辋上,直接与路面接触。目前轿车上应用的轮胎主要是低压(超低压)、无内胎的子午线轮胎。

4.充气轮胎按结构不同,可分为有内胎轮胎和无内胎轮胎2种,有内胎轮胎由外胎、内胎和垫带等组成,使用时安装在汽车车轮的轮辋上。无内胎轮胎俗称真空胎。

5.胎面是轮胎的外表面,可分为胎冠、胎肩和胎侧三部分。胎圈是帘布层的根基,由钢丝圈、帘布层包边和胎圈包布组成。胎体由帘布层和缓冲层组成。按胎体帘布层结构的不同,轮胎分为斜交轮胎和子午线轮胎。

复习思考题

一、简答题

1.车轮总成由哪几部分组成?它的功用是什么?
2.轮胎的功用有哪些?
3.子午线轮胎和普通斜交轮胎相比,有什么区别和特点?
4.以 195/60 R 14 85 H 为例说明子午线轮胎规格的含义?

二、选择题

1.按胎内的空气压力大小,充气轮胎可分为高压胎、低压胎和超低压胎。气压在 0.15～0.45MPa 的轮胎称为(　　)。

　　A.超高压胎　　　B.高压胎　　　C.低压胎　　　D.超低压胎

2.某子午线轮胎速度等级为H、名义直径为195in,其最高行驶速度为(　　)km/h。

　　A.150　　　　　B.160　　　　　C.180　　　　　D.210

3.某汽车子午线轮胎规格 205/70R 15 100S 中 S 的含义为(　　)。

　　A.行驶里程　　　　　　　B.国际单位秒
　　C.负荷指数　　　　　　　D.表示最大车速符号

4.现代汽车几乎都采用充气轮胎,轮胎按胎体帘布层结构不同可分为(　　)。

　　A.有内胎轮胎和无内胎轮胎
　　B.低压胎和高压胎
　　C.斜交轮胎和子午线轮胎

D.普通花纹轮胎和越野花纹轮胎

三、判断题

1. 现在一般汽车均采用高压胎。　　　　　　　　　　　　　　　（　　）

2. 为了使轮胎磨损均匀,子午线轮胎的轮胎换位应按照左右交叉换位的规范进行。　　　　　　　　　　　　　　　　　　　　　　　　　　　　（　　）

3. 子午线轮胎虽比斜交轮胎有较大的滚动阻力,但它抗磨能力强,耐冲击性能好,故子午线轮胎仍得到广泛的使用。　　　　　　　　　　　　　　（　　）

第八章

车架与悬架

学习目标

1. 了解车架的种类及结构;
2. 了解悬架的基本组成、功用及种类;
3. 掌握弹性元件及减振器的结构及工作原理;
4. 掌握常见悬架的结构及工作原理;
5. 掌握前减振器的更换方法;
6. 掌握悬架下臂的更换方法;
7. 掌握球节的更换方法;
8. 掌握后减振器的更换方法。

第一节 车 架

车架俗称大梁,是跨接在前后车轮上的桥梁式结构,是构成整个汽车的骨架,是整个汽车的装配基体,汽车绝大多数的零部件、总成(如发动机、变速器、传动机构、操纵机构、车桥、车身等)都要安装在车架上。

汽车上采用的车架有4种类型:边梁式车架、中梁式车架、综合式车架和无梁式车架。目前汽车上多采用边梁式车架和无梁式车架。

一、边梁式车架

边梁式车架由两根位于两边的纵梁和若干横梁组成,用铆接法或焊接法将纵梁与横梁连接成坚固的刚性构架,如图8-1所示。

边梁式车架结构简单、便于整车的布置,在各种类型的汽车上都广泛应用。

二、中梁式车架

中梁式车架又称脊梁式车架,由一根贯穿汽车纵向的中梁和若干根横向悬伸托架所组成,如图 8-2 所示。中梁的断面一般是管形或箱形,其前端制成伸出支架,用以固定发动机。传动轴在中梁内穿过。主减速器壳通常固定在中梁的尾端,形成断开式后驱动桥,中梁上的悬伸托架用以支承汽车车身和安装其他机件。

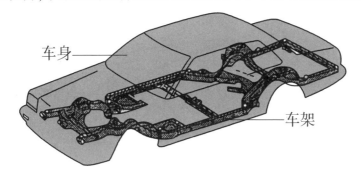

图 8-1　边梁式车架

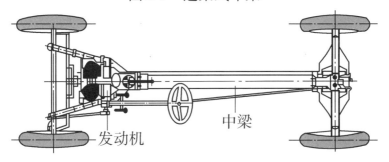

图 8-2　中梁式车架

三、综合式车架

综合式车架是由边梁式和中梁式车架结合而成的,如图 8-3 所示。车架前段或后段近似边梁式结构,便于分别安装发动机或驱动桥。传动轴从中梁中间穿过。这种结构制造工艺复杂,目前应用也不多。

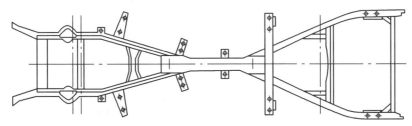

图 8-3　综合式车架

四、无梁式车架

部分汽车和客车为减小自身质量,以车身代替车架,这种车身又称承载式车身或无梁式车架,图8-4所示为某轿车的车身组成部件。采用承载式车身的特点是没有车架(大梁),车身就作为发动机和底盘各总成的安装基础,各种载荷全部由车身承受。

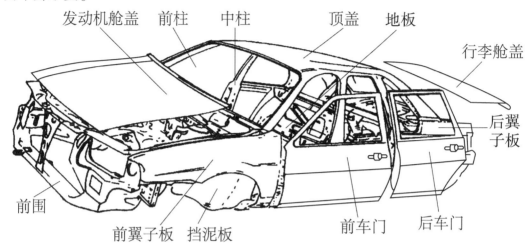

图8-4 轿车车身组成件

汽车车身总成结构主要包括车身壳体、车门、车窗、车前后钣金件、车身内外装饰件、车身附件、座椅以及通风装置等。车身壳体是一切车身部件和零件的安装基础,由纵、横梁支柱等主要承力元件,以及与它们相连接的钣金件经焊接而共同组成的刚性空间结构。车前后钣金件,包括散热器框架前后围板、发动机舱盖、前后翼子板、挡泥板等。这些钣金件形成了容纳发动机、车轮等部件的空间。

第二节 悬 架

一、悬架的功用、种类及结构

1 悬架的功用

悬架是车架(或车身)与车桥(或车轮)之间一切传力连接装置的总称。悬架具有以下的功用。

(1)连接车架(或车身)和车轮,把路面作用到车轮的各种力传给车架(或车身)。

(2)缓和冲击、衰减振动,使乘坐舒适,具有良好的平顺性。

(3)保证汽车具有良好的操纵稳定性。

2 悬架的种类

汽车悬架可分为两大类:非独立悬架和独立悬架,如图8-5所示。

悬架类型

a) 非独立悬架　　　　　b) 独立悬架

图 8-5　非独立悬架与独立悬架的示意图

非独立悬架的特点是左右车轮安装在一根整体式车桥两端,车桥则通过悬架与车架相连。当一侧车轮发生位置变化后会导致另一侧车轮的位置也发生变化。

独立悬架的结构特点是车桥制成断开的,每一侧车轮单独通过悬架与车架(或车身)连接。与非独立悬架相比较,汽车采用独立悬架有以下优点。

(1) 两侧车轮可以单独运动而互不影响,这样在不平道路上可减少车架和车身的振动,而且有助于消除转向轮不断偏摆的不良现象。

(2) 减少了汽车的非簧载质量(即不由弹簧支承的质量)。在非独立悬架的情况下,整个车桥和车轮都属于非簧载质量部分。在采用独立悬架时,对驱动桥而言,由于主减速器、差速器及其外壳固定在车架上,成了簧载质量;对转向桥而言,它仅具有转向主销和转向节,没有中部的整体梁,非簧载质量只包括车轮质量和悬架系统中的一部分零件的全部或部分质量,这比用非独立悬架时的非簧载质量要小得多。在道路条件和车速相同时,非簧载质量越小,悬架受到的冲击载荷也就越小,因而采用独立悬架可以提高汽车的平均行驶速度。

(3) 由于采用断开式车桥,发动机总成的位置可以降低和前移,使汽车重心下降,因而可提高汽车的行驶稳定性;同时由于为了给车轮较大的上下运动的空间,可以将悬架刚度设计得较小,以降低车身振动频率,改善行驶平顺性。

(4) 越野汽车全部车轮采用独立悬架还可保证汽车在不平道路上行驶时,所有车轮和路面有良好的接触,从而可增大牵引力;此外,可增大汽车的离地间隙,使汽车的通过性能大大提高。

由于具有以上优点,独立悬架被现代汽车广泛采用。但是,独立悬架结构复杂,制造成本高,维修不便,在一般情况下,车轮跳动时,由于车轮外倾角与轮距变化较大,轮胎磨损较严重。

3　悬架的结构

现代汽车的悬架虽有不同的结构形式,但一般都由弹性元件、减振器、导向机构等组成,汽车一般还有横向稳定器。悬架的组成如图 8-6 所示。

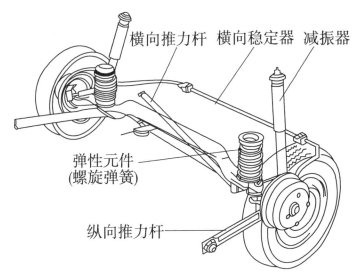

图 8-6 悬架的组成

弹性元件使车架(或车身)与车桥(或车轮)之间弹性连接,可以缓和由于不平路面带来的冲击,并承受和传递垂直载荷。减振器可以衰减由于路面冲击产生的振动,使振动的振幅迅速减小。

导向机构包括纵向推力杆和横向推力杆,用于传递纵向载荷和横向载荷,并保证车轮相对于车架(或车身)的运动关系。

横向稳定器可以防止车身在转向等情况下发生过大的横向倾斜。

二、弹性元件

汽车上常用的弹性元件包括钢板弹簧、螺旋弹簧、扭杆弹簧和气体弹簧等。

1 钢板弹簧

钢板弹簧也称叶片弹簧,其结构如图 8-7 所示,在车桥靠近车架或车身时靠钢板弹簧的弹性形变来起缓冲作用,并在车桥靠近和离开车架或车身的整个过程中,通过各片相互之间的滑动摩擦,部分衰减路面的冲击作用。

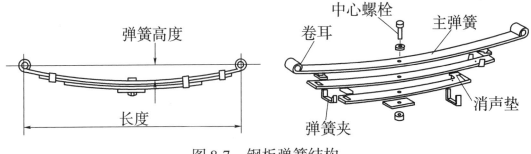

图 8-7 钢板弹簧结构

一副钢板弹簧通常由很多曲率半径不同、长度不等、宽度一样、厚度相等的弹簧钢板片叠成,在整体上近似等强度的弹性梁。第一片最长的钢板弹簧,称为主片,其两端或一端弯成卷耳状。在钢板弹簧全长内装有2~4个钢板夹。钢板弹簧的中部通过U形螺栓和压板与车桥刚性固定,两端用销子铰接在车架的支架和吊耳上。

2 螺旋弹簧

螺旋弹簧广泛应用于独立悬架,有些轿车的后轮非独立悬架也采用螺旋弹簧做弹性元件。螺旋弹簧如图8-8所示,由特殊的弹簧钢棒卷制而成,可以制成圆柱形或圆锥形,也可以制成等螺距或不等螺距。圆柱形等螺距螺旋弹簧的刚度是不变的,圆锥形或不等螺距螺旋弹簧的刚度是可变的。

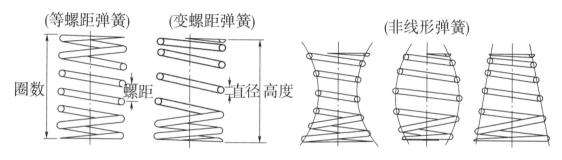

图8-8 螺旋弹簧

螺旋弹簧与钢板弹簧相比,无须润滑,防污能力强,质量小,单位质量的能量吸收率较高。但是,螺旋弹簧本身减振作用很差,因此在螺旋弹簧悬架中,必须另装减振器;螺旋弹簧只能承受垂直载荷,故必须加装导向装置,以传递垂直力以外的各种力和力矩。

3 扭杆弹簧

扭杆弹簧是一根由铬钒弹簧钢制成的扭杆,如图8-9所示。扭杆一端固定在车架上,另一端固定在悬架的摆臂上,摆臂则与车轮相连。当车轮跳动时,摆臂便绕着扭杆轴线而摆动,使扭杆产生扭转导致弹性变形,以保证车轮与车架的弹性联系。

扭杆弹簧在制造时,经热处理后预先施加一定的扭转力矩,使之产生一个永久的扭转变形,从而使其具有一定的预应力。左、右扭杆的预加扭转的方向都与扭杆安装在车上后承受工作载荷时扭转的方向相同,目的是减少工作时的实际应力,以延长使用寿命。如果左、右扭杆换位安装,则将导致扭杆弹簧的实际工作应力加大,使用寿命缩短。因此,左右扭杆弹簧刻有不同的标记,不可互换。

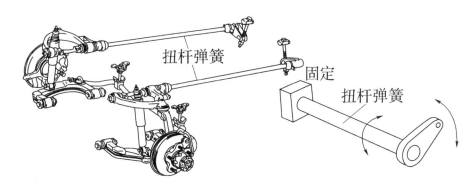

图 8-9 扭杆弹簧示意图

4 气体弹簧

气体弹簧主要有空气弹簧和油气弹簧。

气体弹簧以空气做弹性介质,即在一个密闭的容器内装入压缩空气(气压为 0.5~1MPa),利用气体的可压缩性实现弹簧的作用。

空气弹簧有囊式[图 8-10a)]和膜式[图 8-10b)]。空气弹簧常用在汽车上,尤其是在主动悬架中使用较多。

油气弹簧以气体氮(惰性气体)作为弹性介质,用油液作为传力介质。图 8-11 所示为单气室式油气弹簧。油气弹簧的球形室固定在工作缸上,室的内腔用橡胶油气隔膜隔开,充入高压氮气的一侧为气室,与工作缸相通并充满油液的一侧为油室。工作缸内装有活塞、阻尼阀及其阀座。

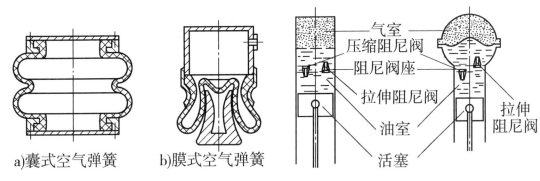

图 8-10 空气弹簧　　图 8-11 油气弹簧结构原理图

当载荷增加且车架与车桥相互靠近时,活塞上移,使工作缸内容积减小,油压升高,油液顶开阻尼阀进入球形室,推动隔膜向气室方向移动,使气室容积减少,氮气压力升高,油气弹簧的刚度增大。当载荷减小时,在高压氮气的作用下隔膜向油室方向移动,室内油液经阻尼阀流回工作缸,推动活塞下移。这时气室容积增大,氮气压力下降,弹簧刚度减小。当氮气压力通过油液传递作用在活塞上的力与载荷平衡时,活塞便停止移动。随着载荷的变化,气室内氮气也随之变化,相应地活塞处于工作缸中不同位置。可见,油气弹簧具有变刚度的特性。

5 橡胶弹簧

橡胶弹簧是利用橡胶本身的弹性来起作用的弹性元件,它可以承受压缩载荷和扭转载荷。当橡胶弹簧在外力作用下变形时,其内部产生摩擦,以吸收振动。橡胶弹簧的优点是可以制成任何形状,使用时无噪声,不需要润滑。但橡胶弹簧不适用支承重载荷。所以,橡胶弹簧主要用作辅助弹簧,或用作悬架部件的衬套、垫片、垫块、挡块及其他支承件。

三、减振器

1 减振器的功用及原理

减振器在汽车中的作用是迅速衰减由车轮通过悬架弹簧传给车身的冲击和振动,提高汽车行驶的平顺性能。减振器在汽车悬架中是与弹性元件并联安装的,如图 8-12 所示。

目前,汽车悬架系统中广泛采用液压减振器,其基本原理如图 8-13 所示。当车架与车桥作往复的相对运动而使活塞在缸筒内往复移动时,减振器壳体内的油液便反复地从内腔通过一些窄小的孔隙流入另一内腔,此时孔壁与油液间的摩擦及液体分子内的摩擦便形成对振动的阻尼力,使车身和车架的振动能量转化为热能被油液和减振器壳体所吸收,然后扩散到大气中。减振器阻尼力的大小随车架与车桥(或车轮)间相对速度的变化而增减,并且与油液的黏度有关。

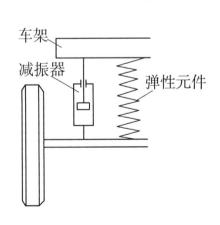

图 8-12 减振器和弹性元件的安装示意图

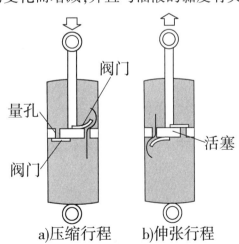

图 8-13 液压减振器的基本原理

阀门越大,阻尼力越小,反之亦然。相对运动速度越大,阻尼力越大,反之亦然。阻尼力越大,振动的衰减越快,但悬架弹性元件的缓冲效果不能发挥,乘坐也不舒适,因此弹性元件的刚度与减振器的阻尼力要合理搭配,才能保证乘坐舒适性和操纵稳定性的要求。

2 双向作用筒式减振器

液力减振器按作用方式可分为双向作用式减振器和单向作用式减振器。双向作用式减振器在伸张行程和压缩行程都具有阻尼减振作用,目前在汽车上应用最广泛。

双向作用筒式减振器如图8-14所示。双向作用筒式减振器在内筒和外筒之间设计了补偿孔,它可以调整油液量以适应活塞杆的移动体积。

如图8-14a)所示,在节流孔①上设置阀门,节流孔②没有阀门。压缩时,阀门①打开,下腔的油液通过节流孔①和②流到上腔,使活塞容易下行。伸张时,阀门①关闭,上腔的油液只能通过节流孔②流回下腔,使活塞上行阻尼增大。这样就实现了减振效果,它可以很快地吸收路面冲击,但汽车在坏路上行驶时的行驶平顺性较差。

如图8-14b)所示,在节流孔②上设计阀门②,伸张时油液通过节流孔②,压缩时油液通过节流孔①,因此在压缩和伸张时都受到阻尼力。对于激烈的车身振动,下腔的油液在伸张时通过补偿阀上的节流孔流入补偿腔,产生阻尼力;压缩时补偿阀打开,油液无阻尼地通过补偿阀。补偿腔的上部有氮气,可以被油液压缩。

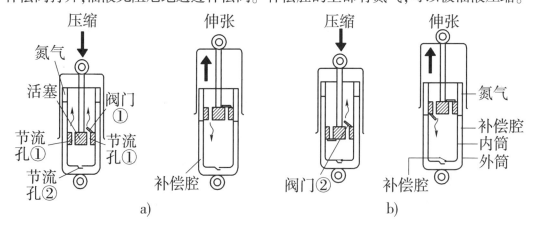

图8-14 双向作用筒式减振器的结构及工作原理

四、横向稳定器

横向稳定器如图8-15和图8-16所示。横向稳定器利用扭杆弹簧原理,将左右车轮通过横向稳定杆连接起来。在车身倾斜时,稳定杆两边的纵向部分向不同方向偏转,于是横向稳定杆被扭转。弹性的稳定杆产生的扭转内力矩就阻碍了悬架弹簧的变形,从而减少车身的横向倾斜。

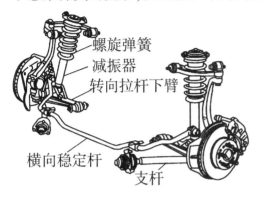 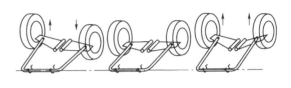

图 8-15　横向稳定器　　　　图 8-16　横向稳定器的作用

五、非独立悬架

非独立悬架结构简单,工作可靠,一些汽车的后悬架中采用这一结构类型。

按照采用弹性元件的不同,非独立悬架可以分为钢板弹簧式非独立悬架和螺旋弹簧式非独立悬架。

1　钢板弹簧式非独立悬架

图 8-17 所示为钢板弹簧式非独立悬架。钢板弹簧中部通过 U 形螺栓(骑马螺栓)固定在前桥上。钢板弹簧的前端卷耳用弹簧销与前支架相连,形成固定式铰链支点,起传力和导向作用;而后端卷耳则用吊耳销与可在车架上摆动的吊耳相连,形成摆动式铰链支点,从而保证了弹簧变形时两卷耳中心线间的距离有改变的可能。

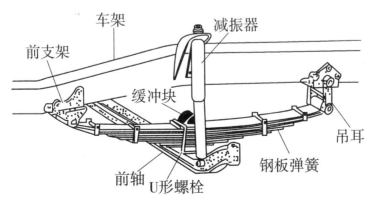

图 8-17　钢板弹簧式非独立悬架

减振器的上、下两个吊环通过橡胶衬套和连接销分别与车架上的上支架和车桥上的下支架相连接。盖板上装有橡胶缓冲块,以限制弹簧的最大变形,并防止弹簧直接碰撞车架。

2 螺旋弹簧式非独立悬架

螺旋弹簧式非独立悬架由螺旋弹簧、减振器、纵向推力杆和横向推力杆组成。一般只用于汽车的后悬架,如图8-18所示。

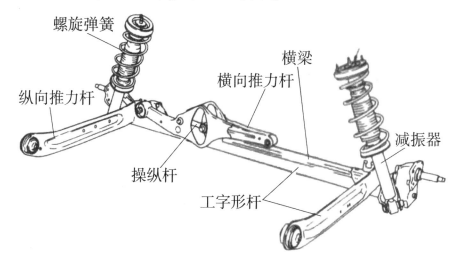

图8-18 螺旋弹簧非独立悬架

六、独立悬架

现代汽车,特别是轿车上广泛采用独立悬架。独立悬架的结构类型很多,一般可按车轮的运动方式分为3类,如图8-19所示。另外,现代轿车中越来越多地采用了多连杆式独立悬架。

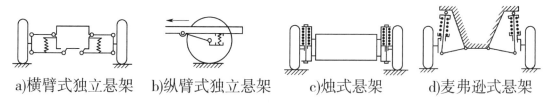

a)横臂式独立悬架　b)纵臂式独立悬架　c)烛式悬架　d)麦弗逊式悬架

图8-19 独立悬架的类型示意图

（1）横臂式独立悬架:车轮在汽车横向平面内摆动的悬架,如图8-19a)所示。

（2）纵臂式独立悬架:车轮在汽车纵向平面内摆动的悬架,如图8-19b)所示。

（3）车轮沿主销移动的独立悬架,包括烛式悬架和麦弗逊式悬架,分别如图8-19c)、d)所示。

1 横臂式独立悬架

横臂式独立悬架分为单横臂式和双横臂式,目前单横臂式独立悬架应用较少。

双横臂式独立悬架的两个横摆臂有等长的和不等长的,如图8-20所示。摆臂等长的独立悬架在当车轮上下跳动时,虽然车轮平面不倾斜、主销轴线的方向也不发生变化,但轮距发生较大的变化,这将引起车轮的侧滑和轮胎的磨损。而摆臂不等长的独立悬架在当车轮上下跳动时,虽然车轮平面、主销轴线、轮距都发生变化,但如果选择长度比例合适,可使车轮和主销的角度及轮距变化不大,这种独立悬架被广泛用在汽车前轮上。图8-21所示为汽车不等长双横臂式独立悬架。

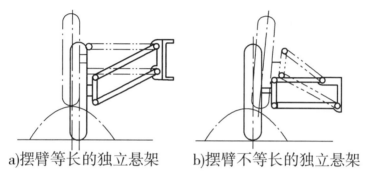

a)摆臂等长的独立悬架　　b)摆臂不等长的独立悬架

图8-20　双横臂式独立悬架示意图

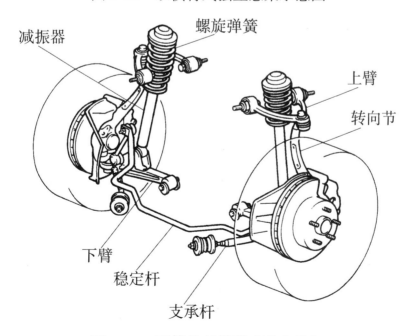

图8-21　不等长双横臂式独立悬架

2 纵臂式独立悬架

纵臂式独立悬架也分为单纵臂式和双纵臂式。

单纵臂式独立悬架如果用于前轮,车轮上下跳动时会使主销后倾角变化很大,所以单纵臂式独立悬架都用于后轮。

双纵臂式独立悬架的两纵摆臂一般长度相等,形成平行四连杆机构,如图8-22所示。这种悬架当车轮上下跳动时,车轮外倾角、轮距和主销后倾角都不发生变化,所以适用于前轮。

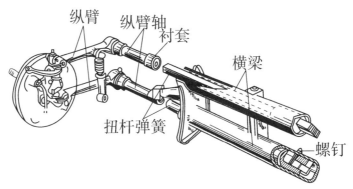

图 8-22　双纵臂式独立悬架

3 烛式独立悬架

图8-23所示为烛式独立悬架,主销的上下两端刚性地固定在车架上。套在主销上的套管固定在转向节上。套管的中部固定装着螺旋弹簧的下支座。筒式减振器的下端与转向节相连,上端与车架相连。悬架的摩擦部分套着防尘罩。通气管与防尘罩内腔相通,以免罩中空气被密封而影响悬架的弹性。

其优点是当悬架变形时,主销的定位角不会发生变化,仅轮距、轴距稍有改变;有利于汽车的转向操纵性和行驶稳定性。缺点是侧向力全部由套筒和主销承受,二者间的摩擦阻力大,磨损严重。因此,这种结构形式目前很少采用。

4 麦弗逊式独立悬架

麦弗逊式悬架是目前前置前驱动汽车和某些轻型客车应用比较普遍的悬架结构形式。如图8-24所示,筒式减振器为滑动立柱,横摆臂的

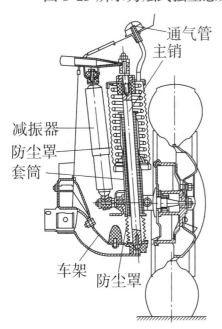

图 8-23　烛式独立悬架

内端通过铰链与车身相连,外端通过球铰链与转向节相连。减振器的上端与车身相连,减振器的下端与转向节相连,车轮所受的侧向力大部分由横摆臂承受,其余部分由减振器活塞和活塞杆承受。筒式减振器上铰链的中心与横摆臂外端球铰链中心的连线为主销轴线,此结构也为无主销结构。当车轮上下跳动时,减振器下支点随前悬架摇臂摆动,故主销轴线角度是变化的,这说明车轮是沿着摆动的主销轴线而运动。

烛式独立悬架和麦弗逊式独立悬架都属于车轮沿主销移动的独立悬架,烛式独立悬架的车轮沿固定不动的主销移动,麦弗逊式独立悬架的车轮沿摆动的主销轴线移动。

5 多连杆式独立悬架

独立悬架中多采用螺旋弹簧,因而对于侧向力、垂直力以及纵向力需增设导向装置,即采用杆件来承受和传递这些力,因而一些轿车上为减轻车重和简化结构而采用多连杆式悬架。

多连杆悬架系统通常可能有三连杆、四连杆、五连杆,它的特点是首先能实现双横臂式悬架的所有功能,然后在双横臂式的基础上通过连杆连接轴的约束作用使得轮胎在上下运动时前束角也能相应改变,这就意味着弯道适应性更好。如果用在前轮驱动车辆的前悬架,可以在一定程度上缓解转向不足,给人带来精确转向的感觉;如果用在后悬架上,能在转向侧倾的作用下改变后轮的前束角,这就意味着后轮一定程度上可以随前轮一同转向,达到舒适、操控两不误的目的。图 8-25 所示为广州本田雅阁轿车的后悬架装置,它采用的是五连杆式独立悬架,五连杆分别指上横臂、下横臂、控制臂、前置定位臂和后置定位臂。

图 8-24 麦弗逊式独立悬架

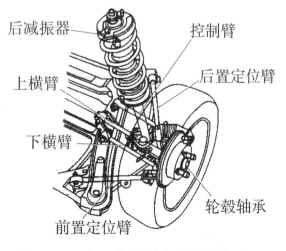

图 8-25 本田雅阁轿车的后悬架装置

第三节 电子控制悬架系统

传统的悬架系统一般具有固定的弹簧刚度和减振器阻尼,不能同时满足汽车行驶平顺性和操纵稳定性的要求。降低弹簧刚度,平顺性会更好,使乘坐舒适,但由于悬架偏软,会使操纵稳定性变差;而增加弹簧刚度会提高操纵稳定性,但较硬的弹簧又使车辆对路面的不平度很敏感,使平顺性降低。因此,理想的悬架系统应在不同的使用条件下具有不同的弹簧刚度和减振器阻尼力,这样既能满足平顺性的要求又能满足操纵稳定性的要求。电子控制悬架系统就是这种理想的悬架系统。

电子控制悬架系统主要有半主动悬架和主动悬架。半主动悬架是指悬架元件中的弹簧刚度和减振器阻尼力之一可以根据需要进行调节。而主动悬架能根据需要自动调节弹簧刚度和减振器的阻尼力,从而能够同时满足汽车行驶平顺性和操纵稳定性等各方面的要求。主动悬架按弹簧的类型,又可以分为空气弹簧主动悬架和油气弹簧主动悬架。

1 电子控制悬架系统的组成和工作原理

电子控制悬架系统由传感器、开关、电子控制单元和执行机构等组成。传感器一般有车高传感器、车速传感器、加速度传感器、转向盘转角传感器、节气门位置传感器等。开关有模式选择开关、制动灯开关、停车开关和车门开关等。执行机构有可调阻尼的减振器、可调节弹簧高度和弹性大小的弹性元件等。图8-26所示为雷克萨斯LS400型汽车电子控制悬架系统的元件在车上的位置。

电子控制悬架系统的一般工作原理是利用传感器(包括开关)把汽车行驶时路面的状况和车身的状态进行检测,将检测信号输入计算机进行处理,计算机通过驱动电路控制悬架系统的执行器动作,完成悬架特性参数的调整,其工作原理如图8-27所示。

电子控制悬架系统主要对车速及路面感应、车身姿态和车身高度进行控制。

(1)车速与路面感应控制。

①当车速高时,提高弹簧刚度和减振器阻尼力,以提高汽车高速行驶时的操纵稳定性。

②当前轮遇到凸起时,减小后轮悬架弹簧刚度和减振器阻尼力,以减小车身的振动和冲击。

③当路面差时,提高弹簧刚度和减振器阻尼力,以抑制车身的振动。

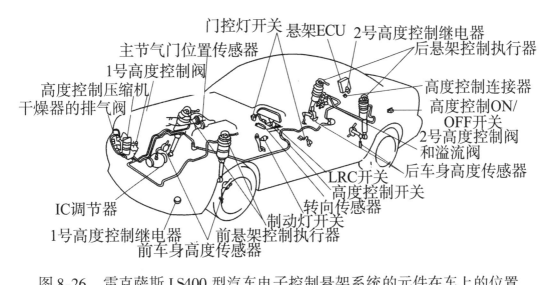

图 8-26　雷克萨斯 LS400 型汽车电子控制悬架系统的元件在车上的位置

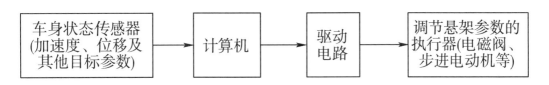

图 8-27　电子控制悬架系统的工作原理

（2）车身姿态控制。

①转向时侧倾控制：急转向时，提高弹簧刚度和减振器阻尼力，以抑制车身的侧倾。

②制动时点头控制：紧急制动时，提高弹簧刚度和减振器阻尼力，以抑制车身的点头。

③加速时后坐控制：急加速时，提高弹簧刚度和减振器阻尼力，以抑制车身的后坐。

（3）车身高度控制。

①高速感应控制：车速超过 90km/h，降低车身高度，以减少空气阻力，提高汽车行驶的稳定性。

②连续差路面行驶控制：车速为 40～90km/h，提高车身高度，以提高汽车的通过性；车速在 90km/h 以上，降低车身高度，以提高汽车行驶的稳定性。

③点火开关 OFF 控制：驻车时，当点火开关关闭后，降低车身高度，便于乘客的乘降。

④自动高度控制：当乘客和载质量变化时，保持车身高度恒定。

2 传感器

转向盘转角传感器装在转向器上,用于检测转向盘的中间位置、转动方向、转动角度和转动角速度。在电子控制悬架中,电子控制单元根据车速传感器信号和转角传感器信号,判断汽车转向时侧向力的大小和方向,以提高操纵稳定性,防止侧倾。

光电式车身高度传感器固定在车架上,通过它监测车身与悬架下臂之间的距离变化,来检测汽车高度和因道路不平而引起的悬架位移量。

车速传感器安装在车轮上,检测出转速信号,ECU 利用此信号,计算出车身的侧倾程度。

节气门位置传感器可以间接检测汽车加速信号,ECU 利用此信号作为防下坐控制的一个工作状态参数。

车门传感器可防止行驶过程中车门未关闭。高度控制开关用来选择汽车高度,ECU 检测高度控制开关的状态并相应地使汽车高度上升和下降。

有的汽车还有高度控制 ON/OFF 开关,用于停止车高控制。模式选择开关用来选择悬架的"软""中""硬"状态,ECU 检测到开关状态后,操纵悬架控制执行器,从而改变减振器的弹簧刚度和阻尼系数。当踩下制动踏板时,制动灯开关接通,ECU 接收这个信号作为防点头控制的一个起始状态。

3 电子控制单元

电子控制单元(ECU)接收各传感器、开关输入的信号,通过运算处理,控制执行器进行适应性调节,保持车辆的平顺性和操纵稳定性。悬架 ECU 一般由输入电路、微处理器、输出电路和电源电路等组成。它具有提供稳压电源、传感器信号放大、输入信号计算、驱动执行机构和故障检测等功能。

4 执行机构

(1)空气弹簧。空气弹簧由主气室、副气室、弹性刚度执行机构、阻尼转换执行机构和液压减振器等组成,如图 8-28 所示。弹簧刚度执行机构在主气室与副气室之间,在减振器的上部装有阻尼转换执行机构,在减振器的内部有阻尼旋转阀,因此弹簧刚度是通过主气室与副气室进行调节的,阻尼数是通过减振器进行调节的。

①弹簧刚度调节。弹簧刚度调节是通过弹簧刚度执行机构开闭主气室与副气室的隔板,改变气室的容积而实现的。增大容积使刚度变小,减小容积使刚度增加。ECU 根据车辆状态信号及时调节弹簧刚度,高速行驶转换为大刚度,低速

行驶转换为小刚度;在制动时使前弹簧刚度增加,在加速时使后弹簧刚度增加;而转弯时使左右弹簧刚度改变以减少侧倾。一般减小空气弹簧刚度会使汽车增大侧倾、下坐或点头,因此弹簧刚度的控制多数情况下是和汽车高度、阻尼系数的调节相结合使用,以便于从总体上改善平顺性。

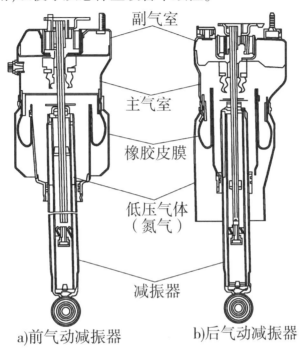

图 8-28　空气弹簧结构图

②车高控制。车高控制是指根据乘员人数、装载质量和汽车的状态自动调节汽车高度。当乘员人数和装载质量增加或减少时,汽车高度自动保持一定,使汽车行驶平稳;当在高低不平的路面上行驶时,为防止发生车架与车身之间的撞击,ECU 控制悬架弹簧的行程在一定的范围内;当高速行驶时,为减少空气阻力而降低车高;而当汽车停车后,乘员下车或装载质量减少后车高会增加,ECU 会控制空气弹簧在几秒内将空气少量排出,降低车高。

车高控制主要是利用空气弹簧中主气室空气量的多少来进行调节的。ECU 将接收到的车身高度传感器、车速传感器、车门开关等信号,经过处理判断,若是增加车高,则控制执行机构向空气弹簧主气室充气,增加空气量,使汽车高度增加;若是降低车高,则控制执行机构打开排气装置,向外排气,使空气弹簧主气室的空气量减少而降低汽车高度。车身高度控制原理如图 8-29 所示。

(2)减振器。可调阻尼式减振器主要由缸筒、活塞及活塞控制杆、回转阀等组成,如图 8-30 所示。活塞杆是一个空心杆,在其中心装有控制杆,控制杆的上端与执行器相连。控制杆的下端装有回转阀,回转阀上有 3 个油孔,活塞杆上有 2 个通孔。缸筒中的油液一部分经活塞上的阻尼孔在缸筒的上、下两腔流动;另一部分经回转阀与活塞杆上连通的孔在缸筒的上、下两腔流动。

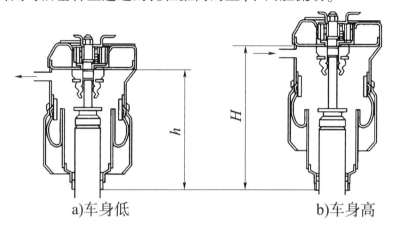

图 8-29 车身高度控制原理

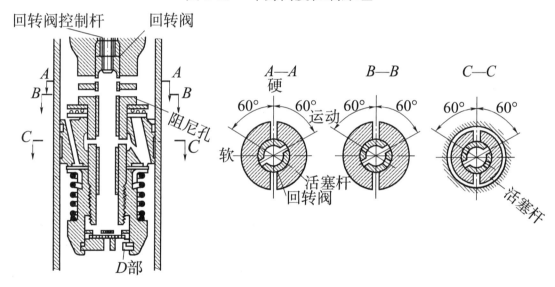

图 8-30 可调阻尼式减振器结构

ECU 促使执行器工作时,通过控制杆带动回转阀相对活塞杆转动,使回转阀与活塞杆上的油孔连通或切断,从而增加或减少油液的流通面积,使油液的流动阻力改变,达到调节减振器阻尼力的目的。如图 8-30 所示,$A—A$、$B—B$、$C—C$ 三个截面的阻尼孔全部被回转阀封住,此时只有减振器下面的主阻尼孔仍在工作,所以这时阻尼为最大,减振器被调节到"硬"状态。当回转阀从"硬"状态位置顺时针转动 60°时,$B—B$ 截面的阻尼孔打开,$A—A$、$C—C$ 两截面的阻尼孔仍关闭,因为多了一个阻尼孔参与工作,所以减振器处于"运动"状态。当回转阀从

"硬"状态位置逆时针转动60°时,A—A、B—B、C—C 三个截面的阻尼孔全部打开,这时减振器的阻尼最小,减振器处于"软"状态。

(3)阻尼转换执行机构。阻尼转换执行机构装在减振器的上部,由直流电动机、减速齿轮、控制杆、电磁铁和挡块等组成,如图8-31所示。电子控制单元(ECU)根据接收到的信号,使直流电动机驱动扇形的减速齿轮左、右制动,通过控制杆带动减振器中的回转阀旋转,有级地改变阻尼孔的开闭,从而改变阻尼系数即减振阻力。

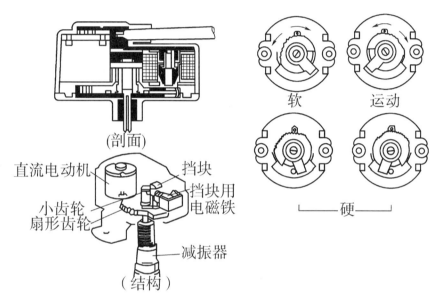

图 8-31 阻尼转换执行机构

(4)弹簧刚度执行机构。弹簧刚度执行机构由刚度控制阀和执行机构等组成,如图8-32所示。执行机构位于减振器的顶部,与阻尼系数控制机构组装在一起。刚度控制阀装在空气弹簧副气室的中部,由空气阀、阀体和空气阀控制杆组成,如图8-33所示。空气阀在截面上有一个空气孔,外部的阀体在截面上有不同大小的空气孔。

当空气阀由电动机驱动的控制杆带动旋转到"软"位置时,空气弹簧主气室的气体经过空气阀的中间孔,阀体侧面的大空气孔(大流通孔)与副气室相通,此时参与工作的气体容积最大,悬架刚度处于最小状态。当空气阀被旋转到"中"位置时,主气室与副气室的气体经过空气阀的中间孔与阀体侧面的小空气

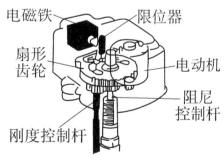

图 8-32 弹簧刚度执行机构

孔相互流通,主、副气室之间的气体流量较小,悬架刚度处于中等状态。当气阀被旋转到"硬"位置时,主气室与副气室的空气通道被空气阀挡住,此时仅靠主气室中的气体承担缓冲任务,悬架刚度处于最大状态。

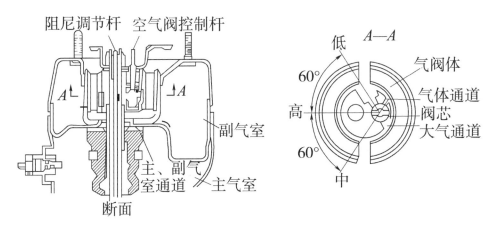

图8-33 刚度控制阀

(5)车高控制执行机构。车身高度控制系统由压缩机、干燥器、排气阀、1号高度控制继电器、2号高度控制继电器、1号高度控制阀、2号高度控制阀、空气弹簧(前后左右共4个)、4个车身高度传感器和悬架ECU等组成,其原理如图8-34所示。

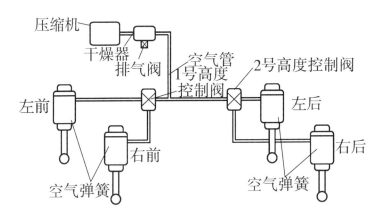

图8-34 车身高度控制系统原理示意图

当点火开关接通时,ECU使2号高度控制继电器线圈通电,2号高度控制继电器触点闭合,使前、后、左、右4个高度传感器接通蓄电池电源。当车身高度需要上升时,1号高度控制继电器接通,压缩机控制电路接通,产生压缩空气。高度控制电磁阀线圈通电后,电磁线圈将高度控制阀打开,并将压缩空气引向空气弹簧,从而使车身高度上升。

当车身高度需要下降时,ECU不仅使高度控制阀电磁线圈通电,而且还使排气阀电磁线圈通电,排气阀电磁线圈使排气阀打开,将空气弹簧中的压缩空气排到大气中。

1号高度控制阀用于前悬架控制,它有2个电磁阀分别控制左、右2个空气弹簧。2号高度控制阀用于后悬架控制,它与1号高度控制阀一样,也采用2个电磁阀。为了防止空气管路中产生不正常的压力,2号高度控制阀中采用了一个溢流阀。

车高控制执行机构主要由空气阀、空气压缩机和设置在悬架之上的主气室组成。

空气压缩机由驱动电动机、排气阀、干燥器等组成,其结构如图8-35所示。它由电动机驱动,根据悬架ECU的信号向干燥器输送提高车高所必需的压缩空气。干燥器可将空气中的水分过滤掉。排气阀从系统中放出压缩空气,同时排掉干燥器滤出的空气中的水分。

高度控制阀是一个二位二通电磁阀,如图8-36所示,它通过向空气弹簧的主气室内进气和排气,来控制汽车的高度。

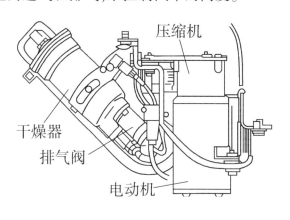

图8-35 空气压缩机的结构

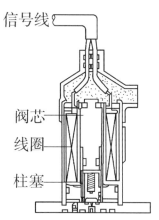

图8-36 高度控制阀

5 电子控制悬架的控制逻辑

电子控制悬架在控制悬架刚度和阻尼系数均有2种或3种控制模式,即"标准、运动、高"模式,而每一种模式又可以根据悬架高度和阻尼系数的大小依次有"软(低)、中、硬(高)"3种状态。模式的选择一般根据路面情况通过模式选择开关由驾驶人用手来操纵。当选择"标准"模式时,悬架处于低刚度和阻尼系数的"软"状态;当选择"运动"模式时,悬架此时处于中等刚度和阻尼系数的"中"状态。而在某些模式下,状态之间的转换由ECU根据接收的信号自动地调节,从而使汽车维持最佳状态,提高平顺性和操纵稳定性。

同样,车高控制也有"标准、运动、高"3种模式,而且每一种模式又可根据汽车高低分为"低、中(标准)、高"3种状态。如果选择"标准"或"运动"模式时,汽车高度由ECU根据车速在"低"与"中(标准)"之间转换;当选择"高"模式时,汽车的高度会根据车速和路况在"高"与"中(标准)"之间转换。另外,在一般的情况下,车身高度不受乘员人数和装载质量增加、减少的影响,由ECU控制在所选模式的正常状态高度。

第四节　悬架装置的维修

一、前减振器的更换

丰田卡罗拉汽车前悬架装置如图8-37和图8-38所示。

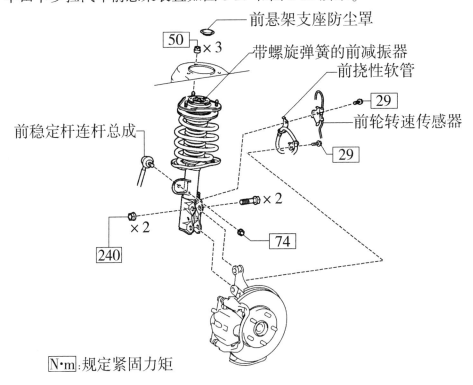

图8-37　前悬架装置(一)

1 实训器材

(1)车辆:丰田卡罗拉汽车。

(2)普通工具:组合工具、千斤顶、木块、台虎钳、扭力扳手。

(3)专用工具:SST 09727-30021 螺旋弹簧压缩工具(09727-00010 螺栓组件,09727-00021 臂组件,09727-00031 压缩机)。

2 准备工作

(1)汽车进入工位前,将工位清理干净,准备好相关的器材。

(2)将汽车停驻在举升机中央位置。

(3)拉紧驻车制动器操纵杆,并将变速杆置于空挡位置,如图1-16所示。

(4)套上转向盘护套、变速杆手柄套和座椅套,铺设脚垫。

(5)在车内拉动发动机舱盖开启手柄,在车外打开并支撑发动机舱盖,如图1-17所示。

(6)粘贴翼子板和前脸磁力护裙。

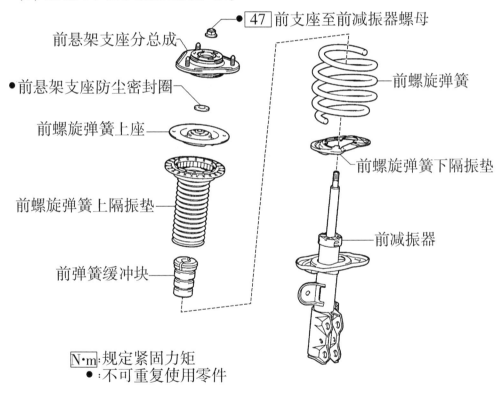

图 8-38 前悬架装置(二)

3 操作步骤

1)前减振器的拆卸

(1)拆卸前刮水器臂端盖。

(2)拆卸左侧风窗玻璃、刮水器臂和刮水片总成。

(3)拆卸右侧风窗玻璃、刮水器臂和刮水片总成。

拆卸与检查
前减振器

(4)拆卸发动机舱盖至前围上板密封。

(5)拆卸右前围板上通风栅板。

(6)拆卸左前围板上通风栅板。

(7)拆卸风窗玻璃、刮水器电动机及连杆。

(8)拆卸前围上外板。

(9)拆卸前轮。

(10)拆卸前悬架支座防尘罩,如图8-39所示。

(11)分离前稳定杆连杆总成。从带螺旋弹簧的前减振器上拆下螺母并分离稳定杆连杆总成,如图8-40所示。

注意:如果球节随螺母一起转动,则使用六角扳手(6mm)固定双头螺柱。

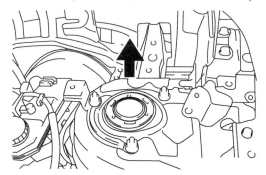　　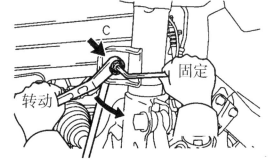

图8-39　拆卸前悬架支座防尘罩　　图8-40　分离前稳定杆连杆总成

(12)分离前轮转速传感器。拆下螺栓和卡夹,并分离前轮转速传感器,如图8-41所示。

注意:确保将前轮转速传感器从带螺旋弹簧的前减振器上完全分离。

(13)分离前挠性软管。拆下螺栓并分离前挠性软管,如图8-42所示。

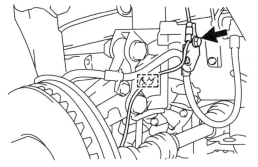　　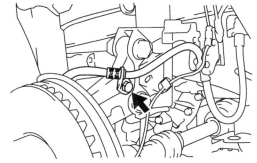

图8-41　分离前轮转速传感器　　图8-42　分离前挠性软管

(14)拆卸带螺旋弹簧的前减振器。

①松开前减振器的前支架至前减振器螺母,如图8-43所示。

注意:不要拆下前支架至前减振器螺母;当带螺旋弹簧的前减振器需要拆卸

时,仅松开螺母。

②用千斤顶和木块来支撑前桥,如图8-44所示。

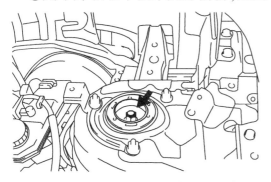

图8-43 松开前支架至前减振器螺母　　图8-44 支撑前桥

③拆下2个螺栓和2个螺母,并从转向节上分离带螺旋弹簧的前减振器(下部),如图8-45所示。

④拆下3个螺母和带螺旋弹簧的前减振器,如图8-46所示。

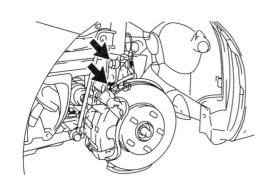
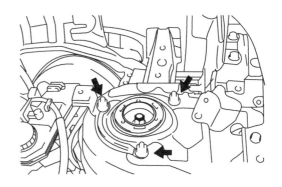

图8-45 拆下螺栓和螺母　　图8-46 拆下前减振器

注意:确保将前轮转速传感器从带螺旋弹簧的前减振器上完全分离。

2)前减振器的拆解

(1)固定带螺旋弹簧的前减振器。用SST压缩前螺旋弹簧,如图8-47所示。SST 09727-30021(09727-00010,09727-00021,09727-00031)。

注意:如果以一定角度压缩前螺旋弹簧,用2个SST可使操作更容易。

(2)拆卸前支架至前减振器螺母。

①如图8-48所示,将螺栓和螺母安装

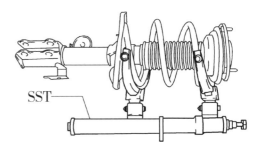

图8-47 固定带螺旋弹簧的前减振器

至减振器下支架,并用台虎钳固定带螺旋弹簧的前减振器。

②检查并确保前螺旋弹簧被完全压缩。

注意:不要使用冲击扳手,以免损坏SST。

③拆下前支架至前减振器螺母,如图8-49所示。

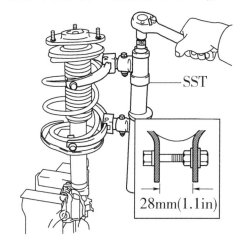
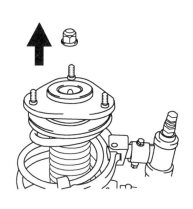

图8-48 拆卸前支架至前减振器螺母　　图8-49 拆卸前螺旋弹簧上座

(3)拆卸前悬架支座分总成。

(4)拆卸前悬架支座防尘密封圈。

(5)拆卸前螺旋弹簧上座。

(6)拆卸前螺旋弹簧上隔振垫。

(7)拆卸前螺旋弹簧。

(8)拆卸前弹簧缓冲块。

(9)拆卸前螺旋弹簧下隔振垫。

3)前减振器的检查

检查前减振器。压缩并伸长减振器杆4次或更多次,如图8-50所示。

标准:无异常阻力或声音且操作阻力正常。

注意:如果有任何异常,换上新的前减振器。

4)前减振器的装配

(1)固定前减振器。如图8-51所示,将螺栓和螺母安装至前减振器,并用台虎钳固定前减振器。

(2)安装前螺旋弹簧下隔振垫,如图8-52所示。

注意:确保前螺旋弹簧下隔振垫的定位销插入前减振器的孔中。

(3)安装前弹簧缓冲块。

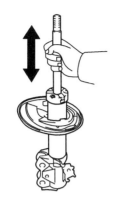 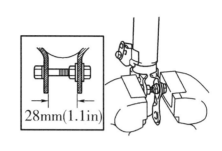

图 8-50　检查前减振器　　图 8-51　固定前减振器

(4) 安装前螺旋弹簧。

① 用 SST 压缩前螺旋弹簧，如图 8-53 所示。SST 09727-30021（09727-00010，09727-00021，09727-00031）。

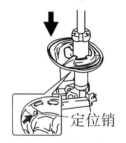 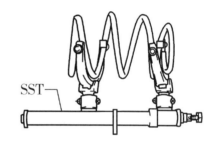

图 8-52　安装前螺旋弹簧下隔振垫　　图 8-53　压缩前螺旋弹簧

注意：不要使用冲击扳手，以免损坏 SST。

② 安装前螺旋弹簧。

注意：确保前螺旋弹簧的底端定位于弹簧下座的压缩下；确保油漆标记面朝下安装螺旋弹簧，如图 8-54 所示。

(5) 安装前螺旋弹簧上隔振垫。

(6) 安装前螺旋弹簧上座。

(7) 安装前悬架支座防尘密封圈。

(8) 安装前悬架支座分总成。

(9) 暂时拧紧新的前支座至前减振器螺母，如图 8-55 所示。

5) 前减振器的安装

(1) 安装带螺旋弹簧的前减振器。

① 用三个螺母安装带螺旋弹簧的前减振器（上部），如图 8-46 所示。拧紧力矩为 50N·m。

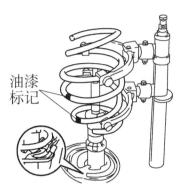
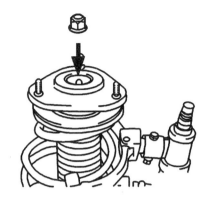

图8-54　安装前螺旋弹簧　　　　图8-55　暂时拧紧前支座至前减振器螺母

②将带螺旋弹簧的前减振器（下部）安装至转向节，并插入两个螺栓和两个螺母，如图8-45所示。拧紧力矩为240N·m。

③完全紧固前支架至前减振器螺母，如图8-43所示。拧紧力矩为47N·m。

（2）安装前挠性软管。用螺栓将前挠性软管安装至转向节，如图8-42所示。拧紧力矩为29N·m。

（3）安装前轮转速传感器。用螺栓和卡夹将前轮转速传感器和前挠性软管安装至前减振器，如图8-41所示。拧紧力矩为29N·m。

注意：安装时不要扭曲前轮转速传感器。

注意：先安装前挠性软管，然后安装转速传感器线束支架。

（4）安装前稳定杆连杆总成。用螺母将前稳定杆连杆总成安装至带螺旋弹簧的前减振器，如图8-56所示。拧紧力矩为74N·m。

注意：如果球节随螺母一起转动，则使用六角扳手（6mm）固定双头螺柱。

（5）安装前悬架支座防尘罩，如图8-57所示。

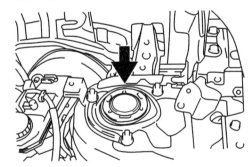

图8-56　安装前稳定杆连杆总成　　图8-57　安装前悬架支座防尘罩

（6）安装前轮。力矩为103N·m。

（7）安装前围上外板。

（8）安装风窗玻璃、刮水器、电动机及连杆。

(9)安装左前围板上通风栅板。

(10)安装右前围板上通风栅板。

(11)安装发动机舱盖至前围上板密封。

(12)安装左侧风窗玻璃、刮水器臂和刮水片总成。

(13)安装右侧风窗玻璃、刮水器臂和刮水片总成。

(14)安装前刮水器臂端盖。

(15)检查并调整前轮定位。

组装与更换
前减振器

二、前悬架下臂的更换

1 实训器材

(1)车辆:丰田卡罗拉汽车。

(2)普通工具:组合工具、千斤顶、扭力扳手。

(3)专用工具:SST 09670-00020 前横梁导向工具、SST 09961-01270 扭力扳手接合器。

2 准备工作

(1)汽车进入工位前,将工位清理干净,准备好相关的器材。

(2)将汽车停驻在举升机中央位置。

(3)拉紧驻车制动器操纵杆,并将变速杆置于空挡位置,如图 1-16 所示。

(4)套上转向盘护套、变速杆手柄套和座椅套,铺设脚垫。

(5)在车内拉动发动机舱盖开启手柄,在车外打开并支撑发动机舱盖,如图 1-17 所示。

(6)粘贴翼子板和前脸磁力护裙。

3 操作步骤

1)前悬架下臂的拆卸

(1)拆卸前轮。

(2)拆卸发动机 1 号底罩。

(3)拆卸发动机 2 号底罩。

(4)拆卸发动机后部左侧底罩。

(5)拆卸发动机后部右侧底罩。

(6)松开左前悬架下臂(手动传动桥)。松开螺栓,如图 8-58 所示。

注意:因为螺母有它自己的挡块,所以不要转动螺母。松开螺栓时要把螺母固定住。

（7）分离左前悬架下臂（手动传动桥）。

（8）拆卸左前悬架下臂（手动传动桥）。从前悬架横梁上拆下2个螺栓、螺母和左前悬架下臂，如图8-59所示。

注意：因为螺母有它自己的挡块，所以不要转动螺母。松开螺栓时要把螺母固定住。

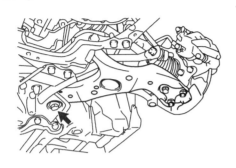

图8-58　松开左前悬架下臂　　　图8-59　拆卸左前悬架下臂

（9）使前轮处于正前位置。

（10）固定转向盘。

（11）拆卸转向柱孔盖消声板（手动传动桥）。

（12）分离2号转向中间轴总成（手动传动桥）。

（13）分离转向柱1号孔盖分总成（手动传动桥）。

（14）分离左前稳定杆连杆总成（手动传动桥）。拆下螺母，并从前稳定杆上分离左稳定杆连杆总成，如图8-60所示。

注意：如果球节随螺母一起转动，则使用六角扳手（6mm）固定双头螺柱。

（15）分离右前稳定杆连杆总成（手动传动桥）。

注意：执行与左侧相同的操作程序。

（16）分离左侧横拉杆接头分总成（手动传动桥）。

（17）分离右侧横拉杆接头分总成（手动传动桥）。

注意：执行与左侧相同的操作程序。

（18）松开右前悬架下臂（手动传动桥）。松开螺栓，如图8-61所示。

注意：因为螺母有它自己的挡块，所以不要转动螺母。松开螺栓时要把螺母固定住。

（19）分离右前悬架下臂（手动传动桥）。

注意：执行与左侧相同的操作程序。

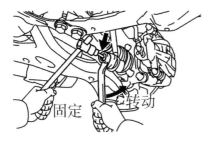 

图 8-60　分离左前稳定杆连杆总成　　图 8-61　松开右前悬架下臂

(20)拆卸发动机前悬置支架下加强件(手动传动桥)。拆下 2 个螺栓和发动机前悬置支架下加强件,如图 8-62 所示。

(21)拆卸左前悬架横梁加强件(手动传动桥)。拆下 4 个螺栓和左前悬架横梁加强件,如图 8-63 所示。

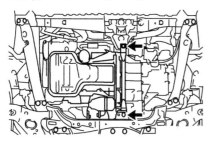 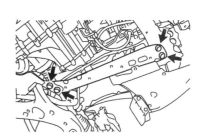

图 8-62　拆卸发动机前悬置支架下加强件　图 8-63　拆卸左前悬架横梁加强件

(22)拆卸右前悬架横梁加强件(手动传动桥)。拆下 4 个螺栓和右前悬架横梁加强件,如图 8-64 所示。

(23)拆卸左前悬架横梁后支架(手动传动桥)。拆下 3 个螺栓和左前悬架横梁后支架,如图 8-65 所示。

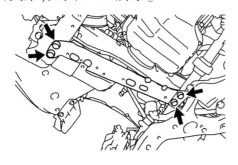 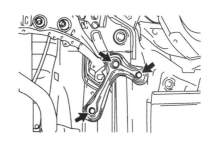

图 8-64　拆卸右前悬架横梁加强件　　图 8-65　拆卸左前悬架横梁后支架

(24)拆卸右前悬架横梁后支架(手动传动桥)。

注意:执行与左侧相同的操作程序。

(25)拆卸前悬架横梁分总成(手动传动桥)。

①脱开 2 个卡夹和卡爪,并从前悬架横梁分总成上分离氧传感器线束,如

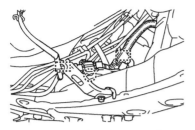

图 8-66　脱开卡夹和卡爪

图 8-66 所示。

②用变速器千斤顶支撑前悬架横梁。

③拆下 4 个螺栓、2 个螺母和前悬架横梁分总成，如图 8-67 所示。

（26）拆卸右前悬架下臂（手动传动桥）。从前悬架横梁上拆下 2 个螺栓、螺母和右前悬架下臂，如图 8-68 所示。

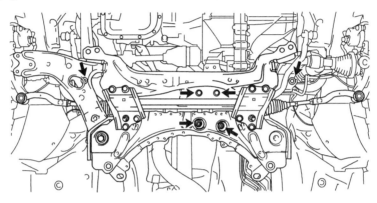

图 8-67　拆下螺栓、螺母

注意：因为螺母有它自己的挡块，所以不要转动螺母。松开螺栓时要把螺母固定住。

（27）拆卸转向柱孔盖消声板（自动传动桥）。

（28）分离 2 号转向中间轴总成（自动传动桥）。

（29）分离转向柱 1 号孔盖分总成（自动传动桥）。

（30）分离左前稳定杆连杆总成（自动传动桥）。拆下螺母，并从前稳定杆上分离左稳定杆连杆总成。

注意：如果球节随螺母一起转动，则使用六角扳手（6mm）固定双头螺柱，如图 8-69 所示。

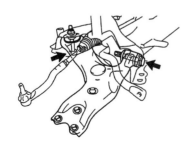
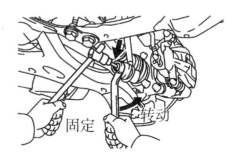

图 8-68　拆卸右前悬架下臂　　图 8-69　分离左前稳定杆连杆总成

(31)分离右前稳定杆连杆总成(自动传动桥)。

注意:执行与左侧相同的操作程序。

(32)分离左侧横拉杆接头分总成(自动传动桥)。

(33)分离右侧横拉杆接头分总成(自动传动桥)。

注意:执行与左侧相同的操作程序。

(34)松开左前悬架下臂(自动传动桥)。松开螺栓,如图8-70所示。

注意:因为螺母有它自己的挡块,所以不要转动螺母。松开螺栓时要把螺母固定住。

(35)松开右前悬架下臂(自动传动桥)。

注意:执行与左侧相同的操作程序。

(36)分离左前悬架下臂(自动传动桥)。

(37)分离右前悬架下臂(自动传动桥)。

注意:执行与左侧相同的操作程序。

(38)拆卸发动机前悬置支架下加强件(自动传动桥)。拆下2个螺栓和发动机前悬置支架下加强件,如图8-71所示。

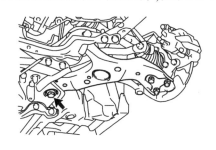 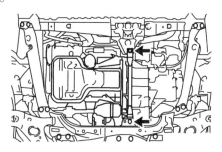

图8-70 松开左前悬架下臂　　图8-71 拆卸发动机前悬置支架下加强件

(39)拆卸左前悬架横梁加强件(自动传动桥)。拆下4个螺栓和左前悬架横梁加强件,如图8-72所示。

(40)拆卸右前悬架横条加强件(自动传动桥)。拆下4个螺栓和右前悬架横梁加强件,如图8-73所示。

(41)拆卸左前悬架横梁后支架(自动传动桥)。拆下3个螺栓和左前悬架横梁后支架,如图8-74所示。

(42)拆卸右前悬架横梁后支架(自动传动桥)

注意:执行与左侧相同的操作程序。

(43)拆卸前悬架横梁分总成(自动传动桥)。

①脱开2个卡夹和卡爪,并从前悬架横梁分总成上分离氧传感器线束,如

图 8-75 所示。

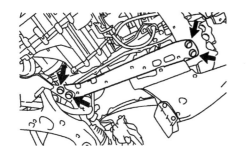
图 8-72 拆卸左前悬架横梁加强件

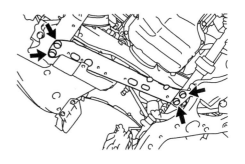
图 8-73 拆卸右前悬架横条加强件

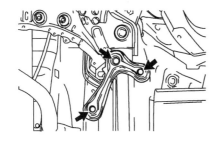
图 8-74 拆卸左前悬架横梁后支架

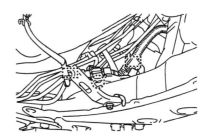
图 8-75 脱开卡夹和卡爪

②用变速器千斤顶支撑前悬架横梁。

③拆下 4 个螺栓、2 个螺母和前悬架横梁分总成,如图 8-76 所示。

(44) 拆卸前下悬架臂(自动传动桥)。从前悬架横梁上拆下 2 个螺栓、螺母和前悬架下臂,如图 8-77 所示。

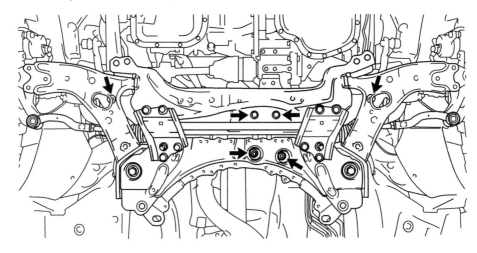
图 8-76 拆下螺栓、螺母

注意:因为螺母有它自己的挡块,所以不要转动螺母。松开螺栓时要把螺母固定住。

2)前悬架下臂的安装

(1)暂时安装右前悬架下臂(手动传动桥)。

①在水平面上定位前悬架横梁。

②用2个螺栓和螺母将右前悬架下臂暂时安装至前悬架横梁,如图8-78所示。

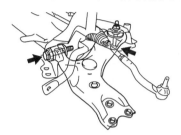 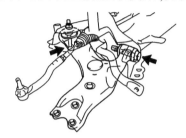

图8-77　拆卸前下悬架臂　　图 8-78　暂时安装右前悬架下臂

注意:因为螺母有它自己的挡块,所以不要转动螺母。拧紧螺栓时要把螺母固定住。

(2)安装前悬架横梁分总成(手动传动桥)。

①用变速器千斤顶支撑前悬架横梁。

②将 SST 交替插入前悬架横梁的左侧和右侧参考孔时,将左侧和右侧的2个螺栓 A、2个螺栓 B 和2个螺母分步拧紧至各自的规定力矩,如图8-79所示。

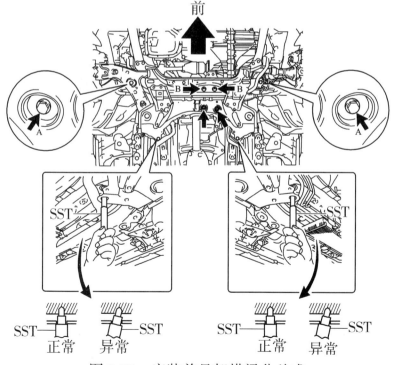

图8-79　安装前悬架横梁分总成

SST 09670-00020。拧紧力矩:螺栓 A 为 145N·m、螺栓 B 为 95N·m、螺母为 93N·m。

③接合 2 个卡夹和卡爪,将氧传感器线束安装至前悬架横梁分总成,如图 8-75 所示。

(3)安装左前悬架横梁后支架(手动传动桥)。

用 3 个螺栓安装左前悬架横梁后支架,如图 8-80 所示。拧紧力矩:螺栓 A 为 145N·m、螺栓 B 为 93N·m。

(4)安装右前悬架横梁后支架(手动传动桥)。

注意:执行与左侧相同的操作程序。

(5)安装左前悬架横梁加强件(手动传动桥)。用 4 个螺栓安装左前悬架横梁加强件,如图 8-81 所示。拧紧力矩为 96N·m。

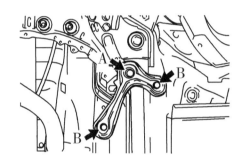

图 8-80　安装左前悬架横梁后支架　　图 8-81　安装左前悬架横梁加强件

注意:暂时拧紧螺栓 A 和 B,并按 C、B、D、A 的顺序完全拧紧这 4 个螺栓。

(6)安装右前悬架横梁加强件(手动传动桥)。用 4 个螺栓安装右前悬架横梁加强件,如图 8-82 所示。拧紧力矩为 96N·m。

注意:暂时拧紧螺栓 A 和 B,并按 C、B、D、A 的顺序完全拧紧这 4 个螺栓。

(7)安装发动机前悬置支架下加强件(手动传动桥)。用 2 个螺栓安装发动机前悬置支架下加强件,如图 8-71 所示。拧紧力矩为 96N·m。

(8)连接右前悬架下臂(手动传动桥)。

(9)连接左侧横拉杆接头分总成(手动传动桥)。

(10)连接右侧横拉杆接头分总成(手动传动桥)。

注意:执行与左侧相同的操作程序。

(11)安装左前稳定杆连杆总成(手动传动桥)。用螺母将左前稳定杆连杆总成安装至前稳定杆,如图 8-83 所示。拧紧力矩为 74N·m。

注意:如果球节随螺母一起转动,则使用六角扳手(6mm)固定双头螺柱。

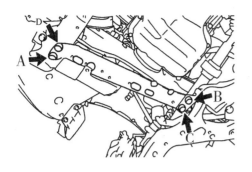 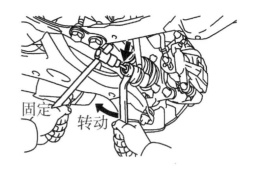

图 8-82　安装右前悬架横梁加强件　　图 8-83　安装左前稳定杆连杆总成

（12）安装右前稳定杆连杆总成（手动传动桥）。

注意：执行与左侧相同的操作程序。

（13）连接转向柱 1 号孔盖分总成（手动传动桥）。

（14）连接 2 号转向中间轴总成（手动传动桥）。

（15）安装转向柱孔盖消声板（手动传动桥）。

（16）暂时安装左前悬架下臂（手动传动桥）。用 2 个螺栓和螺母将左前悬架下臂暂时安装至前悬架横梁，如图 8-59 所示。

注意：因为螺母有它自己的挡块，所以不要转动螺母。拧紧螺栓时要把螺母固定住。

（17）连接左前悬架下臂（手动传动桥）。

（18）暂时安装前悬架下臂（自动传动桥）。

①在水平面上定位前悬架横梁。

②用 2 个螺栓和螺母将左前悬架下臂暂时安装至前悬架横梁，如图 8-77 所示。

注意：因为螺母有它自己的挡块，所以不要转动螺母。拧紧螺栓时要把螺母固定住。

（19）安装前悬架横梁分总成（自动传动桥）。

①用变速器千斤顶支撑前悬架横梁。

②如图 8-84 所示，将 SST 交替插入前悬架横梁的左侧和右侧参考孔时，将左侧和右侧的 2 个螺栓 A、2 个螺栓 B 和 2 个螺母分步拧紧至规定力矩。SST09670-00020。拧紧力矩：螺栓 A 为 145N·m、螺栓 B 为 95N·m、螺母为 93N·m。

③接合 2 个卡夹和卡爪，将氧传感器线束安装至前悬架横梁分总成，如图 8-75 所示。

（20）安装左前悬架横梁后支架（自动传动桥）。用 3 个螺栓安装左前悬架横梁后支架,如图 8-85 所示。拧紧力矩:螺栓 A 为 145N·m、螺栓 B 为 93N·m。

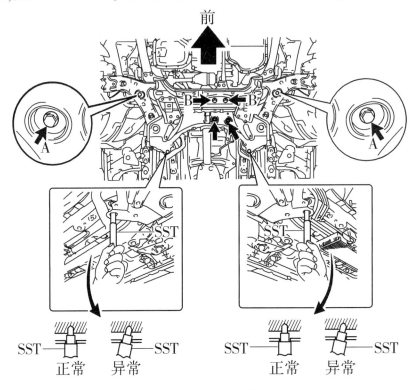

图 8-84　安装前悬架横梁分总成

(21)安装右前悬架横梁后支架(自动传动桥)。

注意:执行与左侧相同的操作程序。

(22)安装左前悬架横梁加强件(自动传动桥)。用 4 个螺栓安装左前悬架横梁加强件,如图 8-86 所示。拧紧力矩为 96N·m。

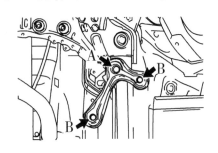

图 8-85　安装左前悬架横梁后支架　　图 8-86　安装左前悬架横梁加强件

注意:暂时拧紧螺栓 A 和 B,并按 C、B、D、A 的顺序完全拧紧这 4 个螺栓。

(23)安装右前悬架横梁加强件(自动传动桥)。用 4 个螺栓安装右前悬架横梁加强件,如图 8-87 所示。拧紧力矩为 96N·m。

注意：暂时拧紧螺栓 A 和 B，并按 C、B、D、A 的顺序完全拧紧这 4 个螺栓。

(24) 安装发动机前悬置支架下加强件（自动传动桥）。用 2 个螺栓安装发动机前悬置支架下加强件，如图 8-62 所示。拧紧力矩为 96N·m。

(25) 连接左前悬架下臂（自动传动桥）。

(26) 连接右前悬架下臂（自动传动桥）。

注意：执行与左侧相同的操作程序。

(27) 连接左侧横拉杆接头分总成（自动传动桥）。

(28) 连接右侧横拉杆接头分总成（自动传动桥）。

注意：执行与左侧相同的操作程序。

(29) 安装左前稳定杆连杆总成（自动传动桥）。用螺母将左前稳定杆连杆总成安装至前稳定杆。拧紧力矩为 74N·m，如图 8-88 所示。

注意：如果球节随螺母一起转动，则使用六角扳手（6mm）固定双头螺柱。

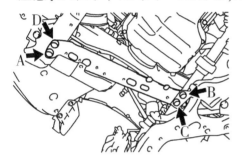 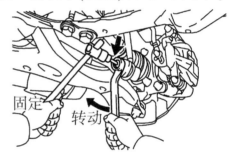

图 8-87　安装右前悬架横梁加强件　　图 8-88　安装左前稳定杆连杆总成

(30) 安装右前稳定杆连杆总成（自动传动桥）。

注意：执行与左侧相同的操作程序。

(31) 连接转向柱 1 号孔盖分总成（自动传动桥）。

(32) 连接 2 号转向中间轴总成（自动传动桥）。

(33) 安装转向柱孔盖消声板（自动传动桥）。

(34) 安装发动机后部左侧底罩。

(35) 安装发动机后部右侧底罩。

(36) 安装前轮。力矩为 103N·m。

(37) 稳定悬架。

① 降下车辆。

② 下压车辆几次以稳定悬架。

(38) 完全紧固前悬架下臂，如图 8-89 所示。

① 用 SST 完全拧紧螺栓 A。SST 09961-01270。拧紧力矩：不使用 SST 为

图 8-89　紧固前悬架下臂

233N·m、使用 SST 为 172N·m。

注意：因为螺母上有挡块，所以不要转动螺母；拧紧螺栓时要把螺母固定住；使用力臂长度为 425mm 的力矩扳手；当 SST 与扭力扳手平行时，力矩值有效。

②完全拧紧螺栓 B。拧紧力矩为 233N·m。

(39) 安装发动机 2 号底罩。

(40) 安装发动机 1 号底罩。

(41) 检查并调整前轮定位。

三、前下球节的更换

丰田卡罗拉汽车前悬架下球节总成如图 8-90 所示。

1 实训器材

(1) 车辆：丰田卡罗拉汽车。

(2) 普通工具：组合工具、台虎钳、铝板、扭力扳手。

(3) 专用工具：SST 09960-20010 组件球节拉出器（09961-02050 隔垫 A，09961-02050 隔垫 A）。

2 准备工作

(1) 汽车进入工位前，将工位清理干净，准备好相关的器材。

(2) 将汽车停驻在举升机中央位置。

(3) 拉紧驻车制动器操纵杆，并将变速杆置于空挡位置，如图 1-16 所示。

(4) 套上转向盘护套、变速杆手柄套和座椅套，铺设脚垫。

(5) 在车内拉动发动机舱盖开启手柄，在车外打开并支撑发动机舱盖，如图 1-17 所示。

(6) 粘贴翼子板和前脸磁力护裙。

3 操作步骤

1) 前下球节的拆卸

(1) 拆卸前轮。

(2) 拆卸前桥轮毂螺母。

(3) 分离前轮转速传感器。

(4) 分离横拉杆接头分总成。

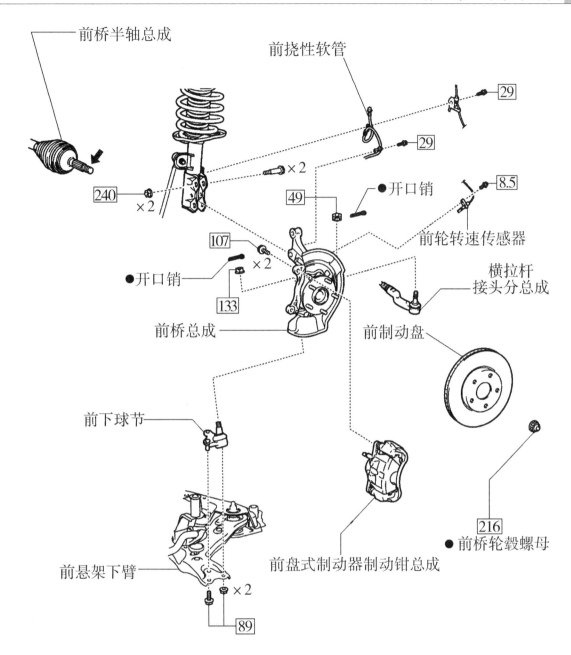

图 8-90 前悬架下球节总成

（5）分离前盘式制动器制动钳总成。
（6）拆卸前制动盘。

(7)分离前悬架下臂。

(8)拆卸前桥总成。

(9)拆卸前下球节。

①用台虎钳固定前桥总成。

注意:使用台虎钳时不要过度夹紧。

②拆下开口销和螺母。

③将SST安装至前下球节,如图8-91所示。SST 09960-20010(09961-02050,09961-02050)。

注意:检查并确保SST和前桥总成间的间隙测量值为1mm。

④用SST从前桥总成上拆下前下球节,如图8-92所示。SST 09960-20010(09961-02010,09961-02050,09961-02050)。

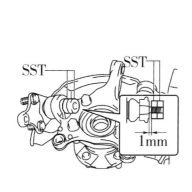 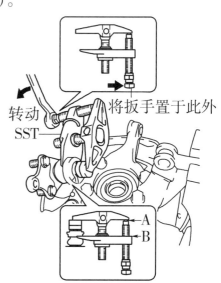

图8-91 将SST安装至前下球节　　图8-92 从前桥总成上拆下前下球节

注意:安装SST使A和B平行;确保将扳手放至图中所示的位置;不要损坏前下球节防尘罩。

2)前下球节的检查

(1)检查球节的力矩,如图8-93所示。

①用铝板将前下球节固定在台虎钳上。

②将螺母安装至前下球节球头销。

③用扭力扳手以3~5s一圈的速度连续拧紧螺母,并在第五圈时读取力矩读数。拧紧力矩为0.98~3.40N·m。

注意:如果力矩不在规定范围内,换上新的前下球节。

(2)检查防尘罩。检查并确认防尘罩无裂纹且其上没有润滑脂。

3)前下球节的安装

(1)安装前下球节。

①用台虎钳固定前桥总成。

注意:使用台虎钳时不要过度夹紧。

②用螺母将前下球节安装至前桥总成,如图8-94所示。拧紧力矩为133N·m。

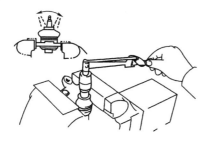 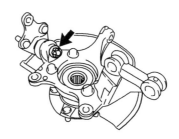

图8-93　检查球节的力矩　　图8-94　安装前下球节

③安装新的开口销。

注意:如果开口销孔没有对齐,将螺母进一步拧紧,最多可拧紧60°。

(2)安装前桥总成。

(3)安装前悬架下臂。

(4)安装横拉杆接头分总成。

(5)安装前制动盘。

(6)安装前盘式制动器制动钳总成。

(7)安装前轮转速传感器。

(8)安装前桥轮毂螺母。

(9)安装前轮。拧紧力矩为103N·m。

(10)检查并调整前轮定位。

(11)检查转速传感器信号。

四、后减振器的更换

丰田卡罗拉汽车后减振器结构如图8-95所示。

1 实训器材

(1)车辆:丰田卡罗拉汽车。

(2)普通工具:组合工具、千斤顶、木块、扭力扳手。

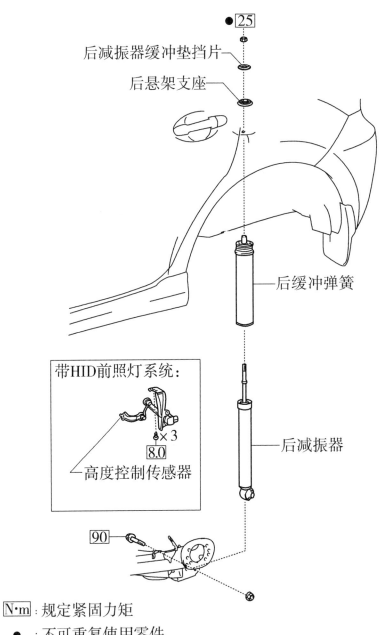

图 8-95 后减振器结构

2 准备工作

(1)汽车进入工位前,将工位清理干净,准备好相关的器材。

(2)将汽车停驻在举升机中央位置。

(3)拉紧驻车制动器操纵杆,并将变速杆置于空挡位置,如图 1-16 所示。

(4)套上转向盘护套、变速杆手柄套和座椅套,铺设脚垫。

(5)在车内拉动发动机舱盖开启手柄,在车外打开并支撑发动机舱盖,如图 1-17 所示。

(6)粘贴翼子板和前脸磁力护裙。

3 操作步骤

1)后减振器的拆卸

(1)从蓄电池负极端子断开电缆。

注意:断开蓄电池电缆后重新连接时,某些系统需要初始化。

(2)拆卸后排座椅坐垫总成。

(3)拆卸后排左侧座椅靠背总成。

(4)拆卸备胎罩。

(5)拆卸后地板装饰板。

(6)拆卸行李舱左侧内装饰罩。

(7)拆卸后轮。

(8)拆卸高度控制传感器(带 HID 前照灯系统)。

(9)拆卸后减振器缓冲垫挡片。

①用千斤顶和木块支撑后桥横梁总成的弹簧座,如图 8-96 所示。

注意:不要过度顶起后桥横梁总成。

注意:在将其压缩至 20~30mm 的位置支撑起后减振器。

②用六角套筒扳手(6mm)紧固后减振器杆并拆下锁紧螺母,如图 8-97 所示。

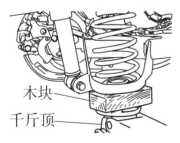

图 8-96　支撑后桥横梁总成的弹簧座

图 8-97　紧固后减振器杆并拆下锁紧螺母

③拆下后减振器缓冲垫挡片。

(10)拆卸后悬架支座,如图 8-98 所示。

(11)拆卸后减振器。固定住螺母以拆下螺栓,并拆下后减振器,如图 8-99 所示。

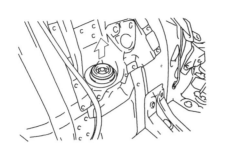
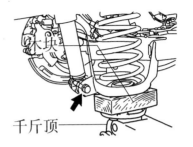

图 8-98　拆卸后悬架支座　　图 8-99　拆卸后减振器

（12）拆卸 1 号后弹簧缓冲块。

2）后减振器的检查

检查后减振器，如图 8-100 所示。压缩和伸长减振器杆，检查并确认操作过程中没有异常阻力或异常声音。如果有任何异常，换上新的减振器。

3）后减振器的安装

（1）安装 1 号后弹簧缓冲块。将 1 号后弹簧缓冲块安装至后减振器。

（2）安装后减振器。

①用千斤顶和木块支撑后桥横梁总成的弹簧座，如图 8-101 所示。

注意：不要过度顶起后桥横梁总成。

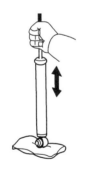
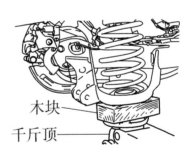

图 8-100　检查后减振器　　图 8-101　支撑后桥横梁总成的弹簧座

②用螺栓和螺母将后减振器暂时紧固至后桥横梁总成，如图 8-99 所示。

③慢慢升起千斤顶并将后减振器的上部插入安装孔。

注意：在将其压缩至 20～30mm 的位置支撑起后减振器。

（3）安装后悬架支架。

注意：确保正确安装后悬架支架，如图 8-102 所示。

（4）安装后减振器缓冲垫挡片。

①安装后减振器缓冲垫挡片，如图 8-103 所示。

注意：确保按正确方向安装后减振器缓冲垫挡片。

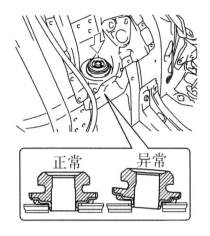
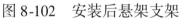

图 8-102　安装后悬架支架

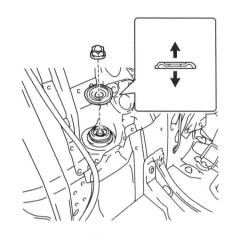

图 8-103　安装后减振器缓冲垫挡片

②用六角套筒扳手(6mm)紧固后减振器并拧紧锁紧螺母,如图8-97所示。拧紧力矩为25N·m。

(5)安装高度控制传感器(带 HID 前照灯系统)。

(6)安装后轮。拧紧力矩为 103N·m。

(7)稳定悬架。降下车辆并使其上下弹跳几次,以稳定后悬架。

(8)完全紧固后减振器。拧紧后减振器(下部)的紧固螺栓,如图8-104所示。拧紧力矩为 90N·m。

注意:由于使用了挡块螺母,拧紧螺栓。

(9)安装行李舱左侧内装饰罩。

(10)安装后地板装饰板。

(11)安装备胎罩。

(12)安装后排左侧座椅靠背总成。

(13)安装后排座椅坐垫总成。

(14)将电缆连接至蓄电池负极端子。

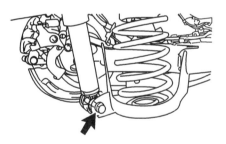

图 8-104　紧固后减振器

注意:断开蓄电池电缆后重新连接时,某些系统需要初始化。

(15)检查后轮定位。

(16)高度控制传感器信号初始化。

(17)前照灯对光调整前的车辆准备工作。

(18)前照灯对光准备工作。

(19)前照灯对光检查。

(20)前照灯对光调整。

小 结

1. 车架俗称大梁，是跨接在前后车轮上的桥梁式结构，是构成整个汽车的骨架，是整个汽车的装配基体。汽车上采用的车架有边梁式车架、中梁式车架、综合式车架和无梁式车架。目前汽车上多采用边梁式车架和无梁式车架。

2. 悬架是车架（或车身）与车桥（或车轮）之间一切传力连接装置的总称。悬架具有以下的功用：连接车架（或车身）和车轮，把路面作用到车轮的各种力传给车架（或车身）；缓和冲击、衰减振动，使乘坐舒适，具有良好的平顺性；保证汽车具有良好的操纵稳定性。汽车悬架可分为两大类：非独立悬架和独立悬架。

3. 悬架一般都由弹性元件、减振器、导向机构等组成，汽车一般还有横向稳定器。

4. 汽车上常用的弹性元件包括钢板弹簧、螺旋弹簧、扭杆弹簧和气体弹簧等。

5. 减振器在汽车中的作用是迅速衰减由车轮通过悬架弹簧传给车身的冲击和振动，提高汽车行驶的平顺性能。目前在汽车上应用最广泛的是双向作用式减振器。

6. 非独立悬架结构简单，工作可靠，一些轿车的后悬架中采用这种结构类型。按照采用弹性元件的不同，非独立悬架可以分为钢板弹簧式非独立悬架和螺旋弹簧式非独立悬架。

7. 现代汽车广泛采用独立悬架。独立悬架的结构类型很多，一般可按车轮的运动方式分为横臂式独立悬架、纵臂式独立悬架、车轮沿主销移动的独立悬架（包括烛式悬架和麦弗逊式悬架）。

8. 电子控制悬架系统由传感器、开关、电子控制单元和执行机构等组成。其工作原理是利用传感器（包括开关）把汽车行驶时路面的状况和车身的状态进行检测，将检测信号输入计算机进行处理，计算机通过驱动电路控制悬架系统的执行器动作，完成悬架特性参数的调整。

复习思考题

一、简答题

1. 车架的功用有哪些？常见的车架有哪些类型？各有什么特点？
2. 说明悬架的功用和种类，为什么现在的汽车广泛采用独立悬架？

3. 悬架由哪几部分组成？各有什么功用？
4. 双向作用筒式减振器的工作原理是什么？
5. 横向稳定器的作用是什么？它是如何工作的？

二、选择题

1. 横向稳定杆的作用是防止（　　）。
   A. 车身的上下跳动　　　　　　B. 汽车转弯时倾斜
   C. 制动时点头　　　　　　　　D. 加速前进时后仰
2. 汽车麦弗逊式悬架为（　　）。
   A. 非独立悬架　　B. 组合式　　C. 独立悬架　　D. 刚性式
3. 关于汽车减振器，以下正确的说法是（　　）。
   A. 减振器承担一部分车身质量
   B. 减振器的阻尼力减弱后车身高度降低
   C. 减振器将汽车振动的机械能转变为热能
   D. 以上都不正确
4. 汽车减振器广泛采用的是（　　）
   A. 单向作用筒式　B. 双向作用筒式　C. 阻力可调式　D. 摆臂式

三、判断题

1. 采用独立悬架的车桥通常为断开式。　　　　　　　　　　　（　　）
2. 钢板弹簧各片在汽车行驶过程中会出现滑移。　　　　　　　（　　）
3. 扭杆弹簧的左右扭杆，经过一段时间的装车使用后，为了避免疲劳损坏，只要安装位置合适，左右扭杆可以互换安装使用。　　　　　　　　　（　　）
4. 汽车悬架的作用是弹性地连接车桥和车架（或车身），缓和行驶中车辆受到的冲击力。　　　　　　　　　　　　　　　　　　　　　　　（　　）

第九章 转向系统

> **学习目标**
>
> 1. 了解转向系统的功用、类型及转向理论；
> 2. 掌握机械转向器的结构及工作原理；
> 3. 掌握液压动力转向系统的结构及工作原理；
> 4. 了解电控动力转向系统的结构及工作原理；
> 5. 掌握动力转向油液的添加与检查方法；
> 6. 掌握转向横拉杆球节的更换方法；
> 7. 掌握转向力矩的检查方法；
> 8. 转向盘自由行程的检查方法。

第一节 转向系统的功用、分类和组成

一、转向系统的功用

转向系统是指由驾驶人操纵，能实现转向轮偏转和回位的一套机构。转向系统的功用是按照驾驶人的意愿改变汽车的行驶方向和保持汽车稳定的直线行驶。

二、转向系统的分类及基本组成

汽车转向系统按转向动力源的不同分为机械转向系统和动力转向系统两大类。

机械转向系统以驾驶人的体力作为转向动力源，系统的所有传动件都是机械的，如图9-1所示。

动力转向系统是兼用驾驶人体力和发动机(或电动机)的动力作为转向能源的转向系统。动力转向系统是在机械转向系统的基础上加设一套转向加力装置而形成的，如图9-2所示。

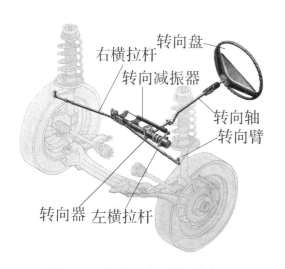

图9-1 机械转向系统的组成

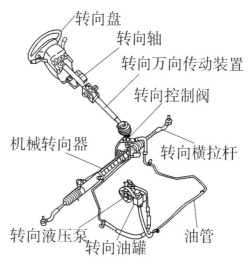

图9-2 动力转向系统的组成

第二节 转向系统的参数和转向理论

一、转向系统角传动比

转向系统角传动比是指转向盘的转角与转向盘同侧的转向轮偏转角的比值,一般用 i_w 表示。转向系统角传动比是转向器角传动比 i_1 和转向传动机构角传动比 i_2 的乘积。转向器角传动比是转向盘转角和转向摇臂摆角之比。转向传动机构角传动比是转向摇臂摆角与同侧转向轮偏转角之比。

二、转向盘的自由行程

转向盘的自由行程是指转向盘在空转阶段的角行程,这主要是由于转向系统各传动件之间的装配间隙和弹性变形所引起的。由于转向系统各传动件之间都存在着装配间隙,而且这些间隙将随零件的磨损而增大,因此在一定的范围内转动转向盘时,转向节并不马上同步转动,而是在消除这些间隙并克服机件的弹性变形后,才作相应的转动,即转向盘有一个空转过程。

转向盘自由行程对于缓和路面冲击及避免驾驶人过于紧张是有利的,但过大的自由行程会影响转向灵敏性。

三、转向时车轮运动规律

汽车转向时,内侧车轮和外侧车轮滚过的距离是不等的。为保证转向过程中车轮作纯滚动,要求所有车轮的轴线都交于一点方能实现。此交点 O 称为汽车的转向中心,如图9-3所示。汽车转向时内侧转向轮偏转角 β 大于外侧转向轮偏转角 α。α 与 β 的关系如下:

$$\cot\alpha = \cot\beta + \frac{B}{L}$$

式中:B——两侧主销中心距(可近似认为是转向轮轮距);
　　　L——汽车轴距。

从转向中心 O 到外侧转向轮与地面接触点的距离 R 称为汽车转弯半径。转弯半径 R 越小,则汽车转向所需要场地就越小,汽车的机动性也越好。当外侧转向轮偏转角达到最大值 α_{max} 时,转弯半径 R 最小。

四、转向特性

驾驶人将转向盘转过一定角度后固定,保持汽车以某一稳定车速开始转向,可能出现以下4种转向特性,如图9-4所示。

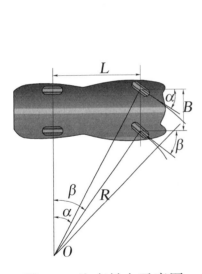
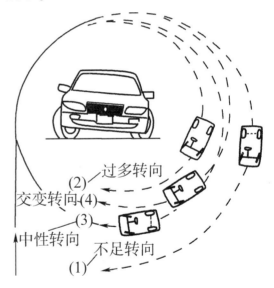

图9-3　汽车转向示意图　　　图9-4　汽车转向特性

(1)不足转向:偏离圆周轨迹向外动力,且转弯半径越来越大。
(2)过多转向:偏离圆周轨迹向内运动,且转弯半径越来越小。
(3)中性转向:沿着圆周轨迹运动。
(4)交变转向:最初偏离轨迹向外运动,过一段时间后突然开始向内运动。

对于不足转向,汽车转弯半径越来越大,这种运动状态和人的运动感觉一致。
对于过多转向,转弯半径越来越小,这和人的运动感觉不一致,转弯时驾驶人重心向内倾斜,使驾驶人难以往回打转向盘。因此除了特殊的赛车,一般都将汽车设计成具有轻微的不足转向特性。交变转向特性只极少地应用于后置发动机的汽车。

第三节　机械转向系统

汽车机械转向系统由机械转向器、转向操纵机构和转向传动机构三大部分组成。

一、机械转向器

转向器是转向系统中的降速增矩传动装置,其功用是增大由转向盘传到转向节的力,并改变力的传动方向。

转向器传动效率是指转向器输出功率与输入功率之比。当功率由转向盘输入,从转向摇臂输出时,所求得的传动效率称为正传动效率;反之,转向摇臂受到道路冲击而传到转向盘的传动效率则称为逆传动效率。

按转向器中的传动副的结构形式可以分为循环球式、齿轮齿条式、蜗杆曲柄指销式、蜗杆滚轮式等。

按传动效率的不同,转向器还可以分为可逆式转向器、极限可逆式转向器和不可逆式转向器。

1　齿轮齿条式转向器

齿轮齿条式转向器分两端输出式和中间(或单端)输出式,如图9-5所示。齿轮齿条式转向器采用一级传动副,主动件是齿轮,从动件是齿条。

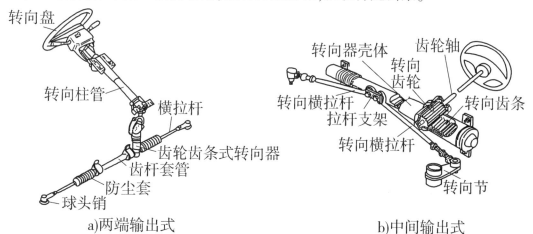

a)两端输出式　　　　　　b)中间输出式

图9-5　齿轮齿条式转向器结构形式

齿轮齿条式转向器是利用齿轮顺时针或逆时针方向的转动带动齿条左右移动,再通过横拉杆推动转向节,达到转向的目的,如图9-6所示。

图9-6 齿轮齿条传动原理

齿轮齿条式转向器结构简单,可靠性好,便于独立悬架的布置;同时,由于齿轮齿条直接啮合,转向灵敏、轻便,在各类型汽车上的应用越来越多。

2 循环球式转向器

循环球式转向器由侧盖、底盖、壳体、钢球、带齿扇的摇臂轴、圆锥轴承、制有齿形的螺母、转向螺杆等组成,如图9-7所示。

循环球式转向器采用两级传动副:第一级是螺杆与螺母;第二级是齿条与齿扇。

循环球式转向器工作时,转向螺杆转动,在摩擦力的作用下,所有钢球在螺母与螺杆之间形成"球流",并推动齿形螺母沿螺杆轴线前后移动,然后通过齿条带动齿扇摆动,并使摇臂轴旋转,带动摇臂摆动,最后由传动机构传至转向轮,使转向轮偏转以实现转向。

循环球式转向器的最大优点是传动效率高、操纵轻便、工作可靠、使用寿命长。其主要缺点是结构复杂、制造精度要求高、逆传动效率也高。

二、转向操纵机构

汽车转向操纵机构主要由转向盘、转向轴、转向柱管等组成。它的功用是产生转动转向器所必需的操纵力,并具有一定的调节和安全性能。转向操纵机构要将驾驶人操纵转向盘的力传给转向器。为了驾驶人的舒适驾驶,要求转向操纵机构可以进行调节,以满足不同驾驶人的需求;为了防止车辆撞击后对驾驶人的损伤,要求转向操纵机构具有一定的安全保护装置。

汽车的转向操纵机构如图9-8所示。转向轴是连接转向盘和转向器的传动件,并传递它们之间的转矩。转向柱管安装在车身上,转向轴从转向柱管中穿过,支承在柱管内的轴承和衬套上。转向盘利用键和螺母将其固定在转向轴的轴端。

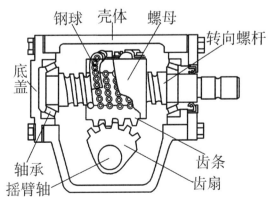

图9-7 循环球式转向器

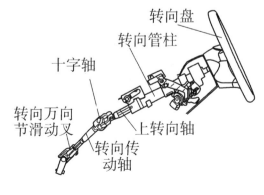

图9-8 转向操纵机构

三、转向传动机构

转向传动机构的功用是将转向器输出的力和运动传给转向轮,使两侧转向轮偏转以实现汽车转向,并保证左右转向轮的偏转角按一定关系变化。

1 转向摇臂

图 9-9 所示为常见转向摇臂的结构形式。循环球式转向器和蜗杆曲柄指销式转向器通过转向摇臂与转向直拉杆相连。转向摇臂的大端用锥形三角细花键与转向器中摇臂轴的外端连接,小端通过球头销与转向直拉杆作空间铰链连接。

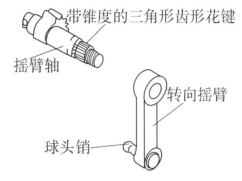

图 9-9 转向摇臂

2 转向直拉杆

图 9-10 所示为汽车的转向直拉杆,它是连接转向摇臂和转向节臂的杆件,具有传力和缓冲作用。在转向轮偏转且因悬架弹性变形而相对于车架跳动时,转向直拉杆与转向摇臂及转向节臂的相对运动都是空间运动,为了不发生运动干涉,三者之间的连接件都是球形铰链。

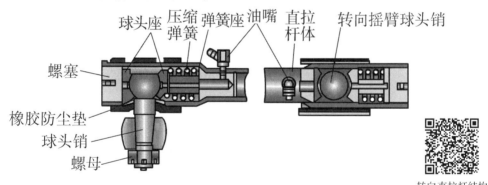

图 9-10 转向直拉杆

3 转向横拉杆

图 9-11 所示为转向横拉杆示意图,由横拉杆体和两个旋装在两端的横拉杆接头组成。其特点是长度可调,通过调整横拉杆的长度,可以调整前轮前束。

图 9-12 所示为断开式转向桥的横拉杆组成。转向器齿条的两端制有内螺纹。转向横拉杆的内端装有带螺纹的球头,并将其旋入齿条中。横拉杆的外端也通过螺纹与横拉杆接头连接,并用螺母锁紧。横拉杆接头外端通过球头销与转向节连接。松开锁紧螺母,转动转向横拉杆(左右两侧横拉杆的转动量应相

同)可以调整前轮前束。

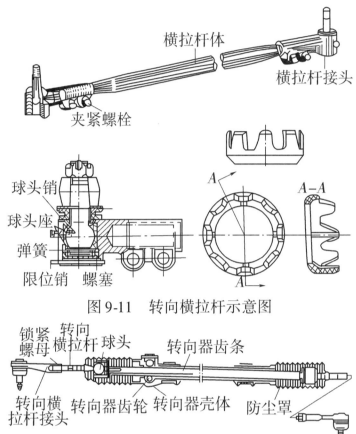

图 9-11　转向横拉杆示意图

图 9-12　断开式转向桥的横拉杆

第四节　液压动力转向系统

为了减轻驾驶人的疲劳强度,改善转向系统的技术性能,目前很多汽车都采用了动力转向装置。采用动力转向的汽车在转向时,所需的能量在正常情况下,只有小部分是驾驶人提供的体能,而大部分是发动机驱动转向油泵旋转,将发动机输出的部分机械能转化为压力能。并在驾驶人控制下,对转向传动装置或转向器中某一传动件施加不同方向的随动渐进压力,从而实现转向。

一、动力转向装置的分类

动力转向装置按传能介质的不同,可以分为气压式和液压式两种。气压式动力转向装置主要用于采用气压制动的货车和客车。液压式动力转向装置在各级各类汽车上广泛应用,其部件结构紧凑、尺寸很小,液压系统在工作时无噪声,工作滞后时间短,而且能吸收来自不平路面的冲击。

液压式动力转向装置按液流形式又可分为常压式和常流式两种,如图9-13、图9-14所示。目前除少数重型汽车采用常压式动力转向装置外,其余多采用常流式动力转向装置。

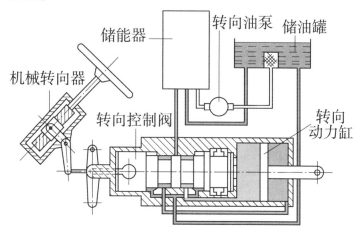

图9-13　常压式液压动力转向装置示意图

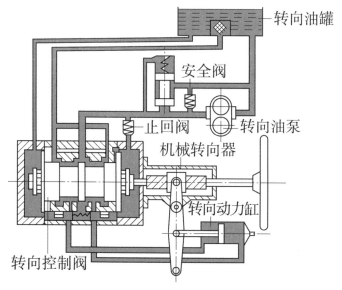

图9-14　常流式液压动力转向装置示意图

液压式动力转向装置按转向加力装置零部件布置和连接组合方式，可以分为整体式动力转向系统、半整体式动力转向系统和组合式动力转向系统，如图9-15所示。

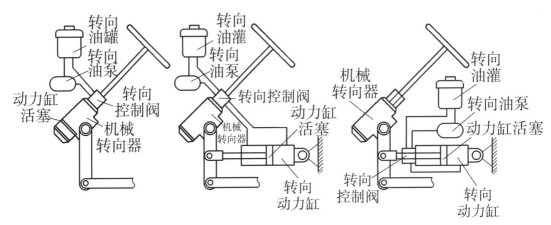

a)整体式动力转向系统　　b)半整体式动力转向系统　　c)组合式动力转向系统

图9-15　动力转向系统三种类型

二、液压动力转向系统的组成、原理

图9-16所示为别克凯越汽车的动力转向系统，由机械转向器、转向控制阀（转阀式）、转向动力缸以及将发动机输出的部分机械能转换为压力能的转向油泵、转向储油罐等组成。转向油泵安装在发动机上，由曲轴通过传动带驱动运转向外输出油压，转向油罐有进、出油管接头，通过油管分别和转向油泵和转向控制阀连接。动力转向器为整体式动力转向器，其转向控制阀用以改变油路。

三、液压动力转向装置

液压常流转阀式转向控制阀的结构如图9-17所示。转向控制阀的转子安装在转向齿轮轴上，在其中间插入控制阀扭杆并固定。在转向齿轮上部有控制阀体，它和控制阀扭杆相连。控制阀体和转向油泵相通，且在其两端有与动力缸相通的阀门孔，由其所处位置决定是否向动力缸供油。转向盘转动时，根据控制阀扭杆的扭转量提供相应的油压辅助力。转向油泵的供油压力由转向控制阀控制。高压油经过控制阀内的空隙进入动力活塞两端，使活塞左右运动，带动转向齿条运动。

动力转向装置的工作原理如图9-18所示。转向盘旋转时，带动控制阀扭杆旋转,使控制阀缸体旋转,阀门孔打开,开始供油。当转向盘转角很大时,控制阀扭杆转角大,进入动力缸的油液多,推动动力活塞运动,从而减轻转向操纵力。高速时,转向角转角小,进入动力缸的油液很少,转向操纵力大。当进入动力缸的油液流量很大时,过剩油液通过电磁阀流回储油罐。当转向盘旋转停止时,阀门孔被关闭,动力活塞两端的油压相同。

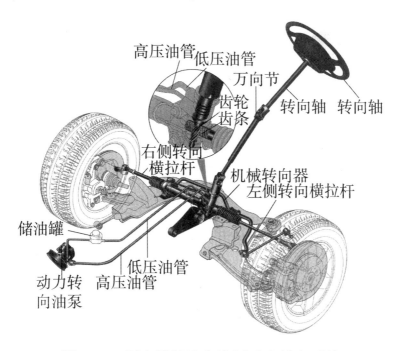

图 9-16　别克凯越汽车液压动力转向系统

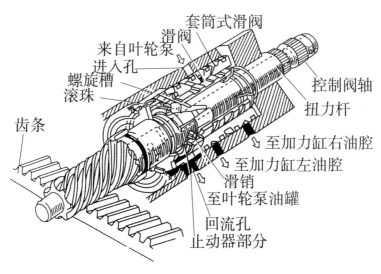

图 9-17　转向控制阀的结构

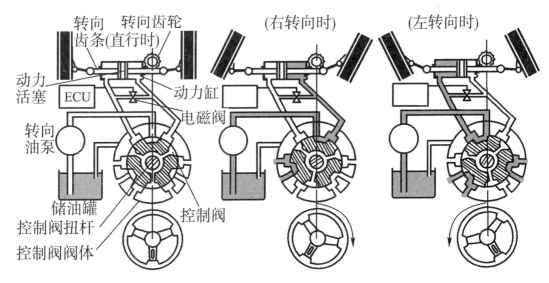

图 9-18 动力转向系统工作原理

四、转向油泵

转向油泵是动力转向装置的动力源,其功用是将发动机的机械能变为驱动转向动力缸工作的液压能,再由转向动力缸输出的转向力,驱动转向车轮转向。

转向油泵的结构类型有多种,常见的有齿轮式、转子式和叶片式。目前最常用的是双作用叶片式转向油泵,其工作原理如图 9-19 所示。当发动机带动转向油泵逆时针旋转时,叶片在离心力的作用下紧贴在定子的内表面上,工作容积开始由小变大,从吸油口吸进油液,而后工作容积由大变小,压缩油液,经压油口向外供油。再转 180°,又完成一次吸压油过程。

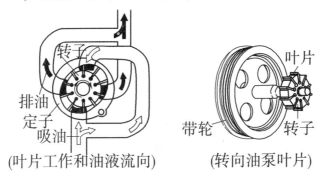

图 9-19 双作用叶片式转向油泵的结构及工作原理

转向油泵的转子是通过发动机驱动或电动机驱动的,工作时油压及流量的变化是通过安全阀和溢流阀来实现的,如图 9-20 所示。当输出压力过高时,这个压力传到溢流阀右侧,使安全阀左移开启,高压油流回进油腔,降低了输出油压。

当输出油量过大时,节流孔处油液的流速很高,但该处的压力很小,此压力经横向油道传到溢流阀右侧,使节流阀左右两侧的压差增大,在压差的作用下,节流阀压缩弹簧右移,使进油道和出油道相同,部分油液在泵内循环流动,减少了出油量。当这两个阀出现弹簧过软、折断或不密封时,将会导致转向油泵油压和流量不足而出现故障。

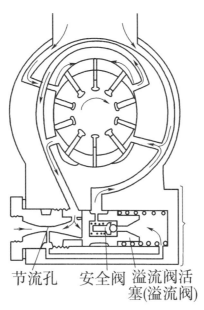

节流孔　安全阀　溢流阀活塞(溢流阀)

图9-20　双作用卸荷式叶片转向油泵结构、原理示意图

第五节　电控动力转向系统

电子控制动力转向系统（Electronic Control Power Steering，EPS）可分为液压式电控动力转向系统和电动式电控动力转向系统等多种形式。

一、液压式电控动力转向系统

液压式电控动力转向系统是在传统的液压动力转向系统的基础上增设了电子控制装置而构成的,根据控制方式的不同,可分为流量控制式、反力控制式和阀灵敏控制式三种形式。本部分仅介绍反力控制式动力转向系统。

1　基本组成

图9-21所示为反力控制式动力转向系统的组成,主要由转向控制阀、电磁阀、分流阀、转向动力缸、转向油泵、储液罐、车速传感器和电子控制单元（ECU）组成。

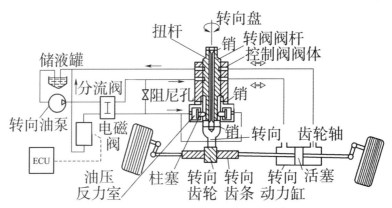

图 9-21 反力控制式动力转向系统的组成

反力控制式动力转向系统是按照车速的变化,由电子控制油压反力,调整动力转向器,从而使汽车在各种条件下转向盘上所需的转向操纵力都达到最佳状态。有时也把这种动力转向系统称为渐进型动力转向系统(Progressive Power Steering,PPS)。

电子控制渐进型动力转向系统结构如图 9-22 所示,除了旧式动力转向装置中用来控制加力的主控制阀之外,又增设了反力油压控制阀和油压反力室。

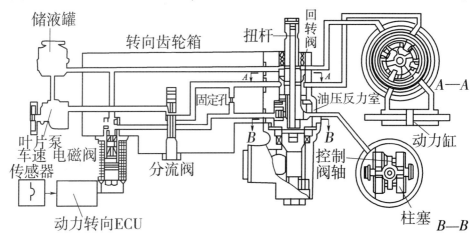

图 9-22 电子控制的渐进型动力转向系统结构

转向控制阀的结构如图 9-23 所示,其基本结构是在传统的整体式动力转向控制阀的基础上,在内部增加了 1 个油压反力室和 4 个小柱塞,4 个小柱塞位于控制阀阀体下端的油压反力室内。输入轴部分有两个小凸起结构顶在柱塞上。油压反力室受到高压作用时,柱塞将推动控制阀阀杆。此时,扭杆即使受到转矩作用,但由于柱塞推力的影响,也会抑制控制阀阀杆与阀体的相对回转。

经反力油压控制阀调整后的油压加到油压反力室内,扭杆与转向轴相连,当 PPS 根据油压反力的大小改变转向扭杆的扭曲量时,就可以控制转向时所要加的力。动力转向用的微机安装在电子控制器(ECU)内,微机根据车速传感器的信号控制电磁阀的输入电流;电磁阀设在反力控制阀上。

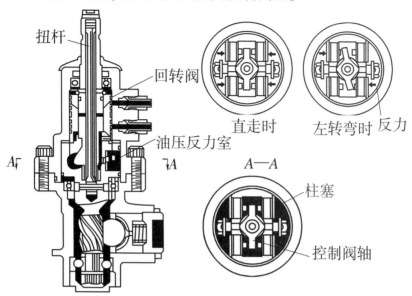

图 9-23　反力控制式动力转向控制阀结构

2 工作原理

1)汽车静止或低速行驶时

如图 9-24 所示,汽车在低速范围内运行时,ECU 输出一个大的电流,使电磁阀的开度增加,由分流阀分出的液体流过电磁阀回到储液罐中的流量增加。油压反力室的压力减小,柱塞推动控制阀杆的力减小,因此只需要较小的转向力就可使扭杆扭转变形,使阀体与阀杆发生相对转动而使控制阀打开,油泵输出油压作用到动力缸右室(或左室),使动力缸活塞左移(或右移),产生转向助力。

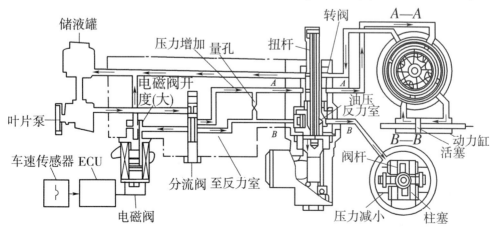

图 9-24　停车或低速行驶时的工作情况

2）汽车中、高速行驶时

如图9-25所示，此时转向盘微量转动时，控制阀杆根据扭转角度而转动，转阀的开度减小，转阀里面的压力增加，流向电磁阀和油压反力室中的液流量增加。当车速增加时，ECU输出电流减小，电磁阀开度减小，流入油压反力室中的液流量增加，反力增大，使得柱塞推动控制阀杆的力变大。液流还从量孔流进油压反力室中，这也增大了油压反力室中的液体压力，故转向盘的转动角度增加时，将要求一个更大的转向操纵力，使得在中高速时驾驶人可获得良好的转向手感和转向特性。

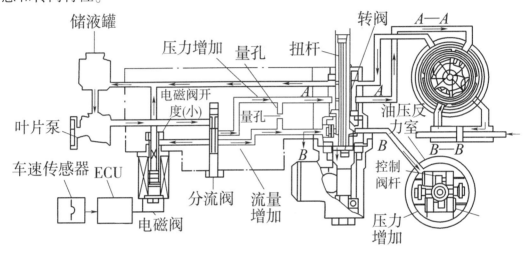

图9-25　中、高速行驶时的工作情况

3）中高速直行状态

车辆直行时，转向偏摆角小，扭杆相对转矩小，控制阀油孔开度减小，控制阀侧油压升高。由于分流阀的作用，使电磁阀侧油量增加。同时，随着车速的升高，通电电流减小，通过电磁阀流回储液罐的阻尼增大，油压反力室的反力增大，使柱塞推动控制阀阀杆的力矩增大，转向盘手感增强。

二、电动式电控动力转向系统

1 基本组成和工作原理

电动式电控动力转向系统的基本组成如图9-26所示，主要由转矩传感器、转角传感器、车速传感器、电动机、电磁离合器、减速机构、电子控制单元等组成。

电动式电控动力转向系统的基本原理是根据汽车行驶速度（车速传感器输出信号）、转矩及转向角信号，由ECU控制电动机及减速机构产生助力转矩，使汽车在低、中和高速下都能获得最佳的转向效果。

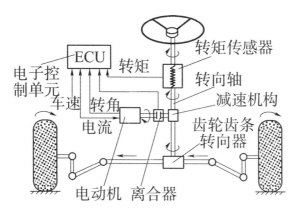

图9-26 电动式电控动力转向系统的组成

电动助力转向系统组成

电动机连同离合器和减速齿轮一起,通过一个橡胶底座安装在左车架上。电动机的输出转矩由减速齿轮增大,并通过万向节、转向器中的助力小齿轮把输出转矩送至齿条,向转向轮提供转矩。

ECU根据各传感器的信号确定助力转矩的幅值和方向,并且直接控制驱动电路去驱动电动机。

转矩传感器、转角传感器和汽车速度传感器等为助力转矩的信号源。

根据电动机布置位置的不同,直接助力式电控动力转向系统可以分为转向轴助力式、齿轮助力式和齿条助力式三种类型,如图9-27所示。

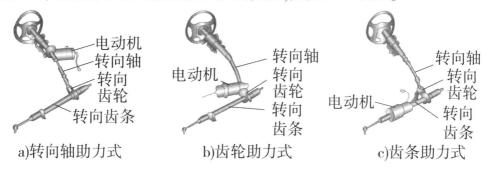

图9-27 电动式电控动力转向系统的类型

2 上海大众途安电控机械式助力转向系统

上海大众途安的电动机械转向助力器与传统的液压转向器相比具有许多优点。它可以协助驾驶人行车,并减轻身体和心理负担。同时,它仅在需要时进行工作,也就是说,只有当驾驶人需要转向助力时,它才会自动提供帮助。此外,转向助力与车速、转向力矩和转向角等有关。

带双小齿轮的电动机械转向助力系统如图9-28所示。转向系统的部件主要包括转向盘、带转向角度传感器G85的组合开关、转向柱G527、转向力矩传感器

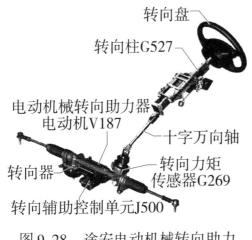

图 9-28 途安电动机械转向助力系统组成

G269、电动机械转向助力器电动机 V187、转向器、转向辅助控制单元 J500 等。转向器由一只转向力矩传感器 G269、一根扭转棒、一只转向齿轮和一只驱动小齿轮、一只蜗轮传动装置,以及一只带控制单元的电动机组成。电动机械转向助力的核心部件是一根齿条,它由两只花键啮合在转向器中。

如图 9-29 所示,在带双小齿轮的电动机械转向助力器上,需要的转向力是通过转向小齿轮和驱动小齿轮传送到齿条上。转向小齿轮负责传送驾驶人施加的转向力矩,驱动小齿轮则通过一只蜗轮传动装置,传送由电动机械转向助力器电动机提供的助力力矩。该电动机具有用于转向助力的控制单元和传感装置,并安装在第二只小齿轮上。这种结构可以使转向盘和齿条之间形成机械连接。所以,当伺服电动机失灵时,可以确保车辆仍能够进行机械转向,但此时不具备转向助力的功能,转向时会感到很沉重。

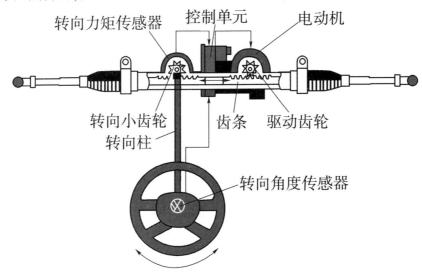

图 9-29 电动机械转向助力系统各零件的布置

电子助力转向系统转向过程的控制原理如图 9-30 所示。工作过程如下①驾驶人转动转向盘;②转向盘上的转矩转动转向器上的扭转棒,转向力矩传感器 G269 探测到转动,并将测得的转向力矩发送给控制单元 J500;③转向角度传感器 G85 发送当前的转向角信号,转子转速传感器发送当前的转向速度信号;④控制单元根据转向力矩、车速、发动机转速、转向角和转向速度,以及在控制单元中设置的特性曲线,确定需要的助力力矩,并控制电动机转动;⑤转向助力是通过驱动齿轮来完成的,驱动齿轮由电动机驱动,电动机通过蜗轮传动并驱动小齿轮作用到齿条上,从而传送助力转向力;⑥转向盘力矩和助力力矩的总和是转向器上引起齿条运动的有效力矩,该力矩驱动齿条实现转向。

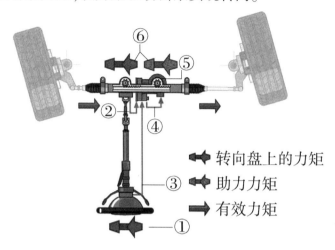

图 9-30 转向系统控制原理
注:图中序号代表操作顺序

第六节 转向系统的维修

一、动力转向油液的添加与检查

1 实训器材

(1) 车辆:别克凯越汽车。

(2) 普通工具:组合工具。

(3) 其他:接油容器、DEXRON-Ⅱ或Ⅲ动力转向液。

2 准备工作

(1) 汽车进入工位前,将工位清理干净,准备好相关的器材。

(2) 将汽车停驻在举升机中央位置。

(3) 拉紧驻车制动器操纵杆,并将变速杆置于空挡位置,如图 1-16 所示。

(4) 套上转向盘护套、变速杆手柄套和座椅套,铺设脚垫。

(5) 在车内拉动发动机舱盖开启手柄,在车外打开并支撑发动机舱盖,如

图1-17所示。

(6)粘贴翼子板和前脸磁力护裙。

3 操作步骤

别克凯越汽车液压动力转向装置油液容量为1.0L。

1)检查和添加油液

注意：在添加或完全更换油液时，务必使用DEXRON-Ⅱ或Ⅲ动力转向液。如果使用不正确的油液，会导致软管和密封件损坏和油液泄漏。

(1)动力转向液液面是用透明储液罐上的标记或储液罐盖上的油尺标记指示的。

(2)如果油液温度达到66℃，液面应介于MAX(最高)和MIN(最低)标记之间。必要时添加油液。

(3)如果油液温度较凉，为21℃，液面应位于MIN(最低)标记处。必要时添加油液。

2)排放动力转向系统中的空气

如果维修了动力转向液压系统，必须放出系统中的空气，液面读数才能准确。按以下步骤排出系统中的空气。

(1)将转向盘向左打到极限位置，并将动力转向液添加至油液液面指示器的MIN(最低)标记。

注意：在添加或完全更换油液时，务必使用DEXRON-Ⅱ或Ⅲ动力转向液。如果使用不正确的油液，会导致软管和密封损坏及油液泄漏。

(2)起动发动机。使发动机在急速下运行，重新检查液面。必要时，添加油液，使液面达到MIN(最低)标记。

(3)将转向盘从一侧打到另一侧，但在任一侧都不要打到极限位置，放出系统中的空气。将液面保持在MIN(最低)标记。必须放出油液中的空气，才能获得正常转向性能。

(4)使转向盘回到中心位置。使发动机继续运行2~3min。

(5)路试车辆，确保转向功能正常且没有噪声。

(6)按步骤(1)和(2)，重新检查液面。确保系统达到正常工作温度并稳定后，液面达到MAX(最高)标记。必要时添加油液。

二、转向横拉杆球节的更换

1 实训器材

(1)车辆：别克凯越汽车。

(2)普通工具:组合工具、扭力扳手。

(3)专用工具:KM-507-B 球节拆卸工具、KM-J-22610。

2 准备工作

(1)汽车进入工位前,将工位清理干净,准备好相关的器材。

(2)将汽车停驻在举升机中央位置。

(3)拉紧驻车制动器操纵杆,并将变速杆置于空挡位置,如图 1-16 所示。

(4)套上转向盘护套、变速杆手柄套和座椅套,铺设脚垫。

(5)在车内拉动发动机舱盖开启手柄,在车外打开并支撑发动机舱盖,如图 1-17 所示。

(6)粘贴翼子板和前脸磁力护裙。

3 操作步骤

1)转向横拉杆外球节的拆卸

(1)拆卸车轮。

(2)标记转向横拉杆螺纹,以便重新定位调整螺母。

(3)拆卸外球节螺母,并用球节拆卸工具 KM-507-B 从转向节上断开外球节,如图9-31所示。

(4)松开转向横拉杆调整螺母,通过扭动从转向横拉杆上拆下外球节,如图 9-32 所示。

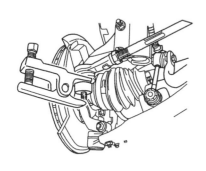
图9-31 从转向节上断开外球节

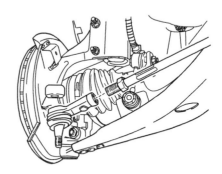
图9-32 拆卸(或安装)外球节

2)转向横拉杆外球节的安装

(1)对准转向横拉杆上的标记,将调整螺母重新定位。

(2)通过扭动将外球节安装到转向横拉杆上,如图 9-32 所示。

(3)将外球节连接到转向节上,如图 9-33 所示。

(4)调整前轮前束。

(5)紧固调整螺母。紧固外转向横拉杆调整螺母至 64N·m。

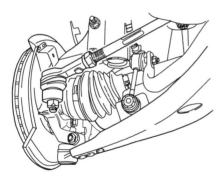

图 9-33　连接外球节到转向节

(6) 安装外转向横拉杆螺母。紧固外转向横拉杆螺母至 50N·m。

(7) 安装车轮。

3) 转向横拉杆内球节的拆卸

(1) 拆卸车轮。

(2) 拆卸转向横拉杆外球节。

(3) 拆卸防尘套固定夹,拆卸防尘套。

(4) 拆卸转向横拉杆内球节,如图 9-34 所示。

4) 转向横拉杆内球节的安装

(1) 安装转向横拉杆内球节,并紧固。转向横拉杆内球节紧固力矩为 100 N·m。

(2) 安装转向器防尘套,安装防尘套固定夹,如图 9-35 所示。

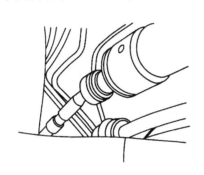

图 9-34　拆卸内球节

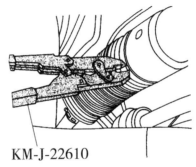

KM-J-22610

图 9-35　安装防尘套

(3) 安装转向横拉杆外球节。

(4) 安装车轮。

三、转向力矩的检查

1 实训器材

(1) 车辆:丰田卡罗拉汽车。

(2) 普通工具:组合工具、扭力扳手。

2 准备工作

(1) 汽车进入工位前,将工位清理干净,准备好相关的器材。

(2) 将汽车停驻在举升机中央位置。

(3) 拉紧驻车制动器操纵杆,并将变速杆置于空挡位置,如图 1-16 所示。

(4) 套上转向盘护套、变速杆手柄套和座椅套,铺设脚垫。

(5)在车内拉动发动机舱盖开启手柄,在车外打开并支撑发动机舱盖,如图1-17所示。

(6)粘贴翼子板和前脸磁力护裙。

3 操作步骤

注意:某些维修操作会影响SRS气囊。维修前要阅读关于SRS气囊系统的注意事项。

(1)将车辆停在水平、铺筑的路面上,并将车轮对准正前位置。

(2)从蓄电池负极端子断开电缆。

注意:断开电缆后等待90s,以防止气囊工作。

注意:断开电缆时,重新连接电缆后要对一些系统进行初始化。

(3)拆下转向盘装饰盖。

(4)将电缆连接至蓄电池负极端子。

注意:断开电缆时,重新连接电缆后要对一些系统进行初始化。

(5)用扭力扳手检查并确认转向盘固定螺母是否正确拧紧。拧紧力矩为50N·m。

(6)将点火开关置于ON(IG)位置(发动机停止)以使动力转向做好工作准备。

(7)如图9-36所示,将转向盘向右转动90°,并在同一方向进一步转动过程中检查转向力矩(扭矩)。转向力矩(参考)为5.5N·m。

(8)将前轮对准正前位置。

(9)从蓄电池负极端子断开电缆。

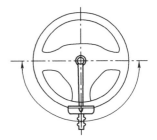

图9-36 检查转向力矩

注意:断开电缆时,重新连接电缆后要对一些系统进行初始化。

(10)安装转向盘装饰盖。

(11)将电缆连接至蓄电池负极端子。

注意:断开电缆时,重新连接电缆后要对一些系统进行初始化。

(12)清除DTC。

(13)检查气囊警告灯。

四、转向盘自由行程的检查

1 实训器材

(1)车辆:丰田卡罗拉汽车。

(2)普通工具:组合工具、扭力扳手。

2 准备工作

(1)汽车进入工位前,将工位清理干净,准备好相关的器材。

(2)将汽车停驻在举升机中央位置。

(3)拉紧驻车制动器操纵杆,并将变速杆置于空挡位置,如图1-16所示。

(4)套上转向盘护套、变速杆手柄套和座椅套,铺设脚垫。

(5)在车内拉动发动机舱盖开启手柄,在车外打开并支撑发动机舱盖,如图1-17所示。

(6)粘贴翼子板和前脸磁力护裙。

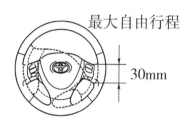

图9-37 检查转向盘自由行程

最大自由行程为30mm。

3 操作步骤

(1)将点火开关置于ON(IG)位置以使动力转向做好准备工作。

(2)将车轮对准正前位置。

(3)用手向左和向右慢慢转动转向盘,并检查转向盘的自由行程,如图9-37所示。

注意:如果自由行程超出规定范围,换上新的2号中间轴或动力转向机。

小结

1.转向系统是指由驾驶人操纵,能实现转向轮偏转和复位的一套机构。转向系统的功用是按照驾驶人的意愿改变汽车的行驶方向和保持汽车稳定的直线行驶。

2.汽车转向系统按转向动力源的不同分为机械转向系统和动力转向系统。机械转向系统以驾驶人的体力作为转向动力源,系统的所有传动件都是机械的。动力转向系统是兼用驾驶人体力和发动机(或电动机)的动力作为转向能源的转向系统。动力转向系统是在机械转向系统的基础上加设一套转向加力装置而形成的。

3.转向系统角传动比是指转向盘的转角与转向盘同侧的转向轮偏转角的比值。转向系统角传动比是转向器角传动比和转向传动机构角传动比的乘积。转向盘的自由行程是指转向盘在空转阶段的角行程。汽车转向时,内侧车轮和外侧车轮滚过的距离是不等的。为保证转向过程中车轮作纯滚动,要求所有车轮的轴线都交于一点,此交点称为汽车的转向中心。汽车的转向特性包括不足转向、过多转向、中性转向和交变转向。

4. 汽车机械转向系统由转向操纵机构、机械转向器和转向传动机构组成。转向器是转向系统中的降速增矩传动装置，其功用是增大由转向盘传到转向节的力，并改变力的传动方向。按转向器中的传动副的结构形式，转向器可以分为循环球式、齿轮齿条式、蜗杆曲柄指销式、蜗杆滚轮式等几种。

5. 齿轮齿条式转向器分两端输出式和中间（或单端）输出式。齿轮齿条式转向器采用一级传动副，主动件是齿轮，从动件是齿条，利用齿轮顺时针或逆时针方向的转动带动齿条左右移动，再通过横拉杆推动转向节，达到转向的目的。循环球式转向器采用两级传动副，第一级是螺杆与螺母，第二级是齿条与齿扇。循环球式转向器工作时，转向螺杆转动，在摩擦力的作用下，所有钢球在螺母与螺杆之间形成"球流"，并推动齿形螺母沿螺杆轴线前后移动，然后通过齿条带动齿扇摆动，并使摇臂轴旋转，带动摇臂摆动，最后由传动机构传至转向轮，使转向轮偏转以实现转向。

6. 汽车转向操纵机构主要由转向盘、转向轴、转向柱管等组成。它的功用是产生转动转向器所必需的操纵力，并具有一定的调节和安全性能。

7. 转向传动机构的功用是将转向器输出的力和运动传给转向轮，使两侧转向轮偏转以实现汽车转向，并保证左右转向轮的偏转角按一定关系变化。

8. 液压式动力转向装置按液流形式，可分为常压式和常流式。根据转向加力装置的零部件布置和连接组合方式的不同，可以分为整体式动力转向系统、半整体式动力转向系统和组合式动力转向系统。按其转向控制阀阀芯的运动方式，还可分为滑阀式和转阀式。

9. 液压式电子控制动力转向系统是在传统的液压动力转向系统的基础上增设了电子控制装置而构成的，根据控制方式的不同，可分为流量控制式、反力控制式和阀灵敏控制式三种形式。

10. 电动式动力转向系统主要由转矩传感器、转角传感器、车速传感器、电动机、电磁离合器、减速机构、电子控制单元等组成。电动动力转向系统根据汽车行驶速度（车速传感器输出信号）、转矩及转向角信号，由ECU控制电动机及减速机构产生助力转矩，使汽车在低、中和高速下都能获得最佳的转向效果。

复习思考题

一、简答题

1. 什么是转向盘的自由行程？它有什么功用？

2. 汽车的转向特性有哪些？各有什么特点？

3. 循环球式转向器的工作原理是什么？

4. 简述液压常流转阀式动力转向装置的工作原理。

5. 说明转向油泵的工作原理。

6. 反力控制式电控动力转向系统是如何工作的？

7. 电动式电控动力转向系统由哪些元件组成？说明其工作原理。

二、选择题

1. 对转向器而言，汽车在行驶过程中，路面作用在车轮的力经过转向系统可大部分传递给转向盘，这种转向器称为（　　）。

  A. 可逆式的　　　　　　　　　　B. 不可逆式的

  C. 极限可逆式的　　　　　　　　D. 极限不可逆式的

2. 汽车转向传动机构中的横拉杆，对中间拉杆两端与球销总成相连接的部分而言，以下正确的是（　　）。

  A. 两端都是左旋螺纹

  B. 两端都是右旋螺纹

  C. 一端为左旋螺纹，另一端为右旋螺纹

  D. 没有一定的要求

3. 汽车转向时，外侧转向轮的偏转角度（　　）内侧转向轮的偏转角度。

  A. 大于　　　　B. 小于　　　　C. 等于　　　　D. 大于或等于

4. 要实现正确的转向，只能有一个转向中心，并满足（　　）关系式。

  A. $\cot\alpha = \cot\beta - \dfrac{B}{L}$　　　　　　B. $\cot\alpha = \cot\beta + \dfrac{B}{L}$

  C. $\alpha = \beta$　　　　　　　　　　　D. $\cot\alpha = \cot\beta$

5. 液压式转向助力装置按液流的形式可分为（　　）。

  A. 常流式　　　　B. 常压式　　　　C. 滑阀式　　　　D. 转阀式

6. 转弯半径是指由转向中心到（　　）。

  A. 内转向轮与地面接触点间的距离

  B. 外转向轮与地面接触点间的距离

  C. 内转向轮之间的距离

  D. 外转向轮之间的距离

7. 当汽车转向且外转向轮转角达最大值时，其转弯半径（　　）。

  A. 最大　　　　　　　　　　　　B. 不能确定

C. 最大与最小之间　　　　　　　D. 最小

8. 在转向系统中,转向器采用的是齿轮齿条式液压动力转向器,当转向液压泵出故障时,转向系统将(　　)实现转向功能。

　A. 还能　　　　　　　　　　　B. 不能

　C. 汽车低速行驶时能　　　　　　D. 不能确定

9. 转向油泵是助力转向的动力源,其作用是将输出的(　　)。经转向控制阀向转向动力缸提供一定压力和流量的工作油液。

　A. 液压能转化为机械能　　　　　B. 机械能转化为液压能

　C. 液压能转化为势能　　　　　　D. 动能转化为机械能

10. 电子控制动力转向系统的英文简写是(　　)。

　A. ETS　　　　B. CCS　　　　C. GPS　　　　D. EPS

三、判断题

1. 当汽车转弯时,内侧轮胎转向半径通常小于外侧轮胎。　　　　　(　)
2. 为了提高行车的安全性,转向轴可以有少许轴向移动。　　　　　(　)
3. 可逆式转向器有利于转向轮和转向盘自动回正,但汽车在坏路面上行驶时易发生转向打手现象。　　　　　　　　　　　　　　　　　　　　(　)
4. 转向系统角传动比是指转向盘的转角与转向盘同侧的车轮偏转角度的比值。　　　　　　　　　　　　　　　　　　　　　　　　　　　　(　)
5. 转向盘自由行程对于缓和路面冲击,使操纵柔和以及避免使驾驶人过度紧张是有利的。　　　　　　　　　　　　　　　　　　　　　　　　(　)
6. 汽车转向器的角传动比越大,就越容易实现迅速转向,即灵敏性较高。
　　　　　　　　　　　　　　　　　　　　　　　　　　　　(　)
7. 循环球式转向器中的转向螺母既是第一级传动副的主动件,也是第二级传动副的从动件。　　　　　　　　　　　　　　　　　　　　　　(　)
8. 采用动力转向系统的汽车,当转向加力装置失效时,汽车也就无法转向了。
　　　　　　　　　　　　　　　　　　　　　　　　　　　　(　)
9. 汽车液压动力转向系统中,安全阀既可限制最大压力,又可限制多余的油液。　　　　　　　　　　　　　　　　　　　　　　　　　　　　(　)
10. 汽车液压动力转向系统中的转阀式转向控制阀,是直接由转向轴驱动的。
　　　　　　　　　　　　　　　　　　　　　　　　　　　　(　)

第十章 制动系统

> **学习目标**
>
> 1. 了解制动系统的功用、基本组成及分类;
> 2. 掌握车轮制动器的结构及工作原理;
> 3. 掌握液压制动传动装置的基本组成及工作原理;
> 4. 掌握 ABS 的基本组成及工作原理;
> 5. 了解 ASR、ESP 和 EPB 的基本组成及工作原理;
> 6. 掌握制动踏板的检查及调整方法;
> 7. 掌握驻车制动器的检查及调整方法;
> 8. 掌握制动液添加或更换的方法;
> 9. 掌握制动蹄检查和更换方法;
> 10. 掌握制动盘检查和更换方法;
> 11. 掌握轮速传感器更换方法;
> 12. 掌握 DTC 的检查与清除方法。

第一节 制动系统的功用、分类、基本组成及工作原理

一、制动系统的功用及分类

汽车制动系统的功用是:按照需要使汽车减速或在最短离内停车;下坡行驶时保持车速稳定;使停驶的汽车可靠驻停。

按功能的不同,汽车制动系统可以分为行车制动系统、驻车制动系统、应急制动装置、安全制动装置和辅助制动装置。应急制动装置是用独立的管路控制车轮制动器作为备用系统,其作用是在行车制动装置失效的情况下保证汽车仍能实现减速或停车;安全制动装置是当制动气压不足时起制动作用,使车辆无法

行驶;辅助制动装置是为了下长坡时减轻行车制动器的磨损而设,其中利用发动机排气制动应用最广。

按照制动能源分类,汽车制动系统又可以分为人力制动系统、动力制动系统和伺服制动系统。

二、制动系统的基本组成

汽车制动系统包括行车制动系统和驻车制动系统两大部分,如图10-1所示。行车制动系统用于使行驶中的车辆减速或停车,通常由驾驶人用脚操纵,一般包含制动踏板、制动主缸、制动轮缸、制动管路、车轮制动器等;驻车制动系统用于使停驶的汽车驻留原地,通常由驾驶人用手操纵,一般包含制动手柄、拉索(或拉杆)、制动器。另外,较为完善的制动系统还包括制动力调节装置以及报警装置、压力保护装置等。

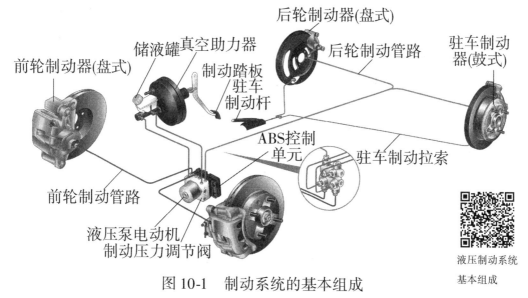

图10-1 制动系统的基本组成

汽车上设置有彼此独立的制动系统,它们起作用的时刻不同,但它们的组成却是相似的,一般由以下四个组成部分:

(1)供能装置。供能装置包括供给、调节制动所需能量以及改善传能介质状态的各种部件。如气压制动系统中的空气压缩机、液压制动系统中的人力脚踏板等。

(2)控制装置。控制装置包括产生制动动作和控制制动效果的各种部件,如制动踏板等。

(3)传动装置。传动装置将驾驶人或其他动力源的作用力传到制动器,同时控制制动器的工作,从而获得所需的制动力矩,包括将制动能量传输到制动器的各个部件,如制动主缸、制动轮缸等。

(4)制动器。制动器是产生阻碍车辆运动或运动趋势的力的部件。

三、制动系统的工作原理

图 10-2 所示为行车制动系统的基本结构。其工作原理是将汽车的动能通过摩擦转换成热能,并释放到大气中。制动时,踩下制动踏板,制动主缸向各制动轮缸供油,活塞在油压的作用下把摩擦材料压向制动盘实现制动。

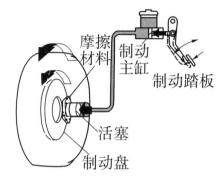

图 10-2　行车制动系统的基本结构

液压制动系统原理

第二节　常规制动系统

一、车轮制动器

车轮制动器由旋转元件和固定元件组成。旋转元件与车轮相连接,固定元件与车桥相连接。利用旋转元件和固定元件之间的摩擦,产生制动器制动力。

图 10-3 所示为常用的鼓式制动器和盘式制动器制动原理示意图。当制动摩擦片压紧旋转的制动鼓或制动盘时,两者接触面摩擦,并通过摩擦将汽车的动能转变为热能,散发到空气中,最终使车辆减速以至停车。

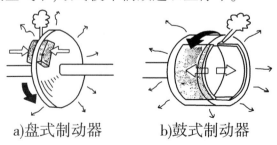

a)盘式制动器　　b)鼓式制动器

图 10-3　制动器制动原理示意图

第十章 制动系统

1 盘式制动器

盘式制动器根据其固定元件的结构形式可分为钳盘式制动器和全盘式制动器。近年来汽车前后轮都采用钳盘式制动器的结构日渐增多。

钳盘式制动器按制动钳固定在支架上的结构形式可分为定钳盘式和浮钳盘式,如图10-4所示。

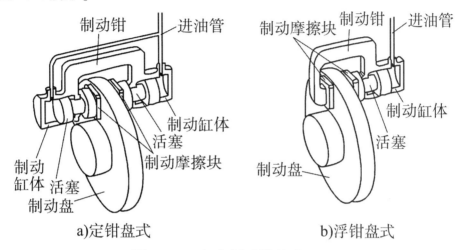

a)定钳盘式　　　　b)浮钳盘式

图10-4　盘式制动器的类型

1)定钳盘式制动器

定钳盘式制动器的工作原理如图10-5所示,其旋转元件是制动盘,它和车轮固装在一起并可旋转,其端面为摩擦工作表面。跨置在制动盘上的制动钳体固定安装在车桥上,它不能旋转也不能沿制动盘轴线方向移动,其内部的两个活塞分别位于制动盘的两侧。制动时,制动油液由制动主缸经进油管进入钳体中两个相通的液压腔中,将两侧的制动摩擦块压向与车轮固定连接的制动盘,从而产生制动。

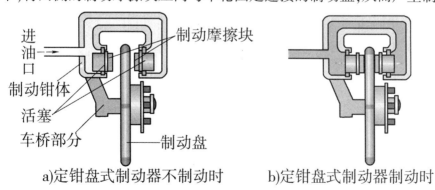

a)定钳盘式制动器不制动时　　b)定钳盘式制动器制动时

图10-5　定钳盘式制动器的工作原理图

2)浮钳盘式制动器

浮钳盘式制动器的工作原理如图10-6所示。制动钳通过导向销(图10-6中未画出)与车桥相连,可以相对于制动盘轴向移动。制动钳体只在制动盘的内侧设置油缸,而外侧的制动摩擦块则附装在钳体上。制动时,液压油通过进油管进入制动轮缸,推动活塞及其上的制动摩擦块向右移动,并压到制动盘上,并使得油缸连同制动钳整体沿导向销向左移动,直到制动盘右侧的制动摩擦块也压到制动盘上,夹住制动盘并使其制动。

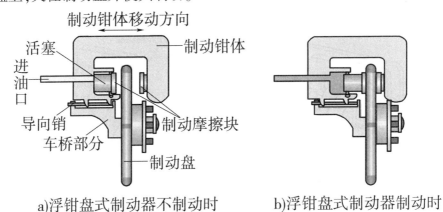

图 10-6 浮钳盘式制动器的工作原理图

如图 10-7 所示,制动缸体内壁槽内安装有活塞密封圈,可防止制动液从活塞与制动缸体间的间隙中流出,对活塞起密封作用。液压使活塞运动,靠近活塞端的密封圈也随活塞一起变形,但槽内的密封圈不变形。当液压消失后,密封圈在橡胶恢复力的作用下往回运动,同时带动活塞往回运动。当制动摩擦块磨损时,活塞会自动从密封圈上滑移相应的距离,因此制动摩擦块和制动盘之间的间隙一般为定值。

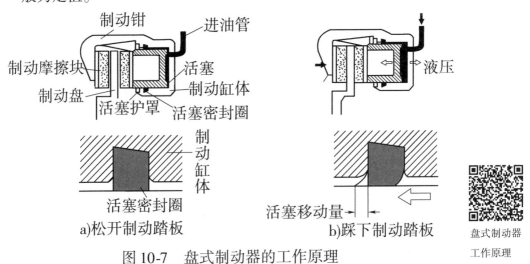

图 10-7 盘式制动器的工作原理

图 10-8 所示为别克凯越汽车的前轮盘式制动器,该制动器为浮钳盘式制动器。

它由制动盘、内外制动摩擦块、制动钳壳体、制动钳支架、前制动轮缸等组成。

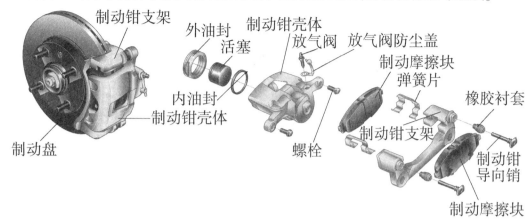

图 10-8　盘式制动器

2 鼓式制动器

1）鼓式制动器的结构和工作原理

简单的鼓式制动器由旋转部分、固定部分、促动装置和间隙调整装置组成，如图 10-9 所示。旋转部分为制动鼓；固定部分是制动底板和制动蹄，制动底板固装在车桥的凸缘盘上，通过支承销与制动蹄相连；促动装置的作用是对制动蹄施加力使其向外张开，常用的促动装置有凸轮或车轮制动轮缸；间隙调整装置的作用是保持和调整制动蹄和制动鼓间正确的相对位置。

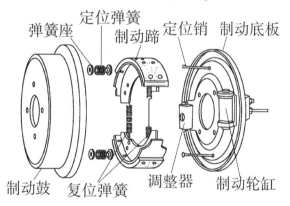

鼓式制动器工作原理

图 10-9　鼓式制动器的构造

制动时，轮缸活塞在制动液压力的作用下向外推动制动蹄，制动力克服复位弹簧的弹力使制动蹄向外张开，压向制动鼓，产生制动力矩使汽车制动。解除制动时，制动液压力消失，在复位弹簧的作用下制动蹄复位。

车轮制动器装配完毕后，为保证制动摩擦片与制动鼓之间具有合适的间隙，应对其进行必要的调整，调整的方法分为人工调整法和自动调整法。

桑塔纳汽车后轮制动器的间隙调整装置为在推力板上装楔杆的自调装置，其结构和工作情况如图10-10所示。楔杆的水平拉簧使楔杆与推力板间产生摩擦，防止楔杆下移，垂直拉簧随时力图拉动楔杆下移。当蹄鼓间隙正常时，楔杆静止于相对应位置；当蹄鼓间隙大于规定值时，制动蹄张开的行程被加大，垂直拉簧的力 F_2 增大，$F_2 > F_1$，楔杆下移，楔杆的下移使得水平拉簧的力也被加大，摩擦力 F_1 相应加大，则楔杆在新的位置静止；放松制动后，制动蹄在复位弹簧的作用下收拢。由于推力板已变长，只能被顶靠在新的位置，从而保持规定的制动间隙值。

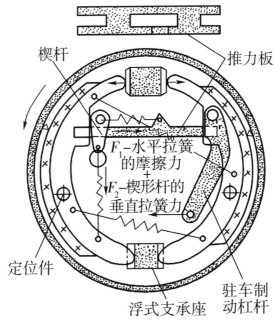

图10-10　在推力板上装楔杆的自调装置

此类自调装置属于一次性调准的结构，前进或倒车制动均能自调。

2）鼓式制动器的分类

（1）按促动装置不同分类。

鼓式制动器多为内张双蹄式。按促动装置的形式可分为轮缸式、凸轮式和楔块式，如图10-11所示。

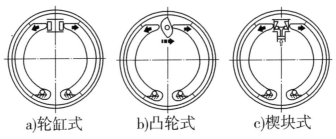

图10-11　鼓式制动器促动装置的类型

(2) 按产生制动力矩的不同分类。

如图 10-12 所示,汽车前进时制动鼓的旋转方向如箭头所示。在制动过程中,两制动蹄在相等的促动力 F_s 作用下,分别绕各自的支撑点向外偏转,紧压在制动鼓上。同时旋转的制动鼓对两蹄分别作用着法向反力 N_1 和 N_2,以及相应的切向反力 T_1 和 T_2,T_1 作用的结果使得制动蹄在制动鼓上压得更紧,则 N_1 变得更大,这种情况称为助势作用,相应的制动蹄被称为领蹄;与此

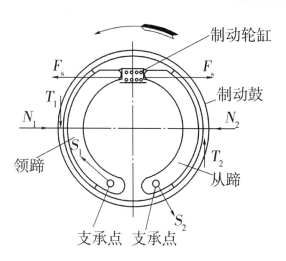

图 10-12 领从蹄式制动器示意图

相反,T_2 作用的结果则使得制动蹄有离开制动鼓的趋势,即 N_2 和 T_2 均有减小的趋势。这种情况称为减势作用,相应的制动蹄被称为从蹄。

根据制动过程中两制动蹄产生制动力矩的不同,鼓式制动器可分为领从蹄式、双领蹄式、双向双领蹄式、双向从蹄式、单向自增力式和双向自增力式等,如图 10-13 所示。

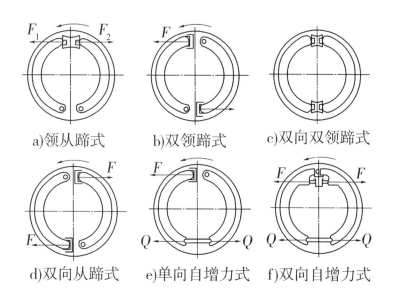

图 10-13 鼓式制动器的分类

根据制动时两个制动蹄对制动鼓作用的径向力是否平衡,鼓式制动器又可分为简单非平衡式、平衡式和自动增力式。

桑塔纳轿车的后轮制动器是领从蹄式制动器,如图 10-14 所示,制动器的制

动鼓通过轴承支承在后桥支撑短轴上,与车轮一起旋转。制动蹄的上、下支承面均加工成弧面,下端支靠在固定于制动底板的支承板上。轮缸活塞通过两端带耳槽的支承块对制动蹄的上端施加促动力。该制动器兼作驻车制动器,因此在制动器中还装设了驻车制动机械促动装置。

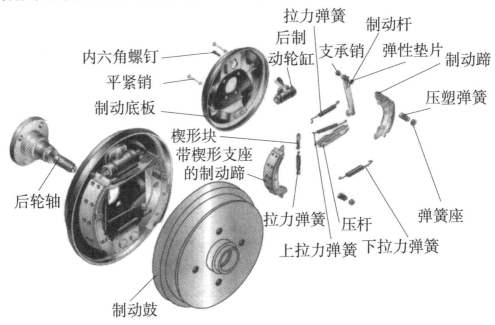

图 10-14　桑塔纳汽车后轮鼓式制动器

二、驻车制动器

驻车制动器的功用如下。

（1）车辆停驶后防止滑溜。

（2）使车辆在坡道上能顺利起步。

（3）行车制动系统失效后临时使用或配合行车制动器进行紧急制动。

按驻车制动器在汽车上安装位置的不同,驻车制动装置分中央制动式和车轮制动式。中央制动式的驻车制动器通常安装在变速器后面,其制动力矩作用在传动轴上；车轮制动式驻车制动装置和行车制动装置为共用制动器（通常为后轮制动器）,又称复合制动器,只是传动装置互相独立。驻车制动传动装置一般采用人力机械式,通过钢索或杠杆来驱动。

驻车制动装置主要由驻车制动杆、制动拉索及后轮制动器中的驻车制动器等组成,如图 10-15 所示,它作用于后轮,主要是在坡路或平路上停车时使用或在紧迫情况下作紧急制动。

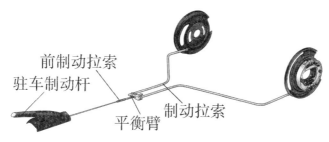

图 10-15　驻车制动装置

图 10-16 所示为驻车制动器的工作原理。驻车制动时,拉起操纵杆,操纵杆力通过操纵机构使驻车制动拉索收紧,拉索则拉动驻车制动杠杆的下端,使之绕上端支点顺时针转动,制动杠杆转动过程中,其中间支点推动驻车制动推杆左移,使前制动蹄压向制动鼓。进而制动推杆停止运动,则驻车制动杠杆的中间支点变成其继续移动的新支点,于是驻车制动杠杆的上端右移,使后制动蹄压靠在制动鼓上,产生制动作用。此时,驻车制动操纵杆上的棘爪嵌入齿扇上的棘齿内,起锁止作用。

解除驻车制动时,按下驻车制动操纵杆上的按钮,使棘爪脱离棘齿,将操纵杆回到释放制动位置,松开驻车制动拉索,则制动蹄在复位弹簧的作用下复位。

对于 4 个车轮采用盘式制动器的汽车来说,驻车用的小型鼓式驻车制动器内置于后轮盘式制动器中,并通过拉索和连杆等机构固定在盘式制动器上,图 10-17 所示为别克凯越汽车驻车制动器的结构。

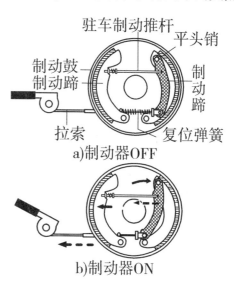

图 10-16　驻车制动器的工作原理

三、液压制动传动装置

制动传动装置按传力介质的不同可分为液压式、气压式和气—液综合式;按制动管路的套数可分为单管路和双管路制动传动装置。按照交通法规的要求,现代汽车的行车制动系统须采用双管路制动传动装置,若其中一套管路损坏时,另一套仍然起制动作用,从而提高了制动的可靠性和安全性。

1 液压制动传动装置的基本组成及工作原理

如图 10-18 所示,液压式制动传动装置由制动踏板、制动主缸、储液罐、制动轮缸、管路等组成。现代汽车上采用了各种制动力调节装置,用以调节前后车轮制动管路的工作压力,常用的调节装置有限压阀、比例阀、感载比例阀和惯性阀等。

图 10-17 驻车制动器的结构

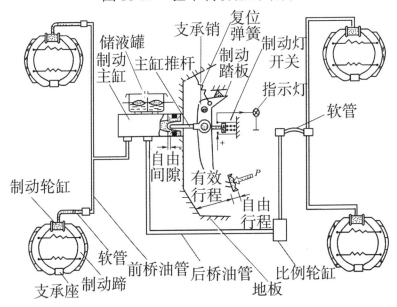

图 10-18 液压式制动传动装置的组成

双管路液压制动传动装置是利用彼此独立的双腔制动主缸,通过两套独立管路,分别控制两桥或三桥的车轮制动器。常见的双管路的布置方案有前后独立式和交叉式,如图 10-19 所示。

前后独立式双管路液压制动传动装置由双腔制动主缸通过两套独立的管路分别控制前桥和后桥的车轮制动器。这种布置方式结构简单,如果其中一套管路损坏漏油,另一套仍能起作用,但会破坏前后桥制动力分配的比例,主要用于发动机前置后轮驱动的汽车。

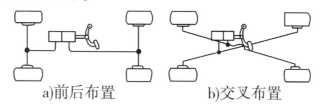

a)前后布置　　　　b)交叉布置

图 10-19　制动管路的布置

交叉式双管路液压制动传动装置由双腔制动主缸通过两套独立的管路分别控制前后桥对角线方向的两个车轮制动器。这种布置方式在任一管路失效时，仍能保持一半的制动力，且前后桥制动力分配比例保持不变，有利于提高制动方向稳定性。主要用于发动机前置前轮驱动的汽车。

2　液压制动传动装置主要部件

1）制动主缸

制动主缸处于制动踏板与管路之间，其功用是将制动踏板输入的机械力转换成液压力。

制动主缸的结构及工作原理如图 10-20 所示。在制动主缸上端装有储液罐，制动主缸内的活塞通过真空助力器内的推杆和制动踏板相连。踩下制动踏板推动活塞运动，进油孔关闭，各制动轮缸产生制动油压。松开制动踏板，活塞恢复到初始位置，制动油压消失，制动解除。

制动液经制动主缸及液压管路到达制动轮缸。当踩下制动踏板，两个活塞在主缸推杆的作用下运动，并将进油孔关闭，在(a)(b)工作腔内产生油压，如图 10-20b) 所示，车轮制动器产生制动力。解除制动时，活塞在弹簧作用下复位，液压油自轮缸和管路中流回到制动主缸。当后轮制动管路发生泄漏时，如图 10-20c) 所示，在(b)工作腔内不能产生油压，但在(a)工作腔内仍会产生油压。当前轮制动管路发生泄漏时，如图 10-20d) 所示，在(a)工作腔内不能产生油压，活塞①推着活塞②使其顶到制动主缸缸体上，此时在(b)工作腔内产生油压。

2）制动轮缸

制动轮缸固定在制动底板上，其作用是将制动主缸传来的液压力转变为使制动蹄张开的机械推力。如图 10-21 所示，制动轮缸主要由缸体、活塞、皮碗、弹簧和放气螺钉等组成。放气螺钉的作用是排出混入制动液中的空气。

3）真空助力器

真空助力器的作用是减轻驾驶人的制动操纵力。如图 10-22 所示，其内部有薄而宽的活塞,通过固定在活塞上的膜片将空气室和负压室隔离。负压室和发动机进气管相通。复位弹簧安装在负压室的推杆上和推杆一起运动。橡胶阀门与在膜片座上加工出来的阀座组成真空阀,与控制阀柱塞的大气阀座组成大气阀。真空阀将负压室与空气室相连,空气阀将空气室和外界空气相连。发动机不工作时真空助力器不工作。

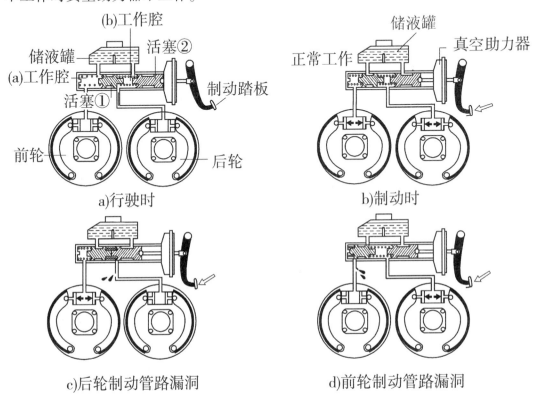

图 10-20 制动主缸的结构及工作原理

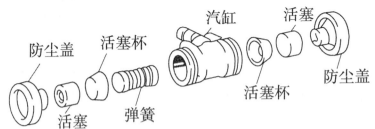

图 10-21 双活塞制动轮缸的分解图

如图 10-22a) 所示,负压室内的空气被吸进发动机进气管,产生负压。如图 10-22b) 所示,踩下制动踏板,真空阀关闭,空气阀打开。空气进入空气室,使空气室压力大于负压室压力,活塞向前运动。于是带动制动主缸内的活塞运动,产生制动油压。

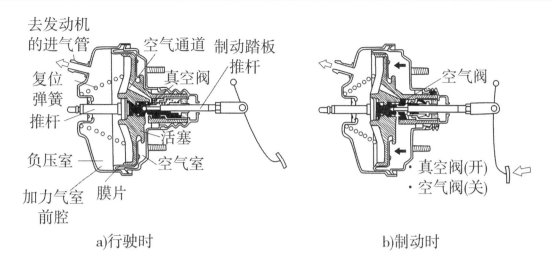

图 10-22　真空助力器的结构及工作原理

松开制动踏板,助力器活塞在复位弹簧的作用下恢复到原来的位置,制动踏板推杆也往回运动,空气阀关闭,真空阀打开,使真空室和空气室相通。其他制动机构也恢复到原来的位置,制动油压下降,制动解除,如图 10-22a)所示。

当真空助力器或真空源失效时,作用于主缸推杆上的力取决于驾驶人对制动踏板施加的踏板力,但这时踏板力要比真空助力器或真空源未失效时的力大得多。

真空助力器的工作原理

第三节　防抱死制动系统

汽车防抱死制动系统(Anti-lock Braking System,ABS)是一种安全控制制动系统,目前已经成为汽车的标准配置。ABS 既有普通制动系统的制动功能,又能防止车轮制动抱死。

紧急制动时,制动力过大会使轮胎抱死滑动,制动距离变长且汽车不受控制。防抱死制动系统可使汽车在制动过程中车轮滑移率保持在 20% 左右,此时轮胎处于边滚边滑状态,制动力最大,保证了汽车的转向稳定性,防止产生侧滑和跑偏。

一、ABS 的基本组成与工作原理

ABS 的基本组成如图 10-23 所示,ABS 通常由轮速传感器、制动压力调节器、电子控制单元(ECU)和 ABS 警示装置等组成。

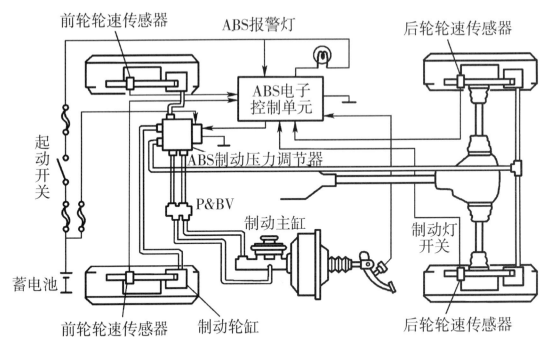

图 10-23　ABS 的基本组成

汽车制动时,轮速传感器将各车轮的转速信号输入 ECU;ECU 根据每个车轮轮速传感器输入的信号对车轮的运动状态进行监测和判定,并形成响应的控制指令,再适时发出控制指令给制动压力调节器;制动压力调节器对各制动轮缸的制动压力进行调节,防止制动车轮抱死。

图 10-24 所示为 ABS 部件在汽车上的位置。

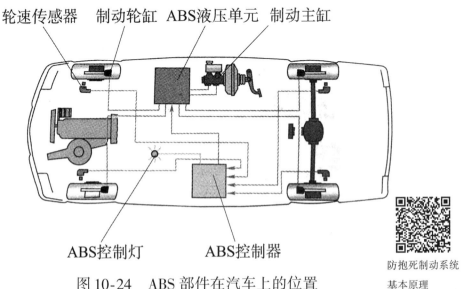

图 10-24　ABS 部件在汽车上的位置

防抱死制动系统基本原理

二、轮速传感器

轮速传感器的功用是检测车轮的旋转速度,并将速度信号输入 ECU。目前,常用的轮速传感器主要有电磁式和霍尔式。

1 电磁式轮速传感器

电磁式轮速传感器主要由传感器头和齿圈两部分组成,它可以安装在车轮上,也可以安装在主减速器或变速器中,如图 10-25 所示。

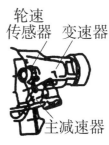

a)驱动车轮　　　b)非驱动车轮　　　c)主减速器　　　d)变速器

图 10-25　轮速传感器的安装位置

如图 10-26 所示,齿圈随车轮或传动轴一起转动,齿圈在磁场中旋转时,齿圈齿顶和电极之间的间隙以一定的速度变化,使磁路中的磁阻发生变化,磁通量周期地增减,在线圈的两端产生正比于磁通量增减速度的感应电压,该交流电压信号输送给 ECU。

2 霍尔式轮速传感器

霍尔式轮速传感器也是由传感头和齿圈组成。其齿圈的结构及安装方式与电磁式轮速传感器的齿圈相同,传感头由永磁体、霍尔元件和电子电路等组成。

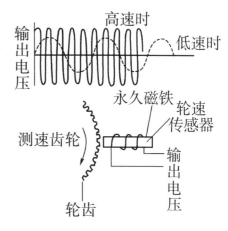

图 10-26　电磁式轮速传感器的工作原理

霍尔式轮速传感器的工作原理如图 10-27 所示,永磁体的磁力线穿过霍尔元件通向齿圈,齿圈相当于一个集磁器。当齿圈位于图 10-27a)所示位置时,穿过霍尔元件的磁力线分散,磁场相对较弱;而当齿圈位于图 10-27b)所示位置时,穿过霍尔元件的磁力线集中,磁场相对较强。齿圈转动时,使得穿过霍尔元件的磁力线密度发生变化,因而引起霍尔元件电压的变化,霍尔元件将输出一毫伏级的准正弦波电压。此信号由电子电路转化成标准的脉冲电压。

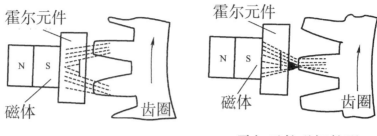

图 10-27　霍尔式轮速传感器的工作原理

霍尔式车轮转速传感器克服了电磁式轮速传感器的缺点,其输出信号电压幅值不受转速的影响,频率响应高,抗电磁波干扰能力强。因而,霍尔式轮速传感器在 ABS 中应用越来越广泛。

三、ABS 的控制中枢——ECU

ECU 是 ABS 的控制中枢,其功用是接收轮速传感器及其他传感器输入的信号,对这些输入信号进行测量、比较、分析、放大和判别处理,通过精确计算,得出制动时车轮的滑移率、车轮的加速度和减速度,以判断车轮是否有抱死趋势。再由其输出级发出控制指令,控制制动压力调节器去执行压力调节任务。

电子控制单元还具有监控和保护功能,当系统出现故障时,能及时转换成常规制动,并以故障灯点亮的形式警告驾驶人。

四、制动压力调节器

根据制动压力调节器的调压方式可分为循环式和可变容积式。循环式制动压力调节器是通过电磁阀直接控制轮缸的制动压力;而可变容积式制动压力调节器是通过电磁阀间接改变轮缸的制动压力。

1　循环式制动压力调节器

循环式制动压力调节器由电磁阀、液压泵和电动机等部件组成。制动压力调节器直接安装在汽车原有的制动管路中,通过串联在制动主缸和制动轮缸之间的三位三通电磁阀直接控制制动轮缸的压力,可以使制动轮缸的工作处于常规工作状态、增压状态、减压状态或保压状态,如图 10-28 所示。三位是指电磁阀有 3 个不同位置,分别控制制动轮缸制动压力的增、减或保压,三通是指电磁阀上有 3 个通道,分别连通制动主缸、制动轮缸和储液罐。

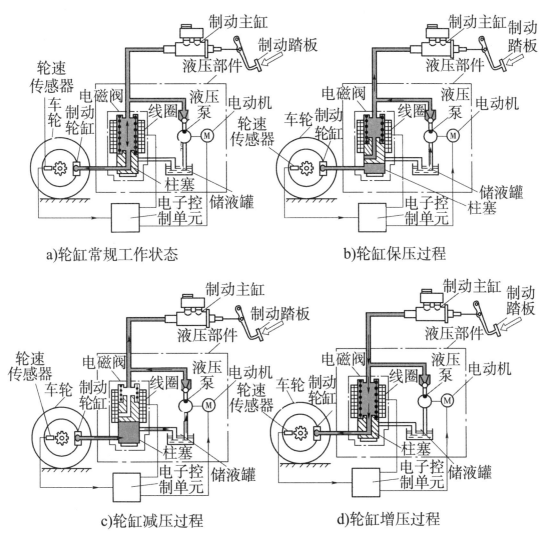

图 10-28 循环式制动压力调节器的工作过程

2 可变容积式制动压力调节器

可变容积式制动压力调节器主要由电磁阀、控制活塞、液压泵和储能罐等组成，是在原液压制动系统中增设一套液压控制装置，控制制动管路中容积的增减，以控制制动压力的变化。可变容积式制动压力调节器有 4 个不同工作状态：常规制动状态、制动轮缸减压状态、制动轮缸保压状态和制动轮缸增压状态，如图 10-29 所示。

五、大众循环式 ABS

大众循环式 ABS 制动压力调节器采用整体式结构、循环式调压，它与 ABS 的

ECU组合为一体后安装于制动主缸与制动轮缸之间。制动压力调节器的基本组成包括电磁阀、液压泵及低压储液罐。低压储液罐与电动液压泵合为一体装于液控单元上,液控单元内包括8个电磁阀,每个回路一对,其中一个是常开进油阀,一个是常闭出油阀。

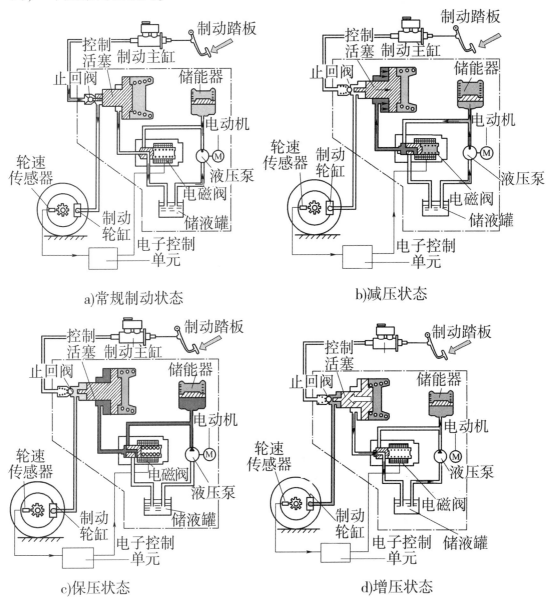

图10-29 可变容积式制动压力调节器的工作过程

大众循环式ABS的工作过程如图10-30所示。ABS制动压力调节器以5~6次/s的频率按"增压制动—保压制动—减压制动—保压制动—增压制动"的循环对制动压力进行调节,直到停车。

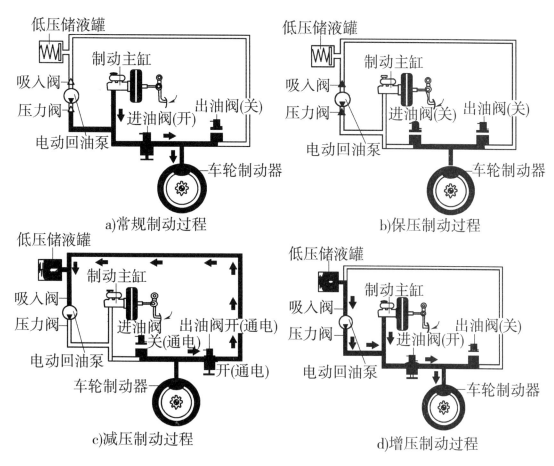

图 10-30 大众循环式 ABS 的工作过程

第四节 驱动防滑控制系统

驱动防滑控制系统简称 ASR(Acceleration Slip Regulation),有的称为车辆牵引力控制系统,简称 TCS 或 TRC(Traction Control System)。

驱动防滑控制系统的功用是防止汽车在加速过程中打滑,特别是防止汽车在非对称路面或在转向时驱动轮滑转,以保持汽车行驶方向的稳定性、操纵性和维持汽车的最佳驱动力以及提高汽车的平顺性。

典型 ABS/ASR 组成如图 10-31 所示,主要由轮速传感器、ABS/ASR ECU、制动压力调节器、主副节气门开度传感器、副节气门控制步进电动机等组成。

ABS/ASR ECU 根据驱动轮轮速传感器输送的速度信号计算判断出车轮与路面间的滑转状态,并适时地向其执行机构发出指令,以降低发动机的输出转矩和车轮的转速,从而实现防止驱动轮滑转的目的。

ASR 的传感器主要是轮速传感器和节气门位置传感器。轮速传感器与 ABS 共用,而节气门位置传感器则与发动机控制系统共用。

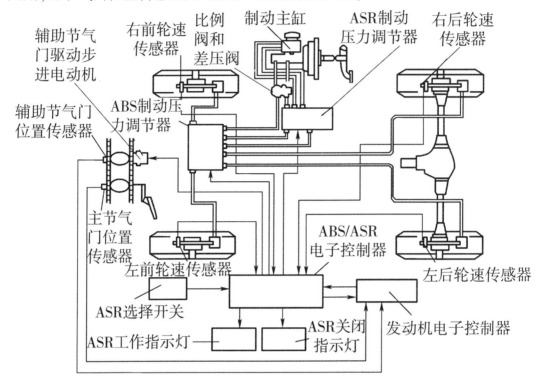

图 10-31 典型 ABS/ASR 组成示意图

ASR 专用的信号输入装置是 ASR 选择开关,关闭 ASR 选择开关,可停止 ASR 的作用。如在汽车维修中需要将汽车驱动轮悬空转动时,ASR 可能对驱动车轮施以制动,影响故障的检查。这时关闭 ASR 开关,停止 ASR 作用,可避免这种影响。

ASR 的 ECU 发出的控制指令有如下 3 种:控制滑转车轮的制动力;控制发动机输出功率;同时控制发动机输出功率和驱动车轮的制动力。在实际应用的 ASR 中,绝大多数都是采用调节发动机输出转矩的方式来控制汽车驱动力矩。而调节发动机的输出转矩,通常是利用发动机电子控制装置,通过控制节气门开度和点火提前角的方式来实现。

第五节 电子稳定程序控制系统

汽车电子稳定程序控制系统简称 ESP(Electronic Stability Program),是改善汽车行驶性能的一种控制系统,是 ABS 和 ASR 两种系统在功能上的延伸。利用与 ABS 一起的综合控制,可防止汽车在制动时车轮抱死;利用 ASR 可阻止汽车在起步时驱动轮滑转(空转)。ESP 可以通过有选择性地控制各车轮上的制动力,防止车辆滑移,因此,ESP 是一个主动安全系统。

ESP 在不同的车型中有不同的名称,如奔驰、奥迪称其为 ESP,宝马称其为 DSC(Dynamic Stability Control,即动态稳定性控制),丰田、雷克萨斯称其为 VSC (Vehicle Stability Control,即汽车稳定性控制系统),三菱称其为 ASC/AYC(Active Stability Control/Active Yaw Control,即主动稳定控制/主动横摆控制系统),本田称其为 VSA(Vehicle Stability Assist,即车身稳定性辅助系统),而 VOLVO 汽车称其为 DSTC(Dynamic Stability and Traction Control,即动态循迹防滑控制系统)。

如图 10-32 所示,ESP 由传统制动系统、传感器、液压调节器、汽车稳定性控制 ECU 和辅助系统组成,在 ECU 实时监控汽车运行状态的前提下,对发动机及控制系统进行干预和调控。

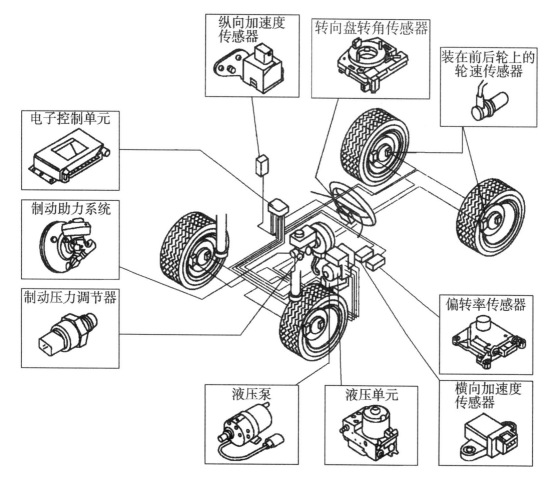

图 10-32　ESP 组成

在汽车行驶过程中,转向盘转角传感器监测驾驶人转弯方向和角度,轮速传感器监测车速、节气门开度,制动主缸压力传感器监测制动力,而侧向加速度传感器和横摆角速度传感器则监测汽车的横摆和侧倾速度。ECU 根据这些信息,通过计算后判断汽车要正常安全行驶和驾驶人操纵汽车意图的差距,然后由 ECU 发出指令,调整发动机的转速和车轮上的制动力,修正汽车的过度转向或不足转向,以避免汽车打滑、转向过度、转向不足和抱死,从而保证汽车的行驶安全。

当 ESP 判定为出现不足转向时,将制动内侧后轮,使车辆进一步沿驾驶人转弯方向偏转,从而稳定车辆,如图 10-33 所示;当 ESP 判定为出现过度转向时,ESP 将制动外侧前轮,防止出现甩尾,并减弱过度转向趋势,稳定车辆,如图 10-34 所示。上述过程中如果单独制动某个车轮不足以稳定车辆,ESP 将通过降低发动机转矩输出的方式或制动其他车轮来满足需求。

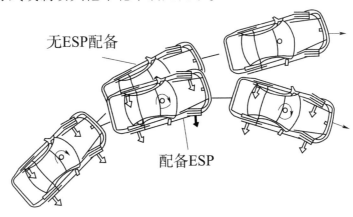

图 10-33　不足转向

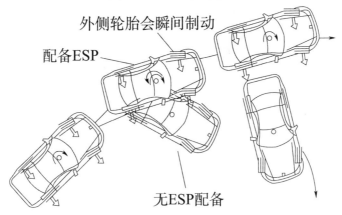

图 10-34　过度转向

BOSCH ESP 液压调节单元的基本部件如图 10-35 所示(以制动回路中的一个车轮加以说明),包括:开关阀 N225、高压阀 N227、进油阀、回油阀、车轮制动轮缸、回油泵、行驶动力液压泵、制动助力装置。

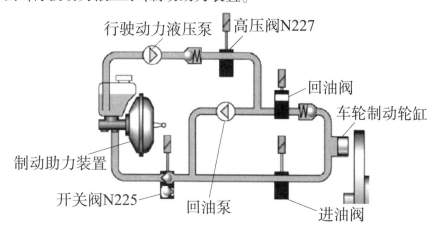

图 10-35 液压调节单元构造

液压调节单元的工作过程如图 10-36 所示。工作过程如下：

(1) 增压。动力液压泵开始从制动液储液罐中向制动管路输送制动液。在制动轮缸和回油泵内很快建立制动压力，回油泵开始输送制动液使制动压力进一步提高。

(2) 保压。进油阀关闭，回油阀也保持关闭。制动压力不能卸压。回油泵停止工作，高压阀关闭。

(3) 减压。开关阀 N225 反向打开。在回油阀打开时，进油阀保持关闭。制动液通过制动主缸返回储液罐。

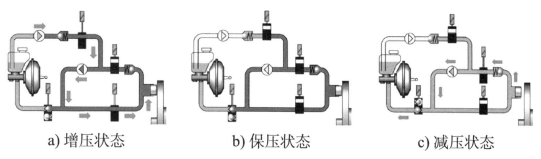

a) 增压状态　　　b) 保压状态　　　c) 减压状态

图 10-36 液压调节单位的工作过程

第六节 制动系统的维修

一、制动踏板的检查与调整

丰田卡罗拉汽车制动踏板的结构如图 10-37 所示。

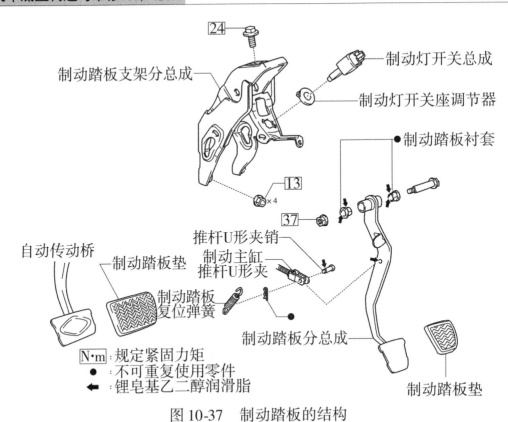

图 10-37　制动踏板的结构

1　实训器材

(1) 车辆:丰田卡罗拉汽车。

(2) 普通工具:组合工具、直尺。

2　准备工作

(1) 汽车进入工位前,将工位清理干净,准备好相关的器材。

(2) 将汽车停驻在举升机中央位置。

(3) 拉紧驻车制动器操纵杆,并将变速杆置于空挡位置,如图 1-16 所示。

(4) 套上转向盘护套、变速杆手柄套和座椅套,铺设脚垫。

(5) 在车内拉动发动机舱盖开启手柄,在车外打开并支撑发动机舱盖,如图 1-17 所示。

(6) 粘贴翼子板和前脸磁力护裙。

3　操作步骤

1) 检查制动踏板高度

(1) 翻起地毯。

(2) 从前围消声器固定架上的开口处翻转前围消声器。

(3)测量制动踏板表面和地板之间的最短距离,如图10-38所示。制动踏板距离地板的高度为145.8~155.8mm。

2)调整制动踏板高度

(1)断开制动灯开关连接器。

(2)拆下制动灯开关总成。

(3)松开推杆U形夹锁紧螺母。

(4)转动推杆以调整制动踏板高度。

(5)拧紧推杆U形夹锁紧螺母。

(6)将制动灯开关插入调节器固定架,直到开关壳体接触到制动踏板。

注意:不要踩下制动踏板。

(7)调整制动灯开关。

(8)连接制动灯开关连接器。

3)检查制动踏板自由行程

(1)关闭发动机,多次踩下制动踏板直至制动助力器内无真空,松开制动踏板。

(2)踩下制动踏板直至感觉到轻微的阻力,按图10-39所示测量距离。制动踏板自由行程为1.0~6.0mm。

如果制动踏板自由行程不符合规定,检查制动灯开关间隙。如果制动踏板自由行程符合规定,转至"检查制动踏板行程余量"。

4)检查制动踏板行程余量

注意:在检查制动踏板高度的同一点测量距离。

(1)松开驻车制动杠杆。

(2)发动机运转时踩下制动踏板,并按图10-40所示测量制动踏板行程余量。如果制动踏板行程余量不符合规定,对制动系统进行故障排除。

图10-39 测量制动踏板自由行程

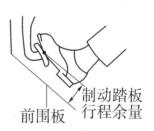

图10-40 测量制动踏板行程余量

施力294N时,制动踏板的行程余量见表10-1。

制动踏板行程余量规定值　　　表 10-1

VSC 情况	规定状态(mm)
不带 VSC	85
带 VSC	90

二、驻车制动器的检查与调整

1 实训器材

(1)车辆:丰田卡罗拉汽车。
(2)普通工具:组合工具、扭力扳手。

2 准备工作

(1)汽车进入工位前,将工位清理干净,准备好相关的器材。
(2)将汽车停驻在举升机中央位置。
(3)拉紧驻车制动器操纵杆,并将变速杆置于空挡位置,如图1-16所示。
(4)套上转向盘护套、变速杆手柄套和座椅套,铺设脚垫。
(5)在车内拉动发动机舱盖开启手柄,在车外打开并支撑发动机舱盖,如图1-17所示。
(6)粘贴翼子板和前脸磁力护裙。

3 操作步骤

1)检查驻车制动杠杆行程
(1)用力拉住驻车制动杠杆。
(2)松开驻车制动器锁,并将驻车制动杠杆放回到关闭位置。
(3)缓慢将驻车制动杠杆向上拉到底,并计算"咔嗒"声的次数。
驻车制动杠杆行程:200N 时为 6~9 个槽口。

2)调整驻车制动杠杆行程
(1)拆下后地板控制台总成。
(2)完全松开驻车制动杠杆。

驻车制动器调整

(3)松开锁紧螺母和调整螺母,以完全松开驻车制动器拉索。
(4)发动机停机时,完全踩下制动踏板 3~5 次。
(5)转动调整螺母,直到驻车制动杠杆行程修正至规定范围内,如图 10-41 所示。

驻车制动杠杆行程:200N 时为 6~9 个槽口。

(6)紧固锁紧螺母。力矩为6.0N·m。

(7)操作驻车制动杠杆3~4次,并检查驻车制动杠杆行程。

(8)检查驻车制动器是否卡滞。

(9)安装后地板控制台总成。

3)检查后盘式制动器制动缸操作杆和止动器间隙

松开驻车制动杠杆,检查并确认后盘式制动器制动缸操作杆和挡块之间的间隙测量值在规定范围内,如图10-42所示。间隙应小于或等于0.5mm。

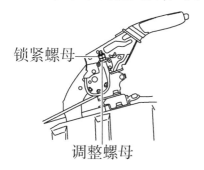 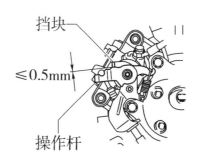

图10-41　驻车制动调整　　　图10-42　检查操作杆和挡块间隙

如果间隙不在规定范围内,更换后盘式制动器制动钳总成。

4)检查制动警告灯

操作驻车制动杠杆时,检查并确认制动警告灯亮起。

三、制动液的添加和更换

1 实训器材

(1)车辆:丰田卡罗拉汽车。

(2)普通工具:组合工具、连接螺母扳手(10mm)、扭力扳手。

(3)其他:丰田卡罗拉汽车制动液 SAEJ 1703 或 FMVSS No.116 DOT 3、塑料管、玻璃容器。

2 准备工作

(1)汽车进入工位前,将工位清理干净,准备好相关的器材。

(2)将汽车停驻在举升机中央位置。

(3)拉紧驻车制动器操纵杆,并将变速杆置于空挡位置,如图1-16所示。

(4)套上转向盘护套、变速杆手柄套和座椅套,铺设脚垫。

(5)在车内拉动发动机舱盖开启手柄,在车外打开并支撑发动机舱盖,如图1-17所示。

(6) 粘贴翼子板和前脸磁力护裙。

3 操作步骤

1) 检查储液罐中的制动液液位

如图 10-43 所示,如果制动液液位低于 MIN 线,检查是否泄漏,并检查盘式制动器衬块。如有必要,维修或更换后重新向储液罐加注制动液。

制动液:SAE J1703 或 FMVSS No.116 DOT 3。

2) 更换或添加制动液

如果对制动系统执行了任何操作或怀疑制动管路中有空气,则应对制动系统进行放气。

注意:对制动系统进行放气前,将变速杆移至 P 位置并拉紧驻车制动器操纵杆;对制动系统进行放气的同时,添加制动液使储液罐的液面保持在 MIN 和 MAX 线之间;如果制动液泄漏到任何涂漆表面上,应立即将其清洗干净。

(1) 拆卸中间前围板上通风栅板。

① 如图 10-44 所示,滑动发动机舱盖至前围上密封并脱开卡子。

② 脱开 5 个卡爪并拆下中间前围板上通风栅板,如图 10-45 所示。

(2) 给储液罐加注制动液,如图 10-46 所示。

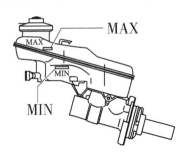
图 10-43　检查制动液液位

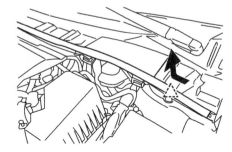
图 10-44　滑动发动机舱盖

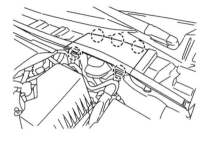
图 10-45　脱开(或接合)卡爪

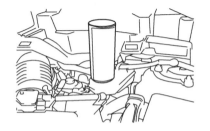
图 10-46　加注制动液

(3) 对制动主缸进行放气。

注意:如果主缸重新安装过或储液罐变空,则对主缸进行放气;用抹布或布片盖在涂漆表面上,以防止制动液黏附。

①用连接螺母扳手(10mm)从主缸上断开2个制动管路,如图10-47所示。

②缓慢踩下制动踏板并保持(步骤A),如图10-48所示。

③用手指堵住2个外孔,并松开制动踏板(步骤B),如图10-49所示。

④重复(步骤A)和(B)3或4次。

⑤用连接螺母扳手(10mm)将2个制动管路连接至主缸,如图10-50所示。

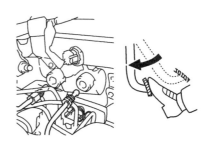

图10-47 断开制动管路　　　图10-48 踩下制动踏板并保持

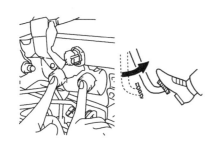
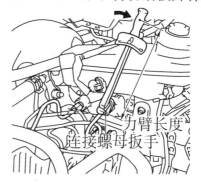

图10-49 松开制动踏板　　　图10-50 连接制动管路至主缸

力矩:不使用连接螺母扳手时为15N·m;使用连接螺母扳手时为14N·m。

注意:使用力臂长度为250mm的扭力扳手;当连接螺母扳手与扭力扳手平行时,力矩值有效。

(4)对制动管路进行放气。

注意:应首先对离主缸最远的车轮的制动管路进行放气;对制动系统进行放气的同时,添加制动液使储液罐的液面保持在MIN和MAX线之间。

①将塑料管连接至放气螺塞。

②如图10-51所示,踩下制动踏板数次,然后踩住制动踏板松开放气螺塞(步骤C)。

③制动液不再溢出时,紧固放气螺塞,然后松开制动踏板(步骤D),如图10-52所示。

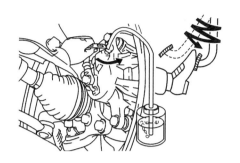 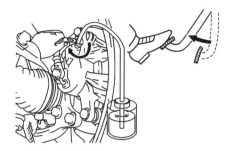

图 10-51　制动管路放气(一)　　图 10-52　制动管路放气(二)

④重复(步骤 C)和(步骤 D)直至制动液中的气体完全放出。

⑤完全紧固放气螺塞。拧紧力矩:前放气螺塞为 8.3N·m;后放气螺塞为 10N·m。

⑥对每个车轮均重复上述程序,从而对制动管路进行放气。

(5)制动器执行器放气。

注意:制动系统放气后,如果不能获得制动踏板的规定高度或触感,则按以下步骤用智能检测仪对制动器执行器总成进行放气。

①将点火开关置于 OFF 位置,踩下制动踏板 20 次以上。

②将智能检测仪连接到 DLC3,然后将点火开关置于 ON(IG)位置。

注意:不要起动发动机。

③接通智能检测仪并在屏幕上选择"AIR BLEEDING"。

注意:更多详细信息,请参考智能检测仪操作手册;按照智能检测仪显示的步骤进行放气。

④根据智能检测仪显示屏上的"Step1:Increase"进行放气。

注意:确保不要用完主缸储液罐的制动液;对制动系统进行放气的同时,添加制动液使储液罐的液面保持在 MIN 和 MAX 线之间。

a.将塑料管连接至任一个放气螺塞。

b.踩下制动踏板数次,然后踩住制动踏板时松开连接在塑料管上的放气螺塞(步骤 E),如图 10-51 所示。

c.制动液不再溢出时,紧固放气螺塞,然后松开制动踏板(步骤 F),如图 10-52 所示。

d.重复(步骤 E)和(F)直至制动液中的气体完全放出。

e.完全紧固放气螺塞。

拧紧力矩:前放气螺塞为 8.3N·m;后放气螺塞为 10N·m。

f.对其余车轮重复上述步骤,以放出制动管路中的空气。

⑤根据智能检测仪显示屏上的"Step2:Inhalation"对吸液管路进行放气。

注意：根据智能检测仪上显示的步骤，对吸液管路进行放气；对制动系统进行放气的同时，添加制动液使储液罐的液面保持在 MIN 和 MAX 线之间。

a. 在右前轮或右后轮的放气螺塞上连接一根塑料管，然后松开放气螺塞。

b. 用智能检测仪对制动器执行器总成进行放气（步骤G），如图10-53所示。

注意：在此步骤中务必要松开制动踏板；执行器操作在4s内自动停止。

c. 参考智能检测仪显示屏，检查并确认执行器操作已停止并紧固放气螺塞（步骤H），如图10-54所示。

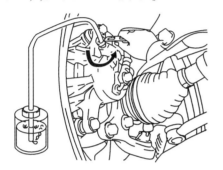 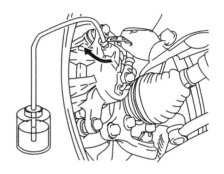

图 10-53　制动器执行器放气（一）　　图 10-54　制动器执行器放气（二）

d. 重复（步骤G）和（H）直至制动液中的气体完全放出。

e. 完全紧固放气螺塞。拧紧力矩为 8.3N·m。

f. 按上述相同的步骤对其余车轮进行放气。拧紧力矩：前放气螺塞为8.3N·m；后放气螺塞为10N·m。

⑥根据智能检测仪显示屏上的"Step3:Decrease"对减压管路进行放气。

注意：根据智能检测仪上显示的步骤，对减压管路进行放气；对制动系统进行放气的同时，添加制动液使储液罐的液面保持在 MIN 和 MAX 线之间。

a. 将塑料管连接至任一个放气螺塞。

b. 松开放气螺塞（步骤I）。

c. 保持制动踏板完全踩下，用智能检测仪操作制动器执行器总成，如图10-55所示。

注意：执行器操作在4s内自动停止，连续执行该程序时，至少需要20s的时间间隔；操作完成后，制动踏板会稍微下降，这是电磁阀打开时的正常现象；操作本程序期间，制动踏板会显得沉重，但仍应完全踩下制动踏板，使制动液能够从放气螺塞流出；确保踩住制动踏板不放。禁止反复踩下和松开制动踏板。

d. 紧固放气螺塞，然后松开制动踏板（步骤J），如图10-52所示。

e. 重复步骤(I)至(J)直至制动液中的气体全部排出。

f. 完全紧固放气螺塞。拧紧力矩:前放气螺塞为 8.3N·m;后放气螺塞为 10N·m。

g. 对其余制动器重复上述步骤,以放出制动管路中的空气。

⑦根据智能检测仪显示屏上的"Step4:Increase"再对制动管路进行放气。

注意:按照智能检测仪显示的步骤进行放气;对制动系统进行放气的同时,添加制动液使储液罐的液面保持在 MIN 和 MAX 线之间。

a. 将塑料管连接至任一个放气螺塞。

b. 踩下制动踏板数次,然后踩住制动踏板时松开连接在塑料管上的放气螺塞(步骤 K),如图 10-55 所示。

c. 制动液不再溢出时,紧固放气螺塞,然后松开制动踏板(步骤 L)。

d. 重复(步骤 K)和(L)直至制动液中的气体完全放出。

e. 完全紧固放气螺塞。拧紧力矩:前放气螺塞为 8.3N·m;后放气螺塞为 10N·m。

f. 每个制动器均重复上述程序,从而对制动管路进行放气。

⑧完成智能检测仪上"AIR BLEEDING"操作后关闭检测仪。

⑨从 DLC3 上断开智能检测仪。

⑩将点火开关置于 OFF 位置。

(6)检查制动液是否泄漏。

(7)检查制动液液位,如有必要添加制动液。

制动液:SAE J1703 或 FMVSS No.116 DOT 3。

如果制动液泄漏,紧固或更换漏液部件。

(8)安装中间前围板上通风栅板。

①接合 5 个卡爪并安装中间前围板上通风栅板,如图 10-45 所示。

②推动并接合发动机舱盖至前围上板密封卡子,如图 10-56 所示。

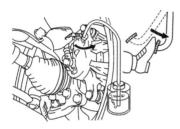

图 10-55　制动器执行器放气

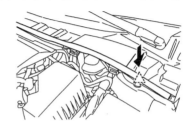

图 10-56　接合发动机舱盖至前围上板密封卡子

四、制动摩擦片的检查和更换

桑塔纳2000汽车后轮鼓式制动器的分解图如图10-57所示,其拆装及检查的具体方法如下。

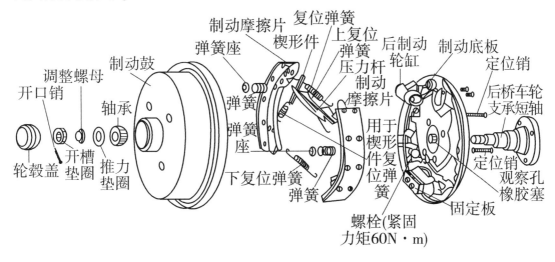

图 10-57　后轮制动器分解图

1　实训器材

(1)车辆:桑塔纳2000汽车。

(2)普通工具:组合工具、鲤鱼钳、螺丝刀、台虎钳。

(3)专用工具:VW637/2。

(4)检测工具:游标卡尺、百分表。

2　准备工作

(1)汽车进入工位前,将工位清理干净,准备好相关的器材。

(2)将汽车停驻在举升机中央位置。

(3)拉紧驻车制动器操纵杆,并将变速杆置于空挡位置,如图1-16所示。

(4)套上转向盘护套、变速杆手柄套和座椅套,铺设脚垫。

(5)在车内拉动发动机舱盖开启手柄,在车外打开并支撑发动机舱盖,如图1-17所示。

(6)粘贴翼子板和前脸磁力护裙。

3　操作步骤

1)制动蹄的拆卸

(1)用千斤顶将车支起,并定位好。

(2) 拧松车轮螺栓螺母(力矩为110N·m),取下车轮。

(3) 用专用工具 VW637/2 卸下轮毂盖,如图 10-58 所示,取下开口销和开槽垫圈,旋下调整螺母,取出推力垫圈。

(4) 用螺丝刀通过制动鼓螺孔向上拨动楔形块,如图 10-59 所示,增大制动蹄与制动鼓的间隙,使制动蹄与制动鼓放松,取下制动鼓。

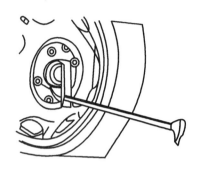

图 10-58 拆卸轮毂盖　　图 10-59 拨动楔形块

(5) 用鲤鱼钳拆下压力弹簧座圈。

(6) 用手从下面的支架上提起制动蹄,取出下复位弹簧。

(7) 用钳子拆下制动杆上的驻车制动拉索。

(8) 用鲤鱼钳取下楔形件的拉力弹簧和上复位弹簧。

(9) 卸下制动蹄,如图 10-60 所示。

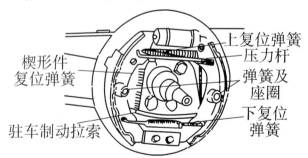

图 10-60 卸下制动蹄

(10) 把带压力杆的制动蹄卡紧在台虎钳上,拆下定位弹簧,取下制动蹄,如图 10-61 所示。

2) 制动蹄的检查

制动摩擦片使用 15000km 后,出现损坏或磨损到极限时,应及时更换,可以连同制动蹄一起更换。

如果仅更换制动摩擦片,应先去掉制动摩擦片上的旧铆钉及孔中的毛刺。铆接新制动摩擦片时,应从中间向两端铆接。更换新制动摩擦片时,应使用相同质量的制动摩擦片。

（1）检查制动摩擦片厚度。利用制动器底板上的观察孔检查制动摩擦片厚度和拖滞情况，如图 10-62 所示。制动摩擦片厚度应为 5.0mm，磨损极限值为 2.5mm（不包括底板）。

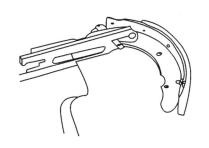 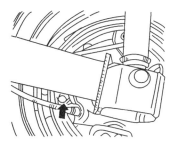

图 10-61　拆卸制动蹄定位弹簧　　图 10-62　检查后制动摩擦片厚度

（2）后制动鼓的检查。更换新制动摩擦片时，应检查后制动鼓尺寸，制动鼓内径应为 200mm，磨损极限值为 201mm。摩擦表面径向圆跳动量为 0.05mm，车轮端面圆跳动量为 0.20mm。如果超过规定值时，应更换新件。

3）制动蹄的安装

（1）装上复位弹簧，并将制动蹄装在压力杆上，如图 10-63 所示。

（2）装上楔形调整块，凸边朝向制动底板。

（3）将另一带有传动臂的制动蹄装在压力杆上，如图 10-64 所示。

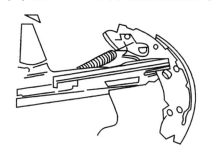 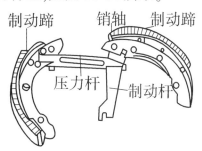

图 10-63　安装制动蹄复位弹簧　　图 10-64　将制动蹄装在压力杆上

（4）装入上复位弹簧，在传动臂上装上驻车制动拉索。

（5）将制动蹄装上制动底板，靠在制动轮缸外槽上。

（6）装入各种弹簧，包括复位弹簧，并把制动蹄提起，装到下面的支架上；将楔形件拉力弹簧；装压簧和弹簧座圈。

（7）装入制动鼓及后轮轴承和螺母，调整后轮轴承预紧度。

（8）用力踩一下制动踏板，使制动蹄正确就位，制动蹄与制动鼓的间隙得到自动调整。

五、前制动盘的检查和更换

丰田卡罗拉汽车前轮盘式制动器结构如图 10-65 和图 10-66 所示。

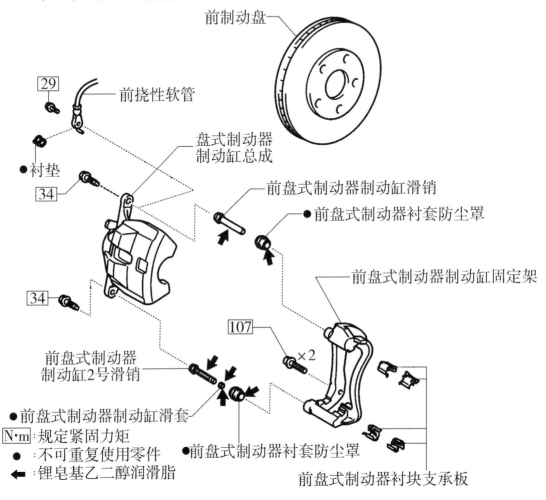

图 10-65　前盘式制动器结构（一）

1　实训器材

(1) 车辆：丰田卡罗拉汽车。

(2) 普通工具：组合工具、扭力扳手、螺丝刀、钢直尺、千分尺、百分表。

(3) 专用工具：SST 09330-00021 结合法兰固定工具。

(4) 其他：锂皂基乙二醇润滑脂。

2　准备工作

(1) 汽车进入工位前，将工位清理干净，准备好相关的器材。

(2) 将汽车停驻在举升机中央位置。

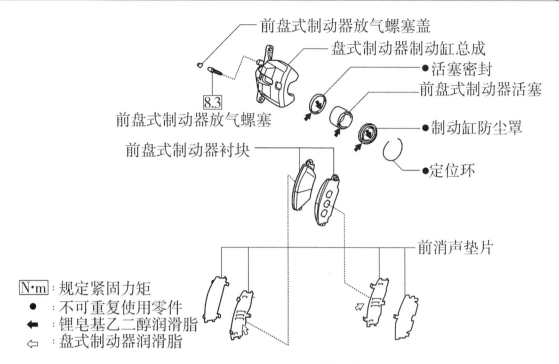

图 10-66　前盘式制动器结构(二)

(3)拉紧驻车制动器操纵杆,并将变速杆置于空挡位置,如图 1-16 所示。

(4)套上转向盘护套、变速杆手柄套和座椅套,铺设脚垫。

(5)在车内拉动发动机舱盖开启手柄,在车外打开并支撑发动机舱盖,如图 1-17 所示。

(6)粘贴翼子板和前脸磁力护裙。

3　操作步骤

1)前制动盘的拆卸

(1)拆卸前轮。

(2)排净制动液。

注意:立即冲洗与任何漆表面接触的制动液。

(3)断开前挠性软管。拆下接头螺栓和衬垫,并从盘式制动器制动缸总成上分离前挠性软管,如图 10-67 所示。

(4)拆卸盘式制动器制动缸总成,如图 10-68 所示。固定前盘式制动器制动缸滑销,并拆下两个螺栓和盘式制动器制动缸总成。

(5)拆下前盘式制动器衬块,如图 10-69 所示。

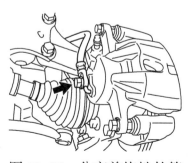

图 10-67　分离前挠性软管

从前盘式制动器制动缸固定架上拆下两个盘式制动器衬块。

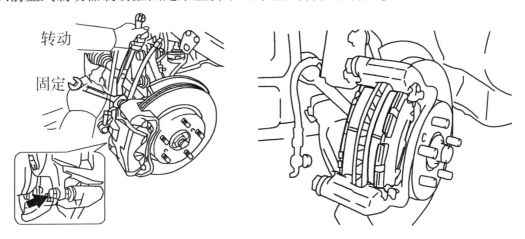

图 10-68　拆卸制动缸总成　　　　图 10-69　拆卸制动器衬块

（6）拆卸前消声垫片。从各制动衬块上拆下四个消声垫片。

（7）拆卸前盘式制动器衬块支承板，如图 10-70 所示。从前盘式制动器制动缸固定架上拆下两个盘式制动器衬块 1 号支承板和两个前盘式制动器衬块 2 号支承板。

注意：各前盘式制动器衬块支承板的形状均不相同。确保在各前盘式制动器衬块支承板上做好识别标记，以便将其安装至各自的原位。

（8）拆卸前盘式制动器制动缸滑销，如图 10-71 所示。从盘式制动器制动缸固定架上拆下前盘式制动器制动缸滑销。

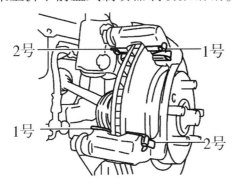 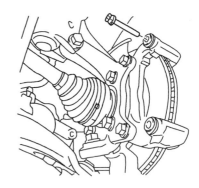

图 10-70　拆卸衬块支承板　　　　图 10-71　拆卸制动缸滑销

（9）拆卸前盘式制动器制动缸 2 号滑销，如图 10-72 所示。从前盘式制动器制动缸固定架上拆下前盘式制动器制动缸 2 号滑销。

（10）拆卸前盘式制动器制动缸滑套，如图 10-73 所示。用螺丝刀从前盘式制动器制动缸 2 号滑销上拆下前盘式制动器制动缸滑套。

注意：不要损坏前盘式制动器制动缸2号滑销。

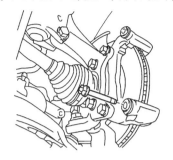
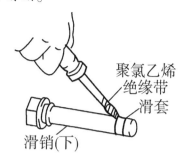

图10-72　拆卸制动缸2号滑销　　图10-73　拆卸制动缸滑套

注意：在使用螺丝刀之前，请在螺丝刀头部缠上胶带。

（11）拆卸前盘式制动器衬套防尘罩，如图10-74所示。从前盘式制动器制动缸固定架上拆下2个前盘式制动器制动缸衬套防尘罩。

（12）拆卸前盘式制动器制动缸固定架，如图10-75所示。从转向节上拆下2个螺栓和前盘式制动器制动缸固定架。

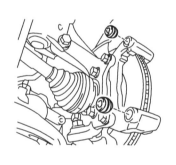

图10-74　拆卸防尘套　　图10-75　拆卸制动缸固定架

（13）拆卸前制动盘，如图10-76所示。

注意：在制动盘和车桥轮毂上做好装配标记。

2）前制动盘的检查

（1）检查衬块厚度，如图10-77所示。用钢直尺测量衬块厚度。标准衬块厚度为12.0mm；最小衬块厚度为1.0mm。

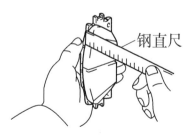

图10-76　拆卸制动盘　　图10-77　检查衬块厚度

如果衬块厚度小于最小衬块厚度,更换盘式制动器衬块。

换上新的制动衬块后,务必检查前制动盘的磨损。

（2）检查前盘式制动器衬块支承板。确保盘式制动器衬块支承板有足够的弹性,没有变形、裂纹或磨损,并清除所有的锈迹和污垢。如有必要,更换盘式制动器衬块支承板。

（3）检查制动盘厚度,如图 10-78 所示。用千分尺测量制动盘厚度。标准制动盘厚度为 22.0mm,最小制动盘厚度为 19.0mm。

图 10-78　检查制动盘厚度

如果制动盘厚度小于最小制动盘厚度值,更换前制动盘。

（4）检查制动盘径向圆跳动。

①如图 10-79 所示,用 SST（SST 09330-00021）固定制动盘,并用 2 个螺母紧固制动盘。力矩为 103N·m。

注意:拧紧螺母的同时用 SST 固定制动盘。

②检查前桥轮毂轴承的松弛度和前桥轮毂的径向圆跳动。

③如图 10-80 所示,用百分表在距离前制动盘外缘 10mm 的地方测量制动盘的径向圆跳动。制动盘最大径向圆跳动为 0.05mm。

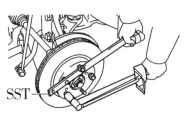

图 10-79　紧固制动盘　　图 10-80　检查径向圆跳动

如果径向圆跳动超过最大值,改变车桥轮毂上制动盘的安装位置以减小径向圆跳动。如果安装位置改变后径向圆跳动仍超过最大值,则研磨制动盘。如果制动盘厚度小于最小值,更换前制动盘。

④拆下 3 个螺母和前制动盘。

3）前制动盘的安装

（1）安装前制动盘。对准制动盘和车桥轮毂的装配标记,并安装制动盘,如图 10-76 所示。

注意:换上新的制动盘时,应选择前制动盘径向圆跳动量最小的位置进行安装。

(2)安装前盘式制动器制动缸固定架,如图10-73所示。用2个螺栓将前盘式制动器制动缸固定架安装至转向节。拧紧力矩为107N·m。

(3)安装前盘式制动器衬套防尘罩,如图10-81所示。

①在2个新的前盘式制动器衬套防尘罩上涂抹锂皂基乙二醇润滑脂。

②将2个前盘式制动器衬套防尘罩安装至前盘式制动器制动缸固定架。

(4)安装前盘式制动器制动缸滑套,如图10-82所示。

 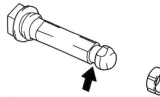

←:锂皂基乙二醇润滑脂　　　←:锂皂基乙二醇润滑脂

图10-81　安装制动器衬套防尘罩　　图10-82　安装制动缸滑套

①在新的前盘式制动器制动缸滑套上涂抹锂皂基乙二醇润滑脂。

②将前盘式制动器制动缸滑套安装至前盘式制动器制动缸2号滑销。

(5)安装前盘式制动器制动缸滑销,如图10-71所示。

①在前盘式制动器的制动缸滑销上涂锂皂基乙二醇润滑脂。

②将前盘式制动器制动缸滑销安装至前盘式制动器制动缸固定架。

(6)安装前盘式制动器制动缸2号滑销,如图10-72所示。

①在前盘式制动器制动缸2号滑销上涂抹锂皂基乙二醇润滑脂。

②将前盘式制动器制动缸2号滑销安装至前盘式制动器制动缸固定架。

(7)安装前盘式制动器衬块支承板,如图10-70所示。将2个前盘式制动器衬块1号支承板和2个前盘式制动器衬块2号支承板安装至前盘式制动器制动缸固定架。

注意:确保每个前盘式制动器衬块支承板都安装至正确的位置和方向。

(8)安装前消声垫片,如图10-83所示。

①在每个1号消声垫片的两侧涂抹盘式制动器润滑脂。

注意:更换磨损的衬块时必须一同更换消声垫片;在正确的位置和方向安装垫片;在与消声垫片接触的部位涂抹盘式制动器润滑脂;盘式制动器润滑

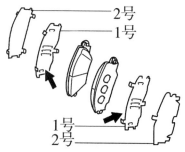

←:盘式制动器润滑脂

图10-83　安装消声垫片

脂可能会从消声垫片的安装部位稍稍溢出;确保盘式制动器润滑脂没有涂到衬片表面上。

②将2个1号消声垫片和2个2号消声垫片安装至各制动衬块。

(9)安装前盘式制动器衬块,如图10-69所示。将两个盘式制动器衬块安装至盘式制动器制动缸固定架。

注意:盘式制动器衬块或前制动盘的摩擦面上应无油污或润滑脂。

(10)安装盘式制动器制动缸总成,如图10-68所示。固定前盘式制动器制动缸滑销,并用2个螺栓将盘式制动器制动缸总成安装至前盘式制动器制动缸固定架。拧紧力矩为34N·m。

(11)连接前挠性软管,如图10-67所示。用接头螺栓和新衬垫将挠性软管连接至盘式制动器制动缸总成。拧紧力矩为29N·m。

注意:将挠性软管牢固安装至盘式制动器制动缸的锁孔中。

(12)对制动液储液罐进行加注。

(13)对制动主缸进行放气。

(14)对制动管路进行放气。

(15)对制动器执行器进行放气(带VSC)。

(16)检查制动液是否泄漏。

(17)检查制动液液位。

(18)安装前轮。力矩为103N·m。

六、后制动盘的检查和更换

卡罗拉汽车后轮盘式制动器结构如图10-84和图10-85所示。

1 实训器材

(1)车辆:丰田卡罗拉汽车。

(2)普通工具:组合工具、弯颈扳手、扭力扳手、钢直尺、千分尺、百分表。

(3)专用工具:SST 09330-00021 结合法兰固定工具、SST 09960-10010 可变轴销扳手组件(09963-00400 销4)。

(4)其他:锂皂基乙二醇润滑脂。

2 准备工作

(1)汽车进入工位前,将工位清理干净,准备好相关的器材。

(2)将汽车停驻在举升机中央位置。

第十章 制动系统

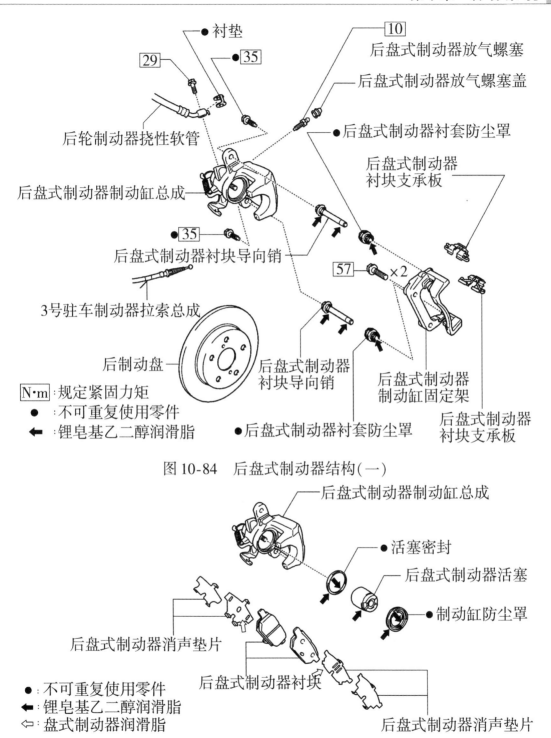

图 10-84 后盘式制动器结构(一)

图 10-85 后盘式制动器结构(二)

(3)拉紧驻车制动器操纵杆,并将变速杆置于空挡位置,如图 1-16 所示。

(4)套上转向盘护套、变速杆手柄套和座椅套,铺设脚垫。

(5)在车内拉动发动机舱盖开启手柄,在车外打开并支撑发动机舱盖,如图 1-17 所示。

(6)粘贴翼子板和前脸磁力护裙。

3 操作步骤

1)后制动盘的拆卸

注意:左侧和右侧应使用同样的程序。下面列出的程序适用于左侧。

(1)拆卸后轮。

(2)排净制动液。

注意:立即冲洗与任何涂漆表面接触的制动液。

(3)拆卸仪表板左下装饰板。

(4)拆卸仪表板右下装饰板。

(5)拆卸变速杆把手分总成(手动传动桥/自动传动桥)。

(6)拆卸中央仪表组装饰板总成(手动传动桥/自动传动桥)。

(7)拆卸控制台上面板分总成。

(8)松开驻车制动器拉索。

①完全松开驻车制动杠杆。

②松开并调整锁紧螺母以完全松开驻车制动器拉索,如图 10-86 所示。

(9)断开 3 号驻车制动器拉索总成。

①从后盘式制动器制动缸操作杆上断开 3 号驻车制动器拉索总成,如图 10-87 所示。

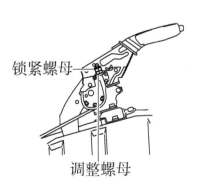 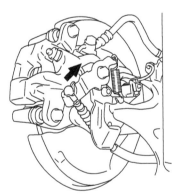

图 10-86 松开驻车制动器拉索　　图 10-87 断开 3 号驻车制动器拉索总成

②如图 10-88 所示,在 3 号驻车制动器拉索总成底部插入弯颈扳手(14mm)以脱开卡子。从后盘式制动器制动缸总成上拉出 3 号驻车制动器拉索总成。

(10)分离后轮制动器挠性软管。拆下接头螺栓和衬垫,并从后盘式制动器制动缸总成上分离后轮制动器挠性软管,如图10-89所示。

(11)拆卸后盘式制动器制动缸总成。固定后盘式制动器衬块导向销,并拆下2个螺栓和后盘式制动器制动缸总成,如图10-90所示。

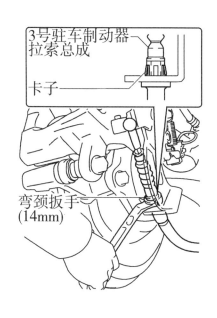

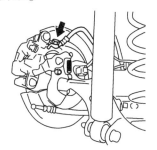

图10-89　分离后轮制动器挠性软管

图10-88　拉出3号驻车制动器拉索总成

图10-90　拆卸后盘式制动器制动缸总成

(12)拆卸后盘式制动器衬块。从后盘式制动器制动缸固定架上拆下2个盘式制动器衬块,如图10-91所示。

(13)拆卸后盘式制动器消声垫片。从各制动衬块上拆下4个消声垫片。

(14)拆卸后盘式制动器衬块支承板。从盘式制动器制动缸固定架上拆下后盘式制动器衬块支承板(上)和后盘式制动器衬块支承板(下),如图10-92所示。

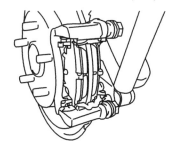
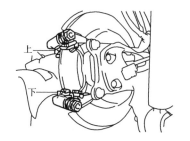

图10-91　拆卸后盘式制动器衬块　　图10-92　拆卸后盘式制动器衬块支承板

注意:各后盘式制动器衬块支承板的形状均不相同。确保在各后盘式制动器衬块支承板上做好识别标记,以便将其安装各自的原位。

(15)拆卸后盘式制动器衬块导向销。从盘式制动器制动缸固定架上拆下2个后盘式制动器衬块导向销,如图10-93所示。

(16)拆卸后盘式制动器衬套防尘罩。从后盘式制动器制动缸固定架上拆下2个后盘式制动器衬套防尘罩,如图10-94所示。

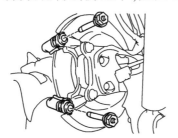

图10-93 拆卸后盘式制动器衬块导向销

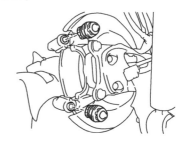

图10-94 拆卸后盘式制动器衬套防尘罩

(17)拆卸后盘式制动器制动缸固定架。从车桥横梁上拆下2个螺栓和后盘式制动器制动缸固定架,如图10-95所示。

(18)拆卸后制动盘。

注意:在制动盘和车桥轮毂上做好装配标记,如图10-96所示。

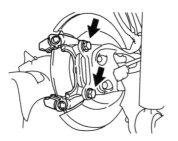

图10-95 拆卸后盘式制动器制动缸固定架

图10-96 做好装配标记

2)后制动盘的检查

(1)检查衬块厚度。用钢直尺测量衬块厚度,如图10-97所示。标准衬块厚度为9.5mm;最小衬块厚度为1.0mm。如果衬块厚度等于或小于最小厚度,则更换盘式制动器衬块。

注意:换上新的制动衬块后,务必检查后制动盘的磨损情况。

(2)检查后盘式制动器衬块支承板。确保后盘式制动器衬块支承板有足够的弹性,没有变形、裂纹或磨损,并清除所有的锈迹和污垢。如有必要,更换后盘式制动器衬块支承板。

(3)检查制动盘厚度。用千分尺测量制动盘厚度,如图 10-98 所示。标准制动盘厚度为 9.0mm,最小制动盘厚度为 7.5mm。

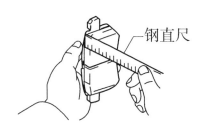 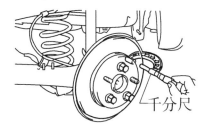

图 10-97　检查衬块厚度　　图 10-98　检查制动盘厚度

如果制动盘厚度小于制动盘厚度最小值,则更换后制动盘。

(4)检查制动盘的径向圆跳动。

①用 SST 固定制动盘,用 3 个轮毂螺母紧固制动盘,如图 10-99 所示。SST 09330-00021。力矩为 103N·m。

注意:拧紧螺母的同时用 SST 固定制动盘。

②检查后桥轮毂轴承的松弛度和后桥轮毂的径向圆跳动。

③使用百分表,在离后制动盘外边缘 10mm 远的地方测量制动盘的径向圆跳动,如图 10-100 所示。制动盘最大径向圆跳动为 0.15mm。

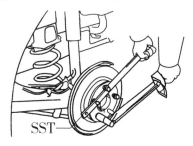

图 10-99　固定制动盘　　图 10-100　测量制动盘的径向圆跳动

注意:百分表的磁铁应远离车桥轮毂和轮速传感器;将百分表安装到减振器上。

如果径向圆跳动超过最大值,改变车桥轮毂上制动盘的安装位置以减小径向圆跳动。如果安装位置改变后径向圆跳动仍超过最大值,则研磨制动盘。如果制动盘厚度小于最小值,更换前制动盘。

④拆下三个螺母和后制动盘。

3)后制动盘的安装

(1)安装后制动盘。对准制动盘和车桥轮毂的装配标记,安装制动盘,如图 10-96 所示。

注意：换上新的制动盘时，应选择后制动盘径向圆跳动量最小的位置进行安装。

（2）安装后盘式制动器制动缸固定架。用两个螺栓将后盘式制动器制动缸固定架安装至车桥梁，如图10-95所示。拧紧力矩为57N·m。

（3）安装后盘式制动器衬套防尘罩。

①在2个新的后盘式制动器衬套防尘罩上涂抹锂皂基乙二醇润滑脂。

②将2个后盘式制动器衬套防尘罩安装至后盘式制动器制动缸固定架。

（4）安装后盘式制动器衬块导向销。

①在后盘式制动器衬块导向销上涂抹锂皂基乙二醇润滑脂，如图10-101所示。

②将2个后盘式制动器衬块导向销安装至后盘式制动器制动缸固定架，如图10-94所示。

（5）安装后盘式制动器衬块支承板。将后盘式制动器衬块支承板（上）和后盘式制动器衬块支承板（下）安装至后盘式制动器制动缸固定架，如图10-92所示。

注意：确保每个后盘式制动器衬块支承板都安装至正确的位置和方向。

（6）安装后盘式制动器衬块消声垫片，如图10-102所示。

①在2个1号消声垫片上涂抹盘式制动器润滑脂。

②将2个1号消声垫片和2个2号消声垫片安装至各制动衬块。

注意：更换磨损的制动衬块时必须一同更换消声垫片；在与消声垫片接触的部位涂抹盘式制动器润滑脂；盘式制动器润滑脂可能会从消声垫片的安装部位稍稍溢出；确保盘式制动器润滑脂没有涂到衬片表面上。

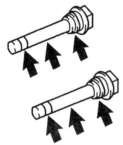

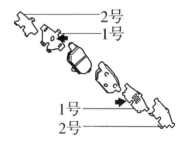

图10-101　涂抹锂皂基乙二醇润滑脂

图10-102　安装后盘式制动器衬块消声垫片

（7）安装后盘式制动器衬块。将2个后盘式制动器衬块安装至后盘式制动器制动缸固定架，如图10-91所示。

注意：盘式制动器衬块和后制动盘的摩擦面上应无油污和润滑脂。

（8）安装后盘式制动器制动缸总成。

①重复使用制动衬块时，为抵消制动衬块磨损，用SST推动和转动活塞（左侧：逆时针方向，右侧：顺时针方向）至制动衬块的凸出部分正确对齐活塞凹槽的位置，如图10-103所示。SST 09960-10010（09963-00400）。

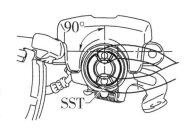

图10-103　用SST推动和转动活塞

注意：将制动盘放在两个制动衬块之间，并确定活塞回位值。

②固定后盘式制动器衬块导向销，并用两个新螺栓将盘式制动器制动缸安装至后盘式制动器制动缸固定架，如图10-90所示。拧紧力矩为35N·m。

（9）安装后轮制动器挠性软管。用接头螺栓和新衬垫连接挠性软管，如图10-89所示。拧紧力矩为29N·m。

注意：将挠性软管牢固安装至盘式制动器制动缸的锁孔中。

（10）连接3号驻车制动器拉索总成。

①如图10-104所示，将3号驻车制动器拉索总成插入后盘式制动器制动缸总成，并将3号驻车制动器拉索卡爪接合至后盘式制动器制动缸导向装置。

②将3号驻车制动器拉索末端连接至后盘式制动器制动缸操作杆，如图10-105所示。

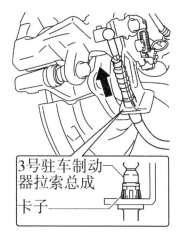

图10-104　连接3号驻车制动器拉索总成（一）

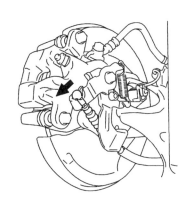

图10-105　连接3号驻车制动器拉索总成（二）

（11）对制动液储液罐进行加注。

（12）对制动主缸进行放气。

(13) 对制动管路进行放气。

(14) 检查制动液液位。

(15) 对制动器执行器进行放气(带 VSC)。

(16) 检查制动液是否泄漏。

(17) 调整驻车制动杠杆行程。

(18) 检查后盘式制动器制动缸操作杆和制动器之间的间隙。

(19) 安装控制台上面板分总成。

(20) 安装中央仪表组装饰板总成(手动传动桥/自动传动桥)。

(21) 安装变速杆把手分总成(手动传动桥/自动传动桥)。

(22) 安装仪表板左下装饰板。

(23) 安装仪表板右下装饰板。

(24) 安装后轮。拧紧力矩为103N·m。

七、轮速传感器的更换

丰田卡罗拉汽车前轮速传感器安装位置如图10-106和图10-107所示。

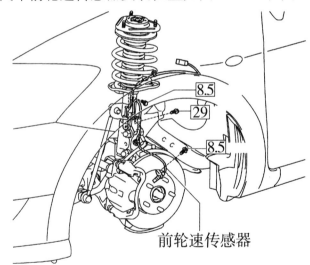

N·m:规定紧固力矩

图10-106 前轮速传感器安装位置(一)

丰田卡罗拉汽车后轮速传感器安装如图10-108所示。

1 实训器材

(1) 车辆:丰田卡罗拉汽车。

(2) 普通工具:钢板和压力机、扭力扳手、组合工具。

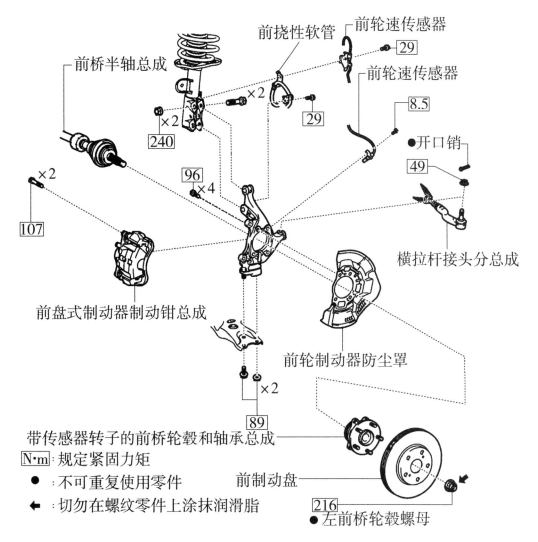

图 10-107　前轮速传感器安装位置(二)

(3)专用工具:SST 09520-00031 后桥半轴拉出器(09521-00010 带把手杆,09520-00040 减振器),09521-00020 驱动轴防尘套卡夹工具,09950-00020 轴承拆卸工具、SST 09214-76011 曲轴传动带轮拆装工具。

(4)检测工具:游标卡尺、百分表。

(5)其他:丰田原厂分离毂润滑脂或同等产品、丰田原厂离合器花键润滑脂或同等产品。

2 准备工作

(1)汽车进入工位前,将工位清理干净,准备好相关的器材。

(2)将汽车停驻在举升机中央位置。

(3)拉紧驻车制动器操纵杆,并将变速杆置于空挡位置,如图 1-16 所示。

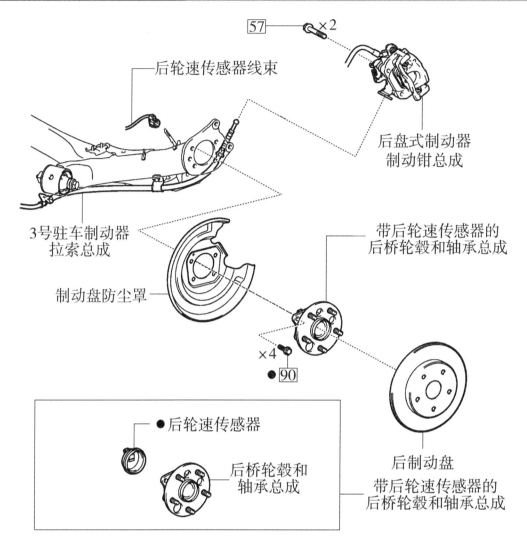

图 10-108　后轮速传感器安装位置

(4) 套上转向盘护套、变速杆手柄套和座椅套，铺设脚垫。

(5) 在车内拉动发动机舱盖开启手柄，在车外打开并支撑发动机舱盖，如图 1-17 所示。

(6) 粘贴翼子板和前脸磁力护裙。

3　操作步骤

1) 前轮速传感器的拆卸

右侧的操作程序与左侧相同。下面列出的程序适用于左侧。如需更换传感器转子，则一同更换前桥轮毂和轴承总成。

(1) 从蓄电池负极端子断开电缆。

注意：断开电缆后重新连接时，某些系统需要初始化。

(2) 拆卸前轮。

(3) 拆卸后轮罩前板（带侧挡泥板）。

(4) 拆卸侧挡泥板（带侧挡泥板）。

(5) 拆卸前翼子板挡泥板（带前翼子板挡泥板）。

(6) 拆卸前翼子板外接板衬块。

(7) 拆卸前翼子板内衬（不带前翼子板挡泥板和侧挡泥板）。

(8) 拆卸前翼子板内衬（带前翼子板挡泥板）。

(9) 拆卸前翼子板内衬（带侧挡泥板）。

(10) 拆卸前轮速传感器。

① 断开前轮速传感器连接器。

② 从车身上拆下前轮速传感器线束卡夹，如图 10-109 所示。

③ 从车身上拆下螺栓 A 和 2 号传感器卡夹，如图 10-110 所示。

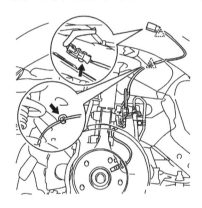 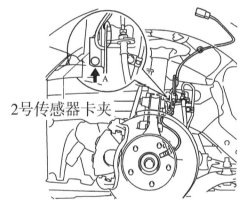

图 10-109　前轮速传感器拆卸（一）　　图 10-110　前轮速传感器拆卸（二）

④ 从减振器总成上拆下螺栓 B 和 1 号传感器卡夹，如图 10-111 所示。

⑤ 拆下螺栓 C、卡夹和前轮速传感器，如图 10-112 所示。

注意：防止异物粘在轮速传感器端部；每次拆下轮速传感器时，清洁轮速传感器的安装孔和表面。

(11) 拆卸左前桥轮毂螺母。

(12) 分离前挠性软管，如图 10-113 所示。拆下螺栓并分离前挠性软管。

(13) 分离前盘式制动器制动钳总成。

(14) 拆卸前制动盘。

(15) 分离横拉杆接头分总成。

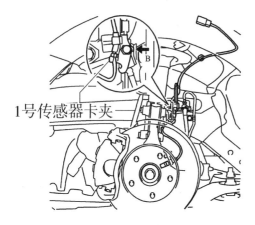

图 10-111 前轮速传感器拆卸（三）

图 10-112 前轮速传感器拆卸（四）

图 10-113 分离前挠性软管

(16) 分离前桥总成。

(17) 拆卸前桥总成。

(18) 拆卸带传感器转子的前桥轮毂和轴承总成。

2) 前轮速传感器的安装

(1) 安装带传感器转子的前桥轮毂和轴承总成。

(2) 安装前桥总成。

(3) 连接前悬架 1 号下臂分总成。

(4) 连接横拉杆接头分总成。

(5) 安装前制动盘。

(6) 安装前盘式制动器制动钳总成。

(7) 暂时安装左前桥轮毂螺母。

(8) 分离前盘式制动器制动钳总成。

(9) 拆卸前制动盘。

(10) 检查前桥轮毂轴承的松弛度。

(11) 检查前桥轮毂径向圆跳动。

(12) 安装前制动盘。

(13) 安装前盘式制动器制动钳总成。

(14) 安装前挠性软管。用螺栓安装前挠性软管，如图 10-113 所示。拧紧力矩为 29N·m。

(15) 安装左前桥轮毂螺母。

(16)安装前轮速传感器。

①用螺栓C和卡夹安装前轮速传感器,如图10-112所示。拧紧力矩:螺栓C为8.5N·m。

注意:防止异物粘在传感器端部。

②用螺栓B将前挠性软管和1号传感器卡夹安装至减振器,如图10-111所示。拧紧力矩:螺栓B为29N·m。

注意:安装轮速传感器时,不要扭曲前轮速传感器线束;螺栓B将制动器挠性软管和前轮速传感器紧固在一起。确保挠性软管位于前轮速传感器上方;不要用锉刀锉孔或表面,因为磁性转子和轮速传感器之间的间隙非常重要。

③用螺栓A将2号传感器卡爪安装至车身,如图10-110所示。拧紧力矩:螺栓A为8.5N·m。

④连接2个转速传感器线束卡夹,如图10-109所示。

⑤连接前轮速传感器连接器。

(17)安装前翼子板内衬(不带前翼子板挡泥板和侧挡泥板)。

(18)安装前翼子板内衬(带前翼子板挡泥板)。

(19)安装前翼子板内衬(带侧挡泥板)。

(20)安装前翼子板挡泥板(带前翼子板挡泥板)。

(21)安装前翼子板外接板衬块。

(22)安装侧挡泥板(带侧挡泥板)。

(23)安装后轮罩前板(带侧挡泥板)。

(24)安装前轮。拧紧力矩为103N·m。

(25)将电缆连接至蓄电池负极端子。

注意:断开电缆后重新连接时,某些系统需要初始化。

(26)检查前轮速传感器信号。

(27)检查并调整前轮定位。

3)后轮速传感器的拆卸

(1)从蓄电池负极端子断开电缆。

注意:断开电缆后重新连接时,某些系统需要初始化。

(2)拆卸后轮。

(3)拆卸仪表板左下装饰板。

(4)拆卸仪表板右下装饰板。

(5)拆卸变速杆把手分总成(手动传动桥)。

(6)拆卸变速杆把手分总成(自动传动桥)。

(7)拆卸中央仪表组装饰板总成(手动传动桥)。

(8)拆卸中央仪表组装饰板总成(自动传动桥)。

(9)拆卸地板控制台上面板分总成。

(10)松开驻车制动器拉索。

(11)断开后轮速传感器线束。用螺丝刀从后轮速传感器上断开连接器,如图10-114所示。

注意:不要损坏后轮速传感器。

(12)分离3号驻车制动器拉索总成。

(13)分离后盘式制动器制动钳总成。

(14)拆卸后制动盘。

(15)拆卸带后轮速传感器的后桥轮毂和轴承总成。

(16)拆卸后轮速传感器。

①用铝板将后桥轮毂和轴承总成安装至台虎钳。

注意:如果后桥轮毂和轴承总成坠落或受到强烈冲击,则将其更换。

②用尖冲头和锤子敲出2个销,并从SST上拆下2个连接件。
SST 09520-00031(09521-00010,09520-00040),09521-00020。

③用SST和2个螺栓(直径:12mm,螺距:1.5mm),从后桥轮毂和轴承总成上拆下后轮速传感器,如图10-115所示。

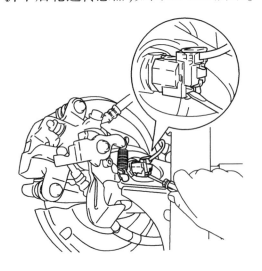
图10-114 断开后轮速传感器连接器

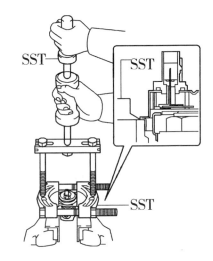
图10-115 拆卸后轮速传感器

SST 09520-00031(09521-00010,09520-00040),09521-00020,09950-00020。

注意:使后轮速传感器远离磁铁;笔直拉出后轮速传感器,小心不要使其接触到后轮速传感器转子;如果后轮速传感器转子损坏或变形,更换后桥轮毂和轴承总成;不要刮擦后桥轮毂和轴承总成与后轮速传感器之间的接触面;防止异物粘在后轮速传感器转子或顶部。

4) 后轮速传感器的安装

(1) 安装后轮速传感器。

① 清理后桥轮毂、轴承总成和新的后轮速传感器之间的接触面。

注意:防止异物粘在后轮速传感器转子上。

② 将后轮速传感器放置在后桥轮毂和轴承总成上,以使后轮速传感器安装至车辆后连接器位于顶部,如图 10-116 所示。

③ 用 SST、钢板和压力机,将新的后轮速传感器安装至后桥轮毂和轴承总成,如图 10-117 所示。(SST 09214-76011)

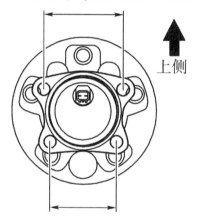
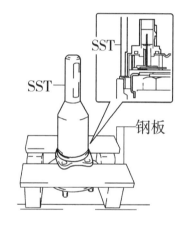

图 10-116 后轮速传感器安装(一)　　图 10-117 后轮速传感器安装(二)

注意:使后轮速传感器远离磁铁;不要用锤子安装后轮速传感器;检查并确认后轮速传感器的检测部位上没有诸如铁屑类的异物;笔直缓慢压入后轮速传感器。

(2) 安装带后轮速传感器的后桥轮毂和轴承总成。

(3) 安装后制动盘。

(4) 安装后盘式制动器制动钳总成。

(5) 连接 3 号驻车制动器拉索总成。

(6) 连接后轮速传感器线束,如图 10-118 所示。

将后轮速传感器线束连接器连接至后轮速传感器。

(7) 调节驻车制动杠杆行程。

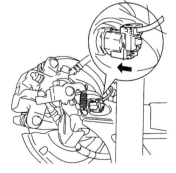

图 10-118 连接传感器线束

(8) 检查后盘式制动器制动缸操作杆和止动器之间的间隙。

(9) 安装地板控制台上面板分总成。

(10) 安装中央仪表组装饰板总成(手动传动桥)。

(11) 安装中央仪表组装饰板总成(自动传动桥)。

(12) 安装变速杆把手分总成(手动传动桥)。

(13) 安装变速杆把手分总成(自动传动桥)。

(14) 安装仪表板左下装饰板。

(15) 安装仪表板右下装饰板。

(16) 安装后轮。力矩为103N·m。

(17) 将电缆连接至蓄电池负极端子。

注意：断开电缆后重新连接时,某些系统需要初始化。

(18) 检查前轮速传感器信号。

(19) 检查后轮定位。

八、DTC的检查与清除

1 实训器材

(1) 车辆:丰田卡罗拉汽车。

(2) 普通工具:组合工具。

(3) 专用工具:SST 09843-18040 2号诊断检查线。

(4) 检测工具:智能检测仪。

2 准备工作

(1) 汽车进入工位前,将工位清理干净,准备好相关的器材。

(2) 将汽车停驻在举升机中央位置。

(3) 拉紧驻车制动器操纵杆,并将变速杆置于空挡位置,如图1-16所示。

(4) 套上转向盘护套、变速杆手柄套和座椅套,铺设脚垫。

(5) 在车内拉动发动机舱盖开启手柄,在车外打开并支撑发动机舱盖,如图1-17所示。

(6) 粘贴翼子板和前脸磁力护裙。

3 操作步骤

1) DTC检查/清除(使用智能检测仪时)

(1) 检查DTC。

①将智能检测仪连接到 DLC3。

②将点火开关置于 ON 位置。

③接通智能检测仪。

④根据检测仪屏幕上的提示读取 DTC。进入以下菜单项：Chassis/ABS/VSC/TRC/DTC。

⑤检查 DTC 的详情(参见丰田卡罗拉汽车维修手册→制动系统→防抱死制动系统→诊断故障码表)。

(2)清除 DTC。

①将智能检测仪连接到 DLC3。

②将点火开关置于 ON 位置。

③接通智能检测仪。

④操作智能检测仪清除代码。进入以下菜单项：Chassis/ABS/VSC/TRC/DTC/Clear。

2)DTC 检查/清除(未使用智能检测仪时)

(1)检查 DTC。

①使用 SST 连接 DLC3 的端子 TC 和 CG,如图 10-119 所示(SST 09843-18040)。

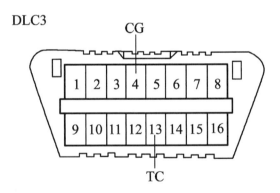

图 10-119 使用 SST 连接 DLC3 的端子 TC 和 CG

②将点火开关置于 ON 位置。

③观察 ABS 警告灯闪烁方式,读取多信息显示屏(带多信息显示屏的车辆)以识别 DTC。

注意：如果无代码出现,检查 TC 和 CG 端子电路以及 ABS 警告灯电路。

④图 10-120 显示了 ABS 警告灯正常系统代码和故障码 11 和 21 的闪烁方式,以及多信息显示屏(带多信息显示屏的车辆)上 ABS 故障码 32 的显示。

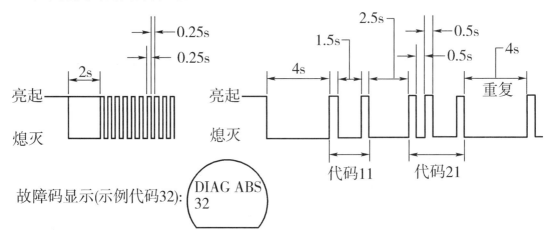

图 10-120　故障码闪烁方式

⑤各代码的说明请参见代码表（参见丰田卡罗拉汽车维修手册→制动系统→防抱死制动系统→诊断故障码表）。

⑥检查完成后，断开 DLC3 的端子 TC 和 CG 以关闭显示屏，如图 10-119 所示。如果同时检测到 2 个或更多个 DTC，则按升序显示 DTC。

（2）清除 DTC。

①使用 SST 连接 DLC3 的端子 TC 和 CG（SST 09843-18040）。

②将点火开关置于 ON 位置。

③如图 10-121 所示，在 5s 内踩下制动踏板 8 次或更多次，以清除 ECU 中存储的 DTC。

④检查并确认警告灯指示正常系统代码。

⑤从 DLC3 端子上拆下 SST。

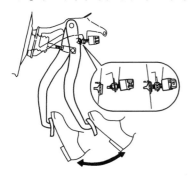

图 10-121　踩下制动踏板

注意：不能通过断开蓄电池端子或 ECU-IG No.1 熔断器来清除 DTC。

3）DTC 检查/清除结束

（1）将点火开关置于 ON 位置。

（2）检查并确认 ABS 警告灯在约 3s 内熄灭。

第七节　电子驻车制动系统（EPB）

传统的制动系统中，为了实现驻车功能，驾驶人必须用力拉驻车制动手柄或用力踩脚部空间里的辅助制动踏板。而对于装备电子驻车制动系统（Electrical Park Brake，EPB）的车辆而言，只需要轻轻按仪表板上的开关即可实现驻车功能。

本节以一汽大众迈腾轿车的电控机械式驻车制动器为例介绍电子驻车制动系统的结构及工作原理。电子驻车制动系统由装有减速机构和电动机的左、右后轮制动执行器、传感器及开关和电子控制单元组成。

电子驻车制动系统的制动执行器是一个电控机械式伺服单元，它集成在后车轮制动钳中，如图10-122所示。通过电动机、多级变速器及螺杆传动，制动执行器将命令"操作驻车制动器"转换成相应的力，然后制动摩擦块以这个力压靠到制动盘上。

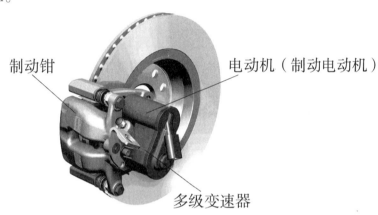

图10-122　后轮制动执行器

制动执行器的结构及工作原理如图10-123所示。电动机转动到直线运动的整体传动比为1∶150（即电动机转动150转，能带动螺杆转动1次），整个过程分成三步进行。

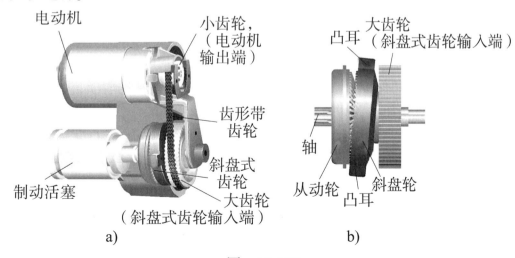

图　10-123

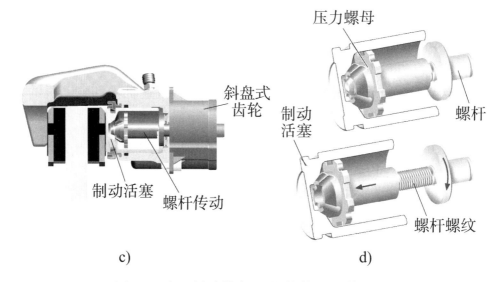

图10-123 制动执行器的结构及工作原理

第一步:齿形带齿轮从电动机到斜盘式齿轮输入端完成第一步传动,传动比为1:3,如图10-123a)所示。齿形带齿轮由一个小齿轮(电动机输出端)和一个大齿轮(斜盘式齿轮输入端)构成。两个齿轮间用齿形带连接。两个齿轮大小的比值决定了传动比。

第二步:通过斜盘式齿轮进行第二步传动,如图10-123b)所示。斜盘式齿轮由一个大齿轮、斜盘轮和从动轮组成。斜盘轮通过2个凸耳固定在外壳中无法转动,只能做摆动运动。

第三步:通过螺杆传动将转动转化为直线运动,如图10-123c)所示。斜盘式齿轮直接传动螺杆。螺杆转动的方向决定螺纹上的压力螺母向前或向后移动。螺杆机械装置是自锁式的。电控机械式制动器起动后,即使不通电时,系统也保持锁止状态。压力螺母纵向安装在制动活塞中,只可以进行轴向运动。制动活塞内部形状及压力螺母的形状决定螺母不能旋转,如图10-123d)所示。

斜盘式齿轮的工作原理如图10-124所示。轴固定在从动轮上,大齿轮安装在这个轴上,斜盘轮插在大齿轮轮毂上。轮毂和轴之间有一个角度错位,由于这个角度错位引起了斜盘轮的摆动运动。斜盘轮有51个齿,从动轮有50个齿,这一步的传动比为1:50。

根据车速不同可以将电控机械式驻车制动器的制动模式分为两种,即静态模式(车速低于7km/h时)和动态制动(车速高于7km/h时)。

静态模式下,驻车制动器的开启和关闭为电控机械式的,此时如果需要实施驻车制动,电控机械式驻车制动器控制单元会起动电动机,电动机通过皮带盘和斜盘式齿轮转动螺杆,使螺纹上的压力螺母向前移动,压力螺母移动到制动活塞上,并将其压向制动摩擦块,制动摩擦块从另一侧压制动盘。解除驻车制动时,螺杆上的压力螺母向后移动,制动活塞被松开。随着密封环逐渐恢复原形,制动活塞缩回,制动摩擦块离开制动盘,驻车制动解除。

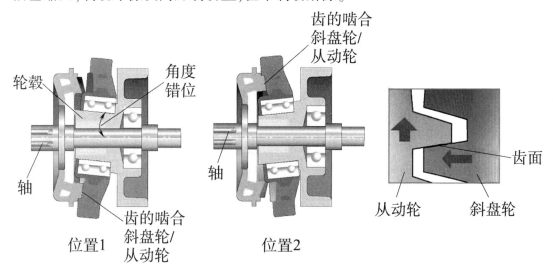

图10-124 斜盘式齿轮的工作原理

动态制动模式下,由于ABS/ESP系统车辆会减速,所有车轮的制动由液压控制。动态紧急制动时(行驶时按了电控机械式驻车制动器按钮)通过制动管路制动液的压力升高。这个压力将制动活塞压向制动摩擦块,制动摩擦块抵住制动盘,密封环沿制动摩擦块方向发生了变形。制动过程结束后,制动液压力下降,制动活塞松开。随着密封环逐渐恢复原形,制动活塞缩回,制动摩擦块离开制动盘,驻车制动解除。

小结

1.汽车制动系统的功用是:按照需要使汽车减速或在最短离内停车;下坡行驶时保持车速稳定;使停驶的汽车可靠驻停。按功能的不同,汽车制动系统可以分为行车制动系统、驻车制动系统、应急制动装置、安全制动装置和辅助制动装置。

2.汽车制动系统包括行车制动系统和驻车制动系统。行车制动系统用于使行驶中的车辆减速或停车,驻车制动系统用于使停驶的汽车驻留原地。较为完善的制动系统还包括制动力调节装置以及报警装置、压力保护装置等。

3.车轮制动器由旋转元件和固定元件组成。旋转元件与车轮相连接,固定元件与车桥相连接。利用旋转元件和固定元件之间的摩擦,产生制动器制动力。钳盘式制动器按制动钳固定在支架上的结构形式可分为:定钳盘式和浮钳盘式。鼓式车轮制动器由旋转部分、固定部分、促动装置和间隙调整装置组成。旋转部分为制动鼓;固定部分是制动底板和制动蹄。根据制动过程中两个制动蹄产生制动力矩的不同,鼓式制动器可分为领从蹄式、双领蹄式、双向双领蹄式、双向从蹄式、单向自增力式和双向自增力式等。

4. 驻车制动器的功用是:车辆停驶后防止滑溜;使车辆在坡道上能顺利起步;行车制动系统失效后临时使用或配合行车制动器进行紧急制动。按驻车制动器在汽车上安装位置的不同,驻车制动装置分中央制动式和车轮制动式。对于4个车轮采用盘式制动器的汽车来说,驻车用的小型鼓式驻车制动器内置于后轮盘式制动器中,并通过拉索和连杆等机构固定在盘式制动器上。

5. 制动传动装置按传力介质的不同可分为液压式、气压式和气—液综合式;按制动管路的套数可分为单管路和双管路制动传动装置。按照交通法规的要求,现代汽车的行车制动系统须采用双管路制动传动装置,若其中一套管路损坏时,另一套仍然起制动作用,从而提高了制动的可靠性和安全性。双管路液压制动传动装置是利用彼此独立的双腔制动主缸,通过两套独立管路,分别控制两桥或三桥的车轮制动器。常见的双管路的布置方案有前后独立式和交叉式两种形式。

6. 汽车防抱死制动系统是一种安全控制制动系统,既有普通制动系统的制动功能,又能防止车轮制动抱死。汽车防抱死制动系统通常由轮速传感器、制动压力调节器、电子控制单元(ECU)和ABS警示装置等组成。汽车制动时,轮速传感器将各车轮的转速信号输入ECU;ECU根据每个车轮轮速传感器输入的信号对车轮的运动状态进行监测和判定,并形成响应的控制指令,再适时发出控制指令给制动压力调节器;制动压力调节器对各制动轮缸的制动压力进行调节,防止制动车轮抱死。

7. 汽车驱动防滑系统的功用是防止汽车在加速过程中打滑,特别是防止汽车在非对称路面或在转向时驱动轮滑转,以保持汽车行驶方向的稳定性、操纵性和维持汽车的最佳驱动力以及提高汽车的平顺性。主要由轮速传感器、ABS/ASR ECU、制动压力调节器、主副节气门开度传感器、副节气门控制步进电动机等组成。

8. 汽车电子稳定程序控制系(ESP)是一个主动安全系统,主要由传统制动系统、传感器、液压调节器、汽车稳定性控制电子控制单元和辅助系统组成。在汽车行驶过程中ECU根据传感器的信号,通过计算后判断汽车要正常安全行驶和驾驶人操纵汽车意图的差距,然后由ECU发出指令,调整发动机的转速和车轮上的制动力,修正汽车的过度转向或不足转向,以避免汽车打滑、转向过度、转向不足和抱死,从而保证汽车的行驶安全。

9.电子驻车制动系统(EPB)由装有减速机构和电动机的左、右后轮制动执行器、传感器及开关和电子控制单元组成。根据车速不同可以将电控机械式驻车制动器的制动模式分为两种,即静态模式(车速低于7km/h时)和动态制动(车速高于7km/h时)。

复习思考题

一、简答题

1. 汽车制动系统由哪些部分组成?它是如何工作的?
2. 盘式制动器中,活塞密封圈的功用是什么?
3. 鼓式制动器有哪些种类?
4. 简述真空助力器的工作原理。
5. 常用的轮速传感器有哪些?它们的工作原理是什么?
6. 简述循环式制动压力调节器的工作原理。
7. 简述可变容积式制动压力调节器的工作原理。
8. 汽车驱动防滑控制系统(ASR)由哪几部分组成?它的工作原理是什么?
9. 汽车电子稳定程序控制系统(ESP)是如何工作的?

二、选择题

1. 下列几种形式的制动传动机构当中,(　　)仅用在驻车制动上。
   A. 机械式　　　　B. 液压式　　　　C. 气动式　　　　D. 以上均不是

2. 采用三位三通电磁阀ABS的制动压力调节器,当ECU向电磁线圈通入最大电流时,系统处于(　　)状态。
   A. 升压　　　　B. 保压　　　　C. 减压　　　　D. 常压

3. 鼓式车轮制动器的旋转元件是(　　)。
   A. 制动蹄　　　B. 制动鼓　　　C. 制动摩擦片　　　D. 制动钳

4. 别克凯越汽车前轮所采用的制动器为(　　)。
   A. 浮钳型盘式制动器　　　　B. 定钳型盘式制动器
   C. 全盘式制动器　　　　　　D. 领从蹄式制动器

5. 为了提高汽车制动的可靠性和行车安全性,现代汽车广泛采用的是(　　)制动传动装置。

　　A. 单回路　　　　B. 双回路　　　　C. 三回路　　　　D. 四回路

6. 任何制动系统都由供能装置、控制装置、传动装置和制动器四个基本组成部分组成,其中制动踏板机构属于(　　)。

　　A. 供能装置　　　B. 控制装置　　　C. 传动装置　　　D. 制动器

7. 下列属于钳盘式制动器间隙自调装置中的活塞密封圈的作用的是(　　)。

　　A. 起复位弹簧作用　　　　　　B. 连接作用

　　C. 起前两种的作用　　　　　　D. 以上都不是

8. 汽车制动系统按其功能的不同可分很多类,其中在制动系统失效后使用的制动系统称为(　　)。

　　A. 行车制动系统　　　　　　　B. 驻车制动系统

　　C. 应急制动系统　　　　　　　D. 辅助制动系统

9. 领从蹄式制动器一定是(　　)。

　　A. 等制动力制动器　　　　　　B. 不等制动力制动器

　　C. 非平衡式制动器　　　　　　D. 以上三个都不对

三、判断题

1. 汽车在制动时,不旋转的制动蹄对旋转着的制动鼓作用一个摩擦力矩,其方向与车轮旋转方向相反,所以车辆能减速甚至停止。　　　　　　　　(　　)

2. 车辆在前进与后退制动时,如两制动蹄都是助势蹄,则该制动器是双向平衡式制动器。　　　　　　　　　　　　　　　　　　　　　　　　　(　　)

3. 盘式制动器制动效能比鼓式制动器好,是因为盘式制动器有自增力作用。
　　　　　　　　　　　　　　　　　　　　　　　　　　　　　　(　　)

4. 盘式制动器的自动复位,是通过活塞的密封圈来实现的。　　　(　　)

5. 鼓式制动器中,一个蹄是增势蹄时,另一个蹄就必然是减势蹄。(　　)

6. 双腔制动主缸在后制动管路失效时前制动管路也失效。　　　(　　)

7. 最佳的制动状态是车轮完全被抱死而发生滑移时。　　　　　(　　)

8. 装备ABS汽车在紧急制动时,制动踏板有回弹现象,即踏板回弹反应。
　　　　　　　　　　　　　　　　　　　　　　　　　　　　　　(　　)

9. ABS的电控系统有故障时,汽车仍然能保持常规制动状态。　(　　)

10. 轮速越高,其轮速传感器信号频率越高。　　　　　　　　　(　　)

参 考 文 献

[1] 陈家瑞.汽车构造:下册[M].北京:机械工业出版社,2009.
[2] 陈建宏.汽车底盘机械系统检修[M].北京:人民交通出版社,2009.
[3] 赖瑞海.汽车学Ⅱ:底盘篇[M].台北:全华图书股份有限公司,2009.
[4] 细川武志.汽车构造图册[M].北京:人民交通出版社,2009.
[5] GP企画セソター.汽车底盘与电器构造图册[M].北京:人民交通出版社,2007.
[6] 沈沉.汽车底盘电控系统检测与修复[M].2版.北京:机械工业出版社,2017.
[7] 惠有利.汽车构造[M].北京:北京理工大学出版社,2016.
[8] 张立新.汽车底盘机械系统检测与修复[M].2版.北京:机械工业出版社,2017.
[9] 王春风.汽车底盘构造与维修一体化教材[M].上海:同济大学出版社,2017.
[10] 刘建华.汽车底盘构造与维修[M].3版.北京:机械工业出版社,2017.